【经济学】

JIYU SHENGCHAN WANGLUO JIEGOU DE HUOBI ZHENGCE
CHUANDAO XIAOYING YANJIU

基于生产网络结构的货币政策

传导效应研究

彭品 著

知识产权出版社
全国百佳图书出版单位
—北京—

图书在版编目（CIP）数据

基于生产网络结构的货币政策传导效应研究 / 彭品著. —北京：知识产权出版社，2025.2
ISBN 978-7-5130-9288-3

Ⅰ.①基…　Ⅱ.①彭…　Ⅲ.①货币政策—研究—中国　Ⅳ.①F822.0

中国国家版本馆 CIP 数据核字（2024）第 030358 号

内容提要

本书全面介绍了基于投入产出生产网络的微观结构，如何扩大货币政策对实体经济的冲击作用，以及经济政策不确定性在何种程度上，通过生产网络传导渠道影响货币政策的有效性。本书为金融服务实体经济相关图书，共分六章：货币政策的生产网络传导效应理论；生产网络结构的测度；货币政策的生产网络传导效应：基于经济增长目标；货币政策的生产网络传导效应：基于物价稳定目标；货币政策的生产网络传导效应：基于收入分配目标；货币政策的生产网络传导效应：基于行业研发创新目标。本书是银行从业人员学习、高校经济金融专业学生、政府金融系统工作者及货币政策的科研工作者了解我国货币政策如何促进实体经济高质量发展的推荐资料。

责任编辑：苑　菲　　　　　　　　　　责任印制：孙婷婷

基于生产网络结构的货币政策传导效应研究
JIYU SHENGCHAN WANGLUO JIEGOU DE HUOBI ZHENGCE CHUANDAO
XIAOYING YANJIU
彭　品　著

出版发行：知识产权出版社 有限责任公司	网　　址：http: // www.ipph.cn
电　　话：010-82004826	http: // www.laichushu.com
社　　址：北京市海淀区气象路50号院	邮　　编：100081
责编电话：010-82000860转8574	责编邮箱：laichushu@cnipr.com
发行电话：010-82000860转8101	发行传真：010-82000893
印　　刷：北京中献拓方科技发展有限公司	经　　销：新华书店、各大网上书店及相关专业书店
开　　本：720mm×1000mm　1/16	印　　张：17.75
版　　次：2025年2月第1版	印　　次：2025年2月第1次印刷
字　　数：252千字	定　　价：89.98元

ISBN 978-7-5130-9288-3

前　　言

当前我国已跃升为全球主要经济体价值循环的联通枢纽，是连接发达经济体和发展中经济体的关键节点。但是近年来国际单边主义和逆全球化趋势逐渐增强，2020年全球新型冠状病毒感染加剧了这一负面影响，我国乃至全球产业链和供应链都出现上下游不同步、产供销脱节等问题，这反映出世界生产体系的脆弱性。基于上述背景，考虑到我国完备的工业生产链体系和庞大的经济发展潜力，党的十九届五中全会指出要加快构建以国内大循环为主体、国内国际双循环相互促进的新发展格局，充分发挥我国内需市场和超大规模的加工制造体系优势，推动产业基础高级化和产业链现代化等社会生产力的增进。双循环新格局的实现离不开货币政策的配合与促进，通过引导信贷资源的流向，可为生产网络（production network）提供更好的货币金融环境，让金融更好地服务实体经济，打造内嵌于国内经济大循环的生产网络核心竞争力，提高资源配置能力和效率。在经济政策不确定性背景下，本书从经济增长、物价稳定、收入分配和研发创新四个宏微观视角揭示货币政策的效果在何种程度上是通过生产网络机制的传导来实现的，研究内容对加快形成以国内大循环为主的双循环新发展格局有着显著的理论意义和现实意义。

本书内容除导论和结论外，主要包括六章。第一章是本书的理论基础，介绍了货币政策的生产网络传导效应相关理论，分析了货币政策的生产网络传导效应测算原理，为本书实证研究提供理论框架。第二章为生产网络结构的测度，为下文实证研究所运用的空间权重矩阵提供研究基础，并可视化分析了需求侧冲击如何通过生产网络的传导和叠加，对与消费终端直接或者间接相连接的多个行业产生影响，进而影响整个国民经济。第三章为货币政策的生产网络传导效应对经济增长的影响。本章选取了固定效应空间面板杜宾模型（SDM）来构建空间计量模型，研究分析了货币政策对经济增长的效果在何种程度上是通过生产网络的传导来实现的，并探究了高频和低频经济政策不确定性是否会影响货币政策的直接效应和间接网络效应。第四章为货币政策通过生产网络传导效应对物价稳定的影响，证明了生产网络是货币政策向物价传导的重要机制，是解释货币政策的结构性通货膨胀效应的重要渠道，并为高频经济政策不确定性是否会影响货币政策的直接效应和间接网络效应提供经验证据。第五章为货币政策的生产网络传导效应对收入分配的影响，使用结构向量自回归模型（SVAR），验证了货币政策传统的直接效应冲击对城乡收入不平等的影响，并搭配空间计量模型的直接效应和间接网络效应分解技术，揭示了货币政策向城镇平均收入传导的效果在何种程度上是通过生产网络的来实现的，并验证了生产网络是解释货币政策的收入分配效应的重要渠道。第六章为货币政策的生产网络传导效应对行业研发创新的影响，证明了生产网络是货币政策作用于各行业研发创新的重要传导机制，是增强行业研发创新活跃度的重要因素，并验证了高频经济政策不确定性是否会影响货币政策基于生产网络传导渠道对研发创新冲击的直接效应和间接网络效应。

本书通过理论分析认为：①生产网络是货币政策向实体经济传导的重要机制，是解释宏观货币政策需求冲击影响经济增长、结构性通货膨胀、收入分配和行业研发创新的重要微观传导渠道。当扩张性的货币政策需求冲击时，会直接导致最接近消费端的下游企业 j 产品需求的上升，从而促进 j 产品的价格的上升、j 产品企业部门的生产效率提高和 j 产品企业部门的研发创新活跃度增强，使得 j 产品企业部门必然会增加对上游中间产品的购买需求。基于投入产出的生产网络传导效应，宽松的货币政策需求冲击会让作为 j 产品中间投入的所有上游行业产生正向需求的初始直接效应冲击，这种初始直接效应冲击会通过生产网络的间接网络效应进一步传导，从下游逐级传导到上游。以此类推，扩张性的货币政策需求冲击的生产链是从下游企业逐级向上游企业传导。②经济政策不确定性会弱化货币政策的生产网络传导效应。一方面，货币政策最终要通过微观的企业和商业银行来实现其作用，但经济不确定性可能会降低商业银行的信贷供给或加剧商业银行在国有企业与非国有企业贷款发放上的歧视，会使生产网络中所有部门的小微企业都面临较高的融资成本和门槛，这将降低生产网络中的下游小微企业的生产效率、限制其劳动力要素流动、恶化其就业分配，并降低其研发创新经费投入量。基于投入产出的生产网络传导效应，上述变化将进而对上游企业经营产生负向冲击，会弱化货币政策通过生产网络向各行业增加值、行业物价、平均收入和行业创新研发传导的有效性。另一方面，在经济政策不确定性下，投入产出生产网络中某些企业部门将面临劳动力不足问题，会扰乱生产网络中的产业链体系和劳动分工体系，导致生产网络中的某些产业链会出现暂时性断裂。货币政策的需求冲击在通过生产链逐级向上游产业传导过程中，会出现暂时性断裂状况，进而也会弱化货币政策的生产网络传导效应。

本书的实证研究验证了理论分析得到的观点和提出的理论假设，研究发现如下。

第一，生产网络是货币政策向实体经济传导的重要机制，是解释货币政策促进经济增长的重要渠道。其中，数量型货币政策（M2）对产业增加值的直接效应和间接网络效应显著为正，价格型货币政策（SHIBOR）对产业增加值的直接效应显著为负，但间接网络效应不显著。此外，其中M2的间接网络效应有27.3%左右来自生产网络的放大效应，M2的直接效应占总效应的72.7%。本书的研究结论说明我国货币政策通过生产网络向实体经济传导的间接网络效应是显著为正的，且货币政策的中介变量仍然是以数量型为主，符合我国目前M2框架的现实情况。

第二，生产网络是货币政策向物价传导的重要机制，是解释货币政策的结构性通货膨胀效应的重要渠道。其中M2对行业物价影响的直接效应和间接网络效应显著为正,可以通过生产网络扩大对各行业价格水平的影响;SHIBOR对产业物价冲击的直接效应显著为负,但间接网络效应不显著,即SHIBOR需求冲击是否能通过生产网络扩大对各行业价格的影响具有不确定性。此外,M2对物价冲击的间接网络效应占总效应的比例达到67.3%,M2的直接效应占总效应的32.7%,说明货币政策对物价冲击的间接网络效应是总效应中非常重要的环节。

第三,生产网络是货币政策向各产业平均收入传导的重要机制,是解释货币政策的收入分配效应的重要渠道。其中M2冲击的直接效应和间接网络效应显著为正,可以通过生产网络扩大对各行业平均收入的影响;SHIBOR对各行业平均收入的直接效应、间接网络效应和总效应均不显著,即我国城镇居民收入对价格型货币政策的负向冲击(宽松)反应具有不确定性。此外,M2冲击对各行业平均收入的影响的直接效应占总效应的95%,M2的间接网络效应占总效应的5%,说明货币政策冲击对城镇居民人均收入的影响只有5%来自生产网络的扩大效应,间接网络效应占总效应比值较低。

第四,生产网络是货币政策向各行业研发创新作用的重要传导机制,是增强行业研发创新活跃度的重要渠道。其中M2对行业研发创新的直接效应和间接网络效应显著为正,即M2可以通过生产网络扩大对行业研发创新活跃度的影响;SHIBOR对行业研发创新的直接效应显著为负,但间接网络效应不显著,即SHIBOR是否能通过生产网络扩大对行业研发创新活跃度的影响具有不确定性。此外,M2作用行业研发创新的总效应有66.2%左右来自生产网络的放大效应,即间接网络效应占总效应的比例达66.2%,直接效应占总效应的比例仅33.8%。

第五,经济政策不确定性(EPU)会弱化货币政策的生产网络传导效应。通过对比EPU全样本、高频EPU样本和低频EPU样本的回归系数可知:高频EPU样本中,M2的直接效应和间接网络效应的系数的绝对值都变小,且显著性减弱;在低频EPU样本中,M2的直接效应和间接网络效应的系数绝对值都变大，且都显著为正；高频EPU样本中，SHIBOR的直接效应和间接网络效应的系数的绝对值都最小，且都不显著；在低频EPU样本中，SHIBOR的直接效应的系数绝对值最大，且都显著为负，其中间接网络效应不显著。高频经济政策不确定性，会弱化货币政策基于生产网络传导渠道对各产业增加值、各行业物价、各行业平均收入和各行业研发创新冲击的直接效应和间接网络效应。

本书的政策建议主要包括：首先，逐步推动货币政策由以数量型为主向以价格型为主转变。货币政策通过生产网络向实体经济的传导，以M2为主，SHIBOR的间接网络效应不显著，解决这一问题的关键在于解决存贷款基准利率和市场利率并存的"利率双轨"问题，实现利率完全市场化。其次，构建数字化生产网络。数字化的生产网络，更能反映投入产出表生产网络各产业部门间的技术经济联系，有利于生产要素在生产网络中快速高效运转，疏通货币政策通过生产网络的传导机制。构建数字化产业互联网需要充分利用数字技术，以数据供应链引领物资链，促进产业链高效协同，使得高端制造业和现代服务业、工业化和信息化深度融合。再次，推进农村城镇化建设。推进农村城镇化建设的关键是户籍制度改革，实现农民工的市民化，让生产网络中的劳动力要素自由流动，提高居民收入。最后，支持扩大知识产权质押融资。宽松的货币政策基于生产网络传导支撑研发创新的知识溢出效应，存在行业内部溢出和跨行业部门之间扩散，扩大知识产权质押融资是从源头上降低科技型中小企业融资费用负担的重要渠道。研发创新是我国经济可持续发展的核心内生动力，需要银行、企业、政府、担保公司等多方主体对高科技轻资产企业进行知识产权质押融资运作模式的积极探索。

本书的边际贡献主要体现在以下两个方面。

一是丰富了货币政策传导机制理论框架。传统的研究大多只关注宏观货币政策的直接效应，缺乏研究货币政策基于生产网络传导渠道的间接网络效应。本书在第三章、第四章、第五章和第六章分别验证了生产网络是货币政策冲击向实体经济、行业物价、行业平均收入和行业研发创新强度传导的重要渠道。

宽松或紧缩的货币政策可能会直接导致最接近消费者的企业产品需求的上升或下降，由此导致下游终端企业对中间品需求的上升或下降，这一需求冲击会通过生产网络的生产链逐级向上游产业传导，最终释放了货币政策的直接效应和间接网络效应的全部影响。

二是拓展了空间计量模型的适用范围。本书在研究方法上借鉴SDM，把货币政策冲击的总体效果分解为直接效应和间接网络效应，探索生产网络是否扩大了宏观冲击的作用，并测算了货币政策需求冲击的生产网络传导效应。不同于传统空间计量以空间距离作为空间权重矩阵，本书用投入产出表计算得到行业之间贸易额度矩阵，并在此基础上构建生产网络直接消耗矩阵系数表作为空间权重矩阵，衡量了各个行业在生产链中的紧密程度，将空间计量方法的应用扩展到了货币金融领域。

目 录

导 论 ·· 1

第一章 货币政策的生产网络传导效应相关理论 ········· 36
  第一节 生产网络在宏观经济中的作用 ·········· 36
  第二节 货币政策的生产网络传导效应测算 ·········· 45

第二章 生产网络结构的测度 ·················· 54
  第一节 基于投入产出分析的生产网络结构构建方法 ········· 54
  第二节 生产网络结构度量 ·················· 71
  第三节 本章小结 ·························· 89

第三章 货币政策的生产网络传导效应：基于经济增长目标 ·········· 91
  第一节 货币政策的生产网络传导效应检验：基于经济增长 ········ 91
  第二节 经济政策不确定性下货币政策的生产网络传导效应检验：
         基于经济增长 ·························· 114
  第三节 本章小结 ·························· 135

第四章 货币政策的生产网络传导效应：基于物价稳定目标 ··············· 137
  第一节 货币政策的生产网络传导效应检验：基于物价稳定 ········ 137

第二节　经济政策不确定性下货币政策的生产网络传导效应检验：

基于物价稳定 ……………………………………156

第三节　本章小结 ……………………………………169

第五章　货币政策的生产网络传导效应：基于收入分配目标 …………171

第一节　货币政策的收入分配效应检验：基于城乡收入不平等……171

第二节　货币政策的生产网络传导效应检验：基于收入分配……194

第三节　本章小结 ……………………………………214

第六章　货币政策的生产网络传导效应：基于行业研发创新 …………216

第一节　货币政策的生产网络传导效应检验：基于行业研发创新…217

第二节　经济政策不确定性下货币政策的生产网络传导效应检验：

基于行业研发创新 ……………………………………236

第三节　本章小结……………………………………251

第七章　结论与建议 ……………………………………254

参考文献 ……………………………………262

导　论

一、选题背景及研究意义

（一）选题背景

在世界经济增长放缓、逆全球化端倪显现、中国经济波动幅度增大等国内外环境日趋复杂的时代背景下，考虑到中国庞大的经济发展潜力和完备的工业生产链体系，党的十九届五中全会通过了《中共中央关于制定国民经济和社会发展第十四个五年规划和二〇三五年远景目标的建议》，该文件确定了主题和纲领，即"高质量发展"和"内循环+双循环"新发展格局。深化"高质量双循环"，一方面可以对国内经济系统性运行起到防风险和补短板的作用，另一方面也是应对经济逆全球化发展的未雨绸缪。

经济增长、物价稳定、收入分配❶和行业研发创新四个变量之间包含了宏观和微观目标，涉及了内循环背景下的生产网络从研发、生产、流通到消费这一动态循环过程的每个环节，也是内循环背景下货币政策重要的目标，需要中央银行调控货币政策提供良好的货币金融环境，来促进实体经济的高质量发展。❷

---

❶ 本研究的收入分配不仅包括收入在劳动和资本间的分配，还包括收入在生产网络行业间的分配。

❷ 中国人民银行在《2023 年第三季度中国货币政策执行报告》中明确提出"稳健的货币政策要精准有力，更加注重做好跨周期和逆周期调节，充实货币政策工具箱，着力营造良好的货币金融环境"；"进一步疏通货币政策传导机制，增强金融支持实体经济的稳定性，促进经济金融良性循环，保持物价水平合理稳定"。

在"高质量经济增长双循环"下，我们由过去的出口和投资双引擎驱动转向消费驱动，消费驱动需要提高消费在经济中的占比，那么则需要提高居民收入在国民收入中的比重，来改变收入分配格局，从而弥补消费需求的不足❶；分配流通和稳定生产环节的过程中，都需要物价稳定，物价稳定又可以进一步促进消费和稳定生产；研发创新环节是最主要的内循环，是经济高质量发展的内生增长动力（Romer，1986），生产网络中行业研发创新是经济良性循环的开端，也是解决在科技和能源等关键领域不被"卡脖子"的关键。

　　从宏观波动层面，经济增长、物价稳定和收入分配等历来是货币政策主要的宏观调控目标，但研究货币政策对宏观目标影响的文献集中在货币政策冲击的直接效应，忽略了货币政策的间接网络效应❷。具体来说，针对经济增长：传统的研究文献主要关注货币政策对经济增长的直接作用，忽略了货币政策需求冲击通过生产网络渠道对各产业增加值产生的间接传导，即货币政策需求冲击对经济增长的微观间接作用。针对收入分配：目前已有大量文献证明了除了财政政策外，货币政策对收入也存在分配效应。宽松的货币政策会加剧收入分配不平等，但现有研究侧重于货币政策的直接效应，并且现有研究所指的收入分配是收入在劳动和资本间的分配。但这里考察的收入分配指的不仅是收入在劳动和资本间的分配，还包括收入在生产网络行业间的分配。为此，货币政策通过生产网络对收入分配的影响是否存在直接效应和间接网络效应？针对行业物价：在供给侧冲击下，物价通过生产网络传导机制从上游逐级向下游传导（Huneeus，2018），那么在货币政策需求侧冲击下，通过生产网络传导机制对物

---

❶ 根据凯恩斯边际消费倾向递减规律的公式：MPC=ΔC/ΔY，ΔC指消费增加量，ΔY指收入增加量，MPC要大于0，小于1，一单位收入增加用于拉动消费的增长的效果是小于1且边际递减的。因此要提高消费在经济中的比重，需要改变收入分配的格局。我国有庞大的低收入人群，无论是扩大就业、改善收入分配、健全社会保障及加快城镇化，还是发展日新月异的数字技术，都意味着消费提升的巨大潜力。

❷ 间接网络效应在本书中指的是货币政策基于生产网络传导渠道的间接网络效应。网络效应不能简单地等同于间接效应，下文的"网络效应"只是间接网络效应的简称。

价传导的方向是单方向的还是双方向的？若是单方向的，是从产业链的上游逐级向下游传导，还是下游逐级向上游传导？且生产网络是否会扩大货币政策对通货膨胀的影响效果？货币政策通过生产网络扩大的间接网络效应占货币政策总效应的比例是多少？如何用传统计量经济学去测算货币政策的直接效应和间接网络效应？

从微观经济波动层面，一方面，国民经济是一个复杂的整体，经济运转靠生产网络中各产业、部门之间的良性循环，相互影响和相互制约，因而某一个产业部门在生产过程中的任何变化，都将通过生产网络对其他产业部门产生一定的波及作用。因此，研究生产网络的变动就需要揭示产业之间的技术经济联系与依存程度，即产业之间的关联性。具体来说，通过生产网络这一新的微观视角来刻画国民经济各部门之间使用中间投入的关联和互动，用可视化的形式搭建投入产出的生产网络，研究中国产业结构关联网络特征与宏观经济波动的联系。另一方面，认为货币政策需求冲击下，企业研发创新水平是从下游逐级传导到上游的。具体地，当宽松的货币政策需求冲击时，会直接导致最接近消费端的下游企业研发创新能力的提高，这种研发创新能力的提高会基于生产网络的中间投入作用，对上游企业的研发创新水平有正向冲击的影响，此外，随着大数据、云计算等数字科技的研发创新发展，产业链的价值空间得以拓宽。因此，基于投入产出的生产网络不再局限于传统意义上把原材料（中间投入品）变成产品的过程，还需要加工研发创新的数据要素，把数据化的研发创新变成产品的一部分，这对上游企业的数据研发水平产生正向冲击。以此类推，由企业群体的研发创新集合所组成的行业研发创新能力会随着生产网络逐级向上游行业传导。

从经济政策不确定性层面来看，中国经济发展过程中的不确定性来自两个方面：国内方面，包括地方债务风险、产能过剩和资本市场杠杆率过高等经济转型和产业升级过程中产生的因素；国际方面，包括主要国家的政治变动、贸易关系的演变、相关的财政政策与货币政策的调整、新型冠状病毒感染和世界经济增长放缓等因素。在以上国内外经济不确定性因素影响下，以内循环为主体的生产网络是否会受到影响？是否影响货币政策的生产网络效应，即影响货币政策通过生产网络向各行业增加值、行业物价、收入分配和行业创新研发传导的有效性？如何完善以内为主、内外均衡的现代中央银行货币调控框架？以上问题研究对新双循环格局下的生产网络升级和金融供给侧结构性改革有重要意义。

本书基于以上的背景，试图从生产网络视角的货币政策传导效应研究以下三个主要问题。

第一，生产网络结构的测度，构建空间计量模型的生产网络空间权重。通过生产网络这一新视角来刻画国民经济各部门之间使用中间投入的关联和互动，用可视化的形式搭建投入产出的生产网络，研究中国产业结构关联网络特征，并构建空间计量的权重网络矩阵，测度货币政策的生产网络效应。

第二，运用空间计量模型的直接效应和间接网络效应的分解技术，实证分析生产网络是否是货币政策向经济增长、物价稳定、收入分配和研发创新传导的重要渠道。若货币政策通过生产网络渠道向实体经济传导的方向是自下而上的（从生产网的下游逐级向上游传导），那么生产网络对货币政策的效果是否具有网络扩大作用？货币政策的冲击效果在多大程度上是依靠生产网络实现的？

第三，验证经济政策不确定性是否会弱化货币政策的生产网络传导效应。高频政策不确定性会使得生产网络出现暂时性断裂，抑制了生产网络中的生产要素在市场经济中的充分交换，这是否会弱化货币政策的生产网络传导效应？

（二）研究意义

1.本书选题的理论意义

丰富了货币政策传导机制的理论框架。货币政策的传导，实际上就是指货币当局货币政策的变化如何影响实体经济的过程。传统货币政策传导机制可以归纳为信贷传导渠道、利率传导渠道、资产价格传导渠道和汇率传导渠道。但传统的货币政策传导机制只关注货币政策的直接效应，缺乏研究货币政策基于生产网络传导渠道的间接网络效应。例如，扩张性的货币政策可能会直接导致最接近消费者企业产品需求的上升，由此导致下游终端企业对中间品需求的上升，这一需求冲击会通过生产链逐级向上游产业传导，最终释放货币政策直接和间接的全部影响。基于以上现实背景，本书试图基于生产网络视角下，研究货币政策的传导效应。本书试图研究的主要问题是：验证生产网络是否是货币政策向实体经济传导的渠道，以及考察货币政策的效果在多大程度上是依靠生产网络实现的。本书基于生产网络这一新的研究视角，为深化金融供给侧结构性改革，强化金融服务实体经济、服务人民生活的功能，找准金融服务重点提供更有效的货币金融理论框架支撑。

2. 本书选题的现实意义

党的十九大报告提出要抓住新一轮科技革命和产业变革机遇，加快建设制造强国，不断提高经济发展质量和效益，促进我国产业迈向全球价值链中高端。此外，习近平总书记在"两会"期间强调要"逐步形成以国内大循环为主体、国内国际双循环相互促进的新发展格局"。中国是全球规模最大的全产业链、单一市场，要走内循环为主、双循环互相补充、互相支持的新格局，需要货币政策的配合与促进，即通过引导信贷资源的流向，积极推动产业结构优化升级（黄伟，史忠良，2010；黄伟，2010），为生产网络提供更好的货币金融环境。已有大量文献研究我国货币政对在产业结构的影响（戴金平，金永军，2006；闫红波，王国林，2008；曹永琴，2010；吕光明，2013），但少有学者从经济增长、物价稳定、收入增加和行业研发创新的视角探究货币政策的效果在何种程度上是通过生产网络机制的传导来实现的。本书的选题和研究结论，一方面，有助于货币政策最终目标的平衡协调，为经济增长、物价稳定、收入分配和研发创新等货币政策目标提供更有效的微观结构解释，为央行货币政策的实施效果、宏观经济政策的制定提供一定的助力；另一方面，对深化金融供给侧结构性改革、强化金融服务实体功能和助力"内循环+双循环"新发展格局有着现实意义。

二、概念界定与研究综述

（一）生产网络概念界定

投入产出生产网络简称为生产网络，是由专业化生产单元所构成，主要用于刻画部门间使用中间投入的关联和互动。每个生产单元从上游获得生产所需的投入，其产出又供应给下游，上下游投入产出关系相互交织而构成生产网络（Sonis，Hewings，1998；Acemoglu，Carvalho，Ozdaglar，2012；Acemoglu，Akcigit，Kerr，2015；Acemoglu，Daron，Ozdaglar，et al.，2017；Baqaee，Farhi，2018，2019，2020）。阿西莫格鲁等（Acemoglu et al.，2012）、卡瓦略等（Carvalho，Vasco，2014）认为生产网络由三个要素构成：一是节点集合，即每个节点对应经济系统中的一个部门；二是有向边集合，边的方向代表了生产投入的流向，有向边代表任意部门间的投入产出关系；三是权重集合，每个权重都对应一条特定的有向边，有向边权重 $a_{ij} > 0$ 表示行业 j 是行业 i 的中间投入供应部门。生产网络的微观结构是本书研究货币政策需求冲击与宏观经济波动的桥梁，也是验证和探索是否是货币政策向实体经济传导的微观渠道的起点。国民经济中各产业部门间存在着既广泛又密切的技术经济联系，社会生活的经济运转靠生产网络中各产业部门之间良性循环、相互影响和相互制约。

20世纪30年代，为研究社会经济系统内部的动态关联状况，探索各产业的发展水平，美国学者列昂惕夫（Leontief，1936）[1]发明了投入产出分析方法，并编制了世界上最早的投入产出表，这为探索美国社会经济内部各产业间的复

---

[1] 1973年，列昂惕夫因发明投入产出分析法及该方法在经济领域产生的影响获得国内外学术界的高度推崇，他本人因此获得诺贝尔经济学奖。

杂交易及各生产部门间的相互依赖关系及提供了实用的决策依据。该方法也为研究产业关联对宏观经济波动的影响提供了理论基础，这也一直是技术经济领域的研究热点（Long，Plosser，1983；Long，Plosser，1987；Javanovic，1987；Durlauf，1993；Horvath，1998；Horvath，2000）。

龙和普洛舍（Long，Plosser，1983；Long，Plosser，1987）基于产业关联建立多部门实际经济周期模型，研究证明部门联动会导致宏观经济波动，而独立的生产率冲击导致部门联动。杜劳夫（Durlauf，1993）探索了多部门经济系统的演化过程，他认为技术互补使部门间相互联系，但部门技术互补性协调一旦失灵会导致宏观经济波动。随着经济发展水平提高和国民经济部类变化，仅靠线性代数方程体系为基础的投入产出分析难以描述产业关联中的整体情况，也难以表述产业关联内部的集群关系、多元流向关系等，传统的投入产出分析遇到了技术瓶颈。索尼斯和休因斯（Sonis，Hewings，1998）创造了研究经济冲击如何通过网络系统来传导的新思路，即从数学推理的角度将网络分析法应用于投入产出矩阵表，投入产出生产网络概念应即而生，简称生产网络。直到21世纪，随着技术经济研究中跨学科理论的引入，为了更好地研究投入产出生产网络与宏观经济波动的关系，学术界开始使用复杂网络理论❶分析工具研究投入产出网络，从此基于生产网络视角的宏观波动理论才逐渐发展成熟。其中，最为经典的是阿西莫格鲁（2012）的理论，他从网络结构角度研究宏观经济波动，着眼于国内投入产出各部门构成的生产网络，研究表明生产网络的各行业中心度的不对称性会加大微弱冲击，从而引起整个经济系统的大幅波动。

相比国外，国内文献关于投入产出生产网络涉及较少，没有一个明确的概

---

❶复杂网络研究的内容主要包括：网络的几何性质、形成机制、演化的统计规律、模型性质及结构稳定性、演化动力学机制等。其中，在自然科学领域，网络研究的基本测度包括节点、社区、图等层面。其中节点层面包括节点的度（degree）及其分布特征，度的相关性，集聚程度及其分布特征，最短距离及其分布特征，节点的介数（betweenness）及其分布特征。社区层面主要包括社区发现、社区演化等。

念界定。方爱丽等（2009）在列昂惕夫逆矩阵的基础上，从复杂网络视角出发建立了投入产出关联复杂网络模型，并运用聚集系数、强度分布和边权分布等主要网络属性，探究各产业部门间错综复杂的投入产出关系。叶初升和任兆柯（2019）在探究宏观波动微观来源研究进展的文献评述中，第一次在国内文献中定义了投入产出关联为生产网络的概念。

生产网络具有传导性强的网络特征，部门与部门之间的距离越远，微观冲击在生产网络中会引发的部门联动影响范围会越大，生产网络会扩大部门联动的范围（Acemoglu et al.，2012；Carvalho，Vasco，2014；Foerster，Choi，2017）。当某个地区发生海啸或地震等自然灾害时，生产网络会扩大部门的联动范围，从而产生严重的宏观影响（Carvalho，Vasco，2016）。此外，生产网络的"轴心—外围"非对称性也增强了微观冲击的传导力度，即少数部门行业是大多数部门的中间投入品的供应方，一旦生产网络中的这些少数部门发生微观冲击时，整个社会经济系统会因为生产网络微观结构的扩大效应而发生剧烈的宏观波动，因此生产网络是决定微观冲击在整个经济系统中传导并形成宏观波动的关键要素（Acemoglu，Carvalho，Ozdaglar，et al.，2012）。

生产网络理论的这些特点对本书研究货币政策的生产网络传导渠道有重要的参考价值，一方面有助于可视化生产网络的总体连接情况，揭示产业关联发展的内在规律；另一方面为货币政策传导机制提供新的渠道假设，即货币政策需求冲击可能会直接导致最接近消费者企业产品需求的上升，由此导致企业对中间品需求的上升，这一需求冲击会通过生产链逐级向上游产业传导，最终释放货币政策全部直接和间接的影响（Todorova，2018）。

（二）文献综述

目前国内外关于货币政策的生产网络传导效应的研究文献比较匮乏，而关于生产网络理论和货币政策传导机制的相关文献较为丰富。本书将从投入产出生产网络度量、生产网络结构与宏观波动、传统货币政策传导机制有效性研究和经济政策不确定性对货币政策的有效性影响研究四个方面对国内外文献进行评述，进而在前人研究的基础上，从理论和实证两方面验证货币政策的生产网络传导机制。

1.生产网络度量

生产网络的测度的发展历程从简单到复杂，从投入产出系数测度到复杂网络范式的网络结构测度。投入产出系数测度包括了直接消耗系数、完全消耗系数、影响力系数和感应度系数等指标，揭示了国民经济各部门内在、复杂和多层次的间接联系。复杂网络范式的生产网络测度包括幂律的度分布、中心度、点介数、度和度的相关性等指标，为宏观经济波动提供微观网络特征的视角。

（1）基于投入产出的生产网络系数结构测度

最早关于生产网络的度量是20世纪50年代后从投入产出表产业关联度开始的。为测算国民经济各部门和各产品之间最直接的技术经济联系，后续学者如拉斯穆森（Rasmussen，1956）为了度量一个产业在生产、产值、技术等方面的变化，引起它后向和前向关联部门在这些方面的变化大小，就在列昂惕夫逆矩阵的基础上对矩阵中的列和行进行求和，并以此来分别衡量产业的后向产业部门关联度❶和前向产业部门关联度。此外，为了测度两部门之间的直接和间接相关度，切纳里和渡边（Chenery，Watanabe，1958）提出了直接消耗系数，来衡量部门之间相互依存和相互制约关系的强弱，以及完全消耗系数，来更全面深刻地反映部门之间相互依存的数量关系，揭示部门之间的直接和间接的联系。而直接消耗系数体现了列昂惕夫模型中生产结构的基本特征，它是计算完全消耗系数的基础（王岳平，2000；陈锡康，杨翠红，2011），但局限是不能衡量整个国民经济的各产业总需求波及程度。因此，钱纳里等（1989）在列昂惕夫逆

---

❶ 例如，由于该产业自身对投入品的需求增加或要求提高而引起提供这些投入品的供应部门扩大投资、提高产品质量、完善管理、加快技术进步等变化。

矩阵的基础上，建立总体需求联系的度量指标影响力系数。该模型用于衡量国民经济中某个生产部门增加一单位最终产品对其他部门生产需求的波及程度，得出的结论是影响力系数越大，该部门对其他部门的拉动作用也越大，如果该系数大于1，表示该部门生产对其他部门生产的波及影响程度超过社会平均影响力水平。此外，迪岑巴赫和林登（Dietzenbacher, Linden, 1997）为了欧洲共同体生产结构中的相互依赖性，引入了假设抽取方法，基于1980年欧洲共同体7国的国家间投入产出表，将相互依赖自然区分为向后和向前的联系。蔡和梁（Cai, Leung, 2004）在列昂惕夫逆矩阵基础上，用完全需求系数横行求和的方法，度量了影响力系数和感应度系数，来衡量融产业的后向联系和前向联系程度。

在前人等文献基础上，后续学者开始研究投入产出的关联结构特征对经济发展的影响。卡加瓦和稻村（Inamura, Kagawa, 2004）采用中日两国在1985—1990年间的投入产出表数据构建了两国间的投入产出模型，实证分析认为中国非竞争性投入结构变化对日本一次能源需求的影响可以忽略不计，日本的政策制定者应该关注国内生产结构变化对能源的影响，而不是中国生产结构的变化。王岳平和葛岳静（2007）、李杨超和祝合良（2016）从实证的角度量化了各项需求政策对国民经济的产业结构影响，并揭示了国民经济中不同产业关联效应的差别和关联特征。干春晖、郑若谷和余典范（2011）运用静态分解技术，揭示产业结构高级化是经济波动的原因之一，认为产业结构合理化有助于抑制经济波动，对经济发展的贡献要大于产业结构高级化。方大春和王海晨（2017）采用2002—2012年间42部门的投入产出数据，实证分析了我国产业关联网络的结构特征，认为我国产业间网络密度呈现出逐年增加且增幅放缓的趋势，产业网络中存在明显的凝聚子群，其中石油加工等原材料部门在产业关联结构中属于主导产业范畴，金融部门成为产业网络中最有影响力的行业部门。潘文卿和刘起运（2004），张润君、潘文卿和陈杰（2011），刘佳和朱桂龙（2012）对区域间部门的前后向联系进行研究，还使用区域投入产出表对我国各区域经济发展趋势与联系进行了探索。姚星、唐粼和林昆鹏（2012）基于2002年和2007年四川省投入产出表的相关数据，实证分析了四川省生产性服务业与制造业之间的关系，并深入探究四川省产业间发展特点和规律。肖雁飞、万子捷和刘红光（2014）对区域间生产网络效应导致的"碳泄漏和碳排放转移"现象进行研究，结论表明区域产业转移对区域碳排放有影响作用。张同斌和高铁梅（2013）通过对美国、英国、日本、印度和巴西投入产出数据进行实证分析，对比发现相对于发达国家，中国高技术产业在工业化效率方面具有较高水平，但消费和技术进步对中国高技术产业的贡献程度较小。关高峰和贺根庆（2014），李秀婷、刘凡和吴迪等（2014），惠兰·乔治等（Whealan-George et al.，2015）利用投入产出技术的相关系数，量化了产业关联性对经济增长的影响。

（2）基于复杂网络的生产网络结构测度

上述文献关于国民经济各部门投入产出系数的测算研究局限在简单的国民经济各部门和各产品的产业关联直接与间接联系，没有用网络特征的方法去衡量"小世界"、集群关系、幂律（power law）的度分布。随着技术经济研究中跨学科理论的引入，国外学术界开始借鉴生产网络理论❶对该理论的度量进行研究。为了对网络节点单元的相互连接方式和结构特征进行有效的测量，学术界在网络分析领域开发了一套广泛的概念框架和工具（Bramoullé，Yann，Galeotti，et al.，2016）。

美国学者坎贝尔（Campbell，1975）提出有向产业图理论，认为建立投入产出网络有向图对分析行业间网络关系的结构方面有实用价值。斯莱特（Slater，1977）在坎贝尔提出"有向产业网络图"理论基础上，采用美国1967年的投入产出数据提出了分层聚合的树状图分析法，可以较为精准地识别出国民经济行业部门网络间的产品流量方向。

---

❶ 复杂网络技术广泛应用于社会科学领域（社区网络关系和社区演化等）和自然科学领域（节点的介数和节点的度的相关性、集聚程度及其分布特征），主要内容包括网络的演化动力学机制、几何性质、模型性质、统计规律、形成机制和结构稳定性。

国内学者赵炳新（1996）使用图论流模式探索产业结构的演进规律和产业部门中的聚落群类。刘刚和郭敏（2009）在复杂网络范式下实证研究了我国产业结构的网络拓扑特征，认为小世界网络和无标度网络是我国宏观经济系统多部门网络的特征。邢李志（2012）则借用网络路径长度、度分布、权分布等概念，侧重实证研究区域产业结构的网络拓扑特征。此后，在以上研究基础上，王茂军和侯明（2014）、李茂（2016）则实证研究分析了2012年北京市42个部门的产业网络拓扑特征。

此外，中心性也是节点重要性的量化，是网络中节点重要性判定的指标之一。巴卡伊（Baqaee，2018）定义了一种新指标（退出中心度）来衡量行业的重要性，这一指标与行业在生产网络中所处的位置有关。布吉亚斯（Bougheas，2017）以列昂惕夫逆矩阵为基础，度量了各个部门节点在生产网络上的中心性，该指标决定了一个部门在生产网络中的系统重要性。中心度越高的部门发生外部冲击时，也会带来更大的传导强度（Huneeus，2018；Hempfing et al.，2018）。赵炳新等（2017）搭建了以中心性为测量指标的区域赋权网络，并通过对基础关联结构、网络度关联结构、非对称结构及核关联结构四个维度的分析，对区域间总产出波动相互影响的强度进行了定量描述。

2. 生产网络视角下微观冲击的宏观影响

近年来，关于生产网络微观冲击对宏观经济波动的研究文献十分丰富，主要分为产业层面生产网络和企业层面生产网络对宏观经济的研究。

（1）产业层面生产网络与宏观波动

从产业关联角度分析宏观波动，最早开始于20世纪70年代的国外文献。最初，国外学者根据大数定律提出"分散化论点"，认为产业关联的微观冲击对宏观波动没有影响，因为当把投入产出经济部门分为越来越细的行业部门单位时，单个部门的微观冲击会被其他大多数部门的微观冲击互相对冲抵消掉（Lucas，1977）。杜波尔（Dupor，1996；Dupor，1999）也认为产业部门之间的互补性将使得波动在产业间得到抵消，而不会传导到宏观波动层面。他认为当投入产出矩阵方差变化较小时，即各行业部门关联较平均、角色较均衡时，部门冲击的传导能力会变差，因此核心部门不能主导投入产出结构关系。而霍瓦特（Horvath，1998）认为非对称的投入产出结构为部门冲击传导宏观波动提供了渠道。他提出在投入产出矩阵中存在少数部门向多数部门提供中间投入的现象，他指出，在投入产出矩阵中，存在少数部门向多数部门提供中间投入的现象，而其他多数部门对其他部门提供中间投入的范围则相对有限。当少数核心部门发生异质性微观冲击时，不会被其他多数部门方向冲击相互抵消。此外，他认为投入产出矩阵中起主导作用的部门数量增长率决定了部门冲击衰减速度，而非部门总数的增长率。霍瓦特（2000）随后进一步发现，美国实际投入产出矩阵中的部门总数的增长率远高于主导部门数量的增长率，因此部门冲击衰减速度还不到一半。此外，还有些学者虽不否认投入产出的多部门联动冲击是宏观波动的基本特征之一，但该现象是受到了共同扰动因素的影响。龙和普洛舍（1987）、约万诺维奇（Jovanovic，1987）明确提出了对总体风险的"微观"冲击解释，证明了当对参与者的生产率冲击是独立的时，可以产生任意数量的总体风险。杜劳夫（1993）探讨了互补性和不完全市场在经济增长中的作用，并分析了一个由技术互补联系在一起的产业部门集群组成的经济体的演化。他认为当这种互补性足够强时，就会在长期经济活动中产生多重均衡，部门间的技术不协调会成为整体宏观和单个行业波动的来源。

上述文献梳理在一定程度上解释了宏观波动是由生产关联结构失衡产生的微观冲击所致，但没有开发出一套好的刻画投入产出结构的异质性、非对称性特征的工具，21世纪交叉学科的引入解决了这一问题。有学者开始借鉴复杂网络理论的分析工具，将投入产出分析表可视化，搭建投入产出生产网络，这也为微观冲击对宏观波动影响的研究提供了网络特征的新视角。其中在学术界有较大影响力的当属阿西莫格鲁等（2012），他们的方法不同于运用总生产率、货币供给等总量冲击的传统宏观波动分析框架，而是运用一般化的数学分析框架，从网络结构角度研究了宏观经济波动，更精确地刻画了微观冲击在生产网络中影响宏观波动的渠道和机制。他们认为总产出波动的衰减速率由生产网络结构决定，当生产网络结构因轴心部门的存在呈现"轴心—外围"非对称特征，就会增大部门冲击转化为宏观波动的比率，部门冲击在生产网络间传导扩散就会提高这种高阶相互联系产生"梯级效应"的可能性，即一个部门的生产率冲击不仅会传播到其直接下游客户，还会传播到经济的其他领域，形成宏观波动的潜在机制。卡瓦略（2014）研究发现若生产网络中没有投入供给的核心部门，则微观冲击将对称影响总产出且在总产出层面被抵消，从而对宏观波动没有大的影响；但若生产网络结构中存在核心部门且呈现"轴心—外围"非对称特征，微观冲击转化为宏观波动的可能性大大增强。因为微观冲击会以核心部门为枢纽，向其他部门进一步传播扩大，网络结构的非对称会显著加强微观冲击传导力度，核心部门的微观冲击则很难被抵消。此外，卡瓦略（2009）描述了总波动性与投入贸易网络结构的联系，解释了个别部门的独立冲击是如何引起总体经济活动的波动。认为异质性部门枢纽的存在可以通过跨部门耦合生产决策导致总量波动。此外，他还认为生产网络结构对于供给端和需求端微观冲击产生的传导路径存在明显差异，供给端的生产率冲击是向下游传导，从源部门传导至用户端（Carvalho, Vasco, 2014; Acemoglu, Akcigit, Kerr, 2015; Huneeus, 2018），而需求端的冲击是向上游传导，从源部门传导至供应商（Carvalho, Vasco, 2014; Acemoglu, Akcigit, Kerr, 2015; Carvalho, Vasco, 2016; Joya, Rougier, 2019）。

国内对生产网络微观结构冲击对宏观波动影响的研究起步较晚，大多是在阿西莫格鲁等（2012）已有研究的基础上开展的。赵炳新等（2013，2016）研究发现区域间经济波动的相互影响，从总量看是由金融、外商直接投资（FDI）、贸易等因素所导致，但根本原因是产品间普遍存在技术经济联系。相雪梅等（2016）研究总产出波动与生产网络的关系，他们认为在结构不对称的产业网络中，即使经济高度分散，部门冲击也能最终形成总产出波动。齐鹰飞和李苑菲（2020）为了分析财政支出的部门配置对GDP、福利和产业结构的影响，在一个多部门一般均衡模型中引入了生产网络，对部门财政支出结构效应进行分解，结论显示GDP（从而财政支出乘数）及家庭福利与财政支出的部门配置无关，但产业结构受财政支出部门配置的影响。

林秀梅和唐乐（2015）在金砖国家投入产出模型的基础上，从全球价值链角度对一国出口的贸易价值进行分解，认为中国与印度出口中的国内价值含量较低，以低技术制造业为主，面临"价值链地位固化"的风险；俄罗斯与巴西出口中有较高的国内价值含量，但主要体现在初级与资源密集型产业，贸易利益获取的可持续性较弱。齐鹰飞和李苑菲（2019）以2018年发生的中美贸易摩擦为背景，通过构建跨国投入产出网络模型刻画了关税冲击的传导机制，认为关税冲击影响相对价格从而使下游行业成本增加，并沿跨国投入产出网络传导至下游，最终使供给侧资源再配置为负效应。吕炜等（2018）基于投入产出网络的视角，构建含能源矿产、家庭、服务业、制造业、商业银行、房地产及在内的多生产部门动态随机一般均衡模型。研究发现，房价上涨在提高家庭部门杠杆率的同时，也会带动其他行业生产部门的杠杆率发生变动。刘世锦等（2020）通过将网络分析法应用于投入产出体系，将我国各省区市经济部门及部门间关系转化为宏观经济网络内的"节点"和"弧"，从经济部门、区域间"层层传导"视角研究新型冠状病毒感染疫情对经济冲击的路径。研究发现三点结论：一是湖北省具有较强的"内向型"特征，疫情对湖北省的经济冲击远大于外省；二是江苏、广东、浙江、山西、陕西等省与湖北省的经济依存度较高，有着较直接的经济冲击风险；三是在经济恢复发展中应对3类行业给予特别关注，即处于核心战略位置、自身稳定性不强、上下游影响力较大的企业，如湖北省的交通运输业、农业和建筑业。结合疫情冲击路径特征，他们提出了湖北省和相关省区市经济恢复发展及通过改革激发新增长动能的政策建议。

（2）企业层面生产网络与宏观波动

除了从产业层面研究微观冲击通过生产网络传导影响宏观波动，越来越多的实证研究文献也解释了微观冲击如何通过企业和跨国贸易生产网络机制的单双向冲击对宏观波动、企业创新及通胀产生影响，并对生产网络传导强度的影响因素和大小进行了量化，这为进一步研究跨国部门政策变动的溢出联动效应提供理论支撑，也极大地丰富了生产网络传导效应理论。

对企业层面的异质冲击是否在生产网络中传导的研究也有较大的进展。巴罗特和索瓦纳特（Barrot，Sauvagnat，2016）认为：第一，生产网络中异质性投入冲击对总体经济的影响取决于它的投入替代弹性大小对间接关联企业传导程度的影响；第二，企业层面生产网络中投入替代弹性越小时，冲击传导的范围会扩大。具体是通过将异质性冲击与自然灾害（暴风雪、地震、洪水和飓风）的发生联系起来，研究发现受自然灾害影响的供应商对其下游企业客户造成了大量的产出损失（给下游异质性中间产品投入量减小），特别是当这些"产出损失"是在下游企业层面替代弹性较小的异质性中间产品上发生时，这些产出损失将会转化为巨大的市场价值损失，并波及其他供应商。这对企业层面生产网络的局部传导链而言，宏观经济影响冲击很大，这表明中间产品的投入异质性是经济中特质冲击传导的一个重要决定因素。卡瓦略等（2016）利用2011年日本东部大地震的外部冲击和区域性特征，研究发现：第一，地震及其余波造成的破坏分别向上游和下游的供应链双向传导，直接和间接地影响了受灾企业的上游供应商和下游客户，企业层面的投入产出联系作为一种传导机制放大了对地震外部冲击的作用，地震灾害导致了灾区企业下游客户和上游供应商增长率的下降；第二，地震外部冲击的传播范围不仅包括与受灾企业有直接联系的下游客户和上游供应商，还有与受灾企业间接相关合作企业，而且离受灾企业的供应链距离越远，间接合作企业遭到的负向冲击力度越弱；第三，下游受灾企业对宏观产出波动的总体效应要大于上游受灾企业对宏观产出波动的总体效应。地震灾害通过企业层面生产网络的传导机制，导致地震后一年日本经济总产出下降1.2%。此外，勃姆等（Boehm et al.，2019）发现以上结论也同样适用于跨国企业层面。他们基于2011年日本的地震灾害背景，利用新的企业层面的微观数据和自然实验，研究发现对于日本在美国的附属公司而言，因贸易联系产生的跨国溢出效应的范围取决于对日本国内因地震受灾投入的替代弹性，而受灾产出和美国对日本进口下降几乎是一对一的（受灾投入替代弹性为零）。

关于企业层面生产网络加大微观异质性冲击对宏观经济波动影响的程度研究也在稳步推进。格拉西（Grassi，2018）在多部门异质企业一般均衡模型中引入了寡头垄断竞争和投入产出生产网络。他认为寡头垄断竞争企业通过生产率的提高来影响价格和加价的方式，企业层面的生产力冲击会向上游和下游部门企业双向传导，在企业层面生产网络中传导的强度和企业的结构重要性呈正相关。卡瓦略和格拉西（2019）的研究都表明，通过单独企业层面生产力冲击的传导扩散，微观异质性冲击对宏观波动的影响达到34%。研究还发现企业的结构重要性取决于三个因素的相互作用，即企业的规模大小、在投入产出生产网络中的行业地位及行业层面的竞争力度。马格曼等（Magerman et al.，2016）建立了一个具有垄断竞争企业的模型，用全要素出生率（TFP）增长的标准差来衡量公司层面的特殊微观冲击，该模型预测特殊微观冲击对宏观总波动率的贡献为57%。乔瓦尼（Giovanni et al.，2018）利用1993—2007年法国的国际贸易生产网络企业的产出增加值和国际联系的数据，研究了单个企业在国际商业周期竞争中的作用，认为国际贸易生产网络的直接和间接联系加在一起，可以解释法国宏观波动的三分之二。吉川等（Kikkawa et al.，2017，2018）研究结论认为：在企业层面生产网络中，竞争性供应商—客户关系变动会对宏观波动产生影响。如果供应商企业在其客户中占有较高的投入份额，那么它们就会收取较高的加价，通过企业生产网络扩大对宏观波动的影响。塔舍罗-迪穆切尔（Taschereau-Dumouchel，2020）通过实证分析验证了企业的经营决策决定生产网络的结构，经济衰退的特征是企业之间的聚集较少。国民经济中的有限企业通过生产网络联系在一起，如果一家公司在遭受严重冲击后退出生产网络，随着生产网络的重新组合，关闭的连锁反应可能会从一个邻居蔓延到另一个邻居，尽管人脉广泛的公司能够更好地抵御冲击，但一旦关闭，它们会引发更大的连锁反应，美国数据证实了这一预测。

此外，也有其他文献在探索微观冲击在企业生产网络间传导方面有一定的成果。各类冲击在生产网络间传导的路径是当前的热点研究方向，相关文献将生产网络数据与各类冲击相结合，在前人的基础上将研究深度更进一步。加拜克斯（Gabaix，2011）提出特殊的企业层面冲击可以解释整体运动的一个重要部分，并为整体冲击提供了一个微观基础。杰米尔等（Demir et al.，2020）通过获取几乎所有土耳其供应商—客户联系的数据，对使用国外贸易信贷购买的进口商品的税收增加进行了研究，发现即使是相对较小的、局部性的意外供应冲击也对受影响企业产生了不小的经济影响，通过企业层面生产网络向下游传播，并被短期财务约束、低流动性的企业放大。廷特诺特等（Tintelnot et al.，2018）运用比利时国内企业层面生产网络和国际贸易数据，建立了一个国内生产网络与国际贸易共存的定量模型，认为国际贸易的收益和国际贸易成本取决于国内生产网络中企业与企业的直接和间接联系的紧密程度。卡瓦略和德拉卡（Carvalho，Draca，2018）使用包含了自1966年以来所有美国国防部主要合同的详细历史采购合同数据，与上市公司的供应链联系信息相结合，量化了军事采购支出对上市公司企业创新的影响，认为美国在国防相关的高科技产品和服务及研发方面进行大量投资，美国国防部合同的投入衍生需求通过企业层面生产网络传导效应作用，对国防部承包商的供应商构成了很大的间接市场规模效应，这些间接的市场规模效应反过来又导致供应链上的上市公司的创新联动传导。奥尔等（Auer et al.，2019）使用30个国家的各部门数据集构建了跨国部门生产网络，认为各国的通货膨胀率高度同步，跨国生产网络投入产出联系可以解释全球生产者价格指数（PPI）通胀率的一半，各国间PPI同步主要是由共同的部门冲击推动的，而投入产出生产网络主要通过传导部门冲击来放大相互作用。

3.传统货币政策传导机制有效性研究

有别于传导货币政策传统传导机制，学术界对货币政策基于生产网络传导效应对宏观变量影响的研究文献较为匮乏。货币政策是宏观金融调控的核心，在我国的宏观调控政策体系中一直发挥着重要作用。货币政策最终目标包括物价稳定、充分就业、促进经济增长和平衡国际收支等，不同学派对传导机制理论有不同的看法，但总体而言可以归纳为利率传导、信贷传导、资产价格传导和汇率传导渠道这四种理论（Mishkin，2001）。

（1）信贷传导机制有效性分析

伯南克和格格勒（Bernanke，Gertler，1995）两位学者首次提出货币政策信贷渠道是由资产负债表和银行贷款渠道组成的。他们认为货币政策通过影响企业的资产负债表来影响财务指标，进而对企业外部融资能力产生影响，从而增强对实体经济的影响。他们运用向量自回归模型（VAR模型）分析货币政策对不同产业的影响是否有差异，研究表明其对最终产出的各个组成部分（如居民投资和商业投资、耐用品消费、非耐用消费等）确有不同的影响（戴金平等，2005；Hayo，Uhlenbrock，1999；曹永琴，2010；Hayo，Ohno，2011）。宋旺和钟正生（2006）、杨晓和杨开忠（2007）运用VAR模型分析得出信贷渠道是导致我国货币政策存在区域效应的主要影响因素，并提出要推进生产要素自由流动，缩小东中西区域经济差异。于则（2006）、张辉（2013）用货币供应量 M_2 衡量货币政策变量，认为货币政策存在显著的区域效应。王剑和刘玄（2005）、戈什（Ghosh，2009）、袁申国和刘兰凤（2009）用货币供应量 M_2 衡量货币政策，构建VAR模型做出实证结果，认为货币政策的存在显著的产业效应。詹森等（Jansen et al.，2013）研究了货币政策通过信贷渠道对美国经济各个部门公开交易公司净销售额的影响。研究认为：第一，货币政策对不同行业的企业具有异质性影响，其中对零售和批发企业的影响最强；第二，公司的营运资本、短期债务比率和杠杆比率与货币传导机制的信贷渠道的运作显著相关；第三，企业规模和资产负债表的特征会影响货币政策实施效果，一些行业的大公司能够减轻货币政策的影响。

（2）利率传导机制有效性分析

陈峰（1996）阐述了产业结构与金融政策的紧密联系，并分析了货币政策利率渠道在产业结构调整中发挥的作用。德多拉和里皮（Dedola，Lippi，2005）运用SVAR模型，并从利率传导渠道出发，对美国、英国、法国、德国、意大利5个国家的21个制造业部门的面板数据进行了分析，发现不同部门行业对货币政策冲击的反应存在显著差别，货币政策冲击的产出效应似乎在利率负担（即利息支付与营业利润的比率）更重的行业更大。比尔斯曼和斯梅茨（Peersman，Smets，2005）运用马尔可夫转换模型，估计了1980—1998年间欧元区货币政策变化对7个欧元区国家11个行业产出增长的影响，认为利率传导机制可以解释货币政策的行业非对称效应与金融结构的差异有关，特别是债务期限结构、覆盖率、财务杠杆和企业规模的差异。张辉（2013）、彭惠和全智敏（2013）从省际视角，基于VAR模型的脉冲反应和方差分解的实证研究，发现利率渠道可以解释我国2005—2010年货币政策的区域效应。郭晔和赖章福（2010）通过利率传导渠道，对比分析了货币政策和财政政策1978—2007年的区域面板数据，认为货币政策对区域产业结构调整有影响，且不如财政政策明显。吉红云和干杏娣（2014）分别从信贷渠道和利率渠道，运用上市公司面板数据证明了紧缩性货币政策比宽松性货币政策对技术密集型行业发展更有利。陈创练和戴明晓（2018）认为利率传导机制不流畅是货币政策调控房价不确定性的原因之一。

此外，关于数字金融通过利率传导渠道影响货币政策整体实施效果路径的研究也有了一定的成果。战明华等（2020）在IS-LM-CC模型的基础上，构建了货币政策传导机制理论模型，分析了数字金融基于利率和信贷传导机制对货币政策的影响，认为数字金融对利率渠道的放大效应要强于对信贷渠道的弱化效应。

（3）资产价格传导机制有效性分析

货币政策的资产价格传导机制由基于Q理论的"托宾效应"路径和基于莫迪利亚尼的"消费财富效应"路径组成。曾繁华等（2014）认为"托宾Q效应"时滞较长和有效性较弱，货币政策资产价格渠道有效性不足。克洛因等

（Cloyne et al.，2020）认为家庭资产负债表对货币政策的传导至关重要，扩张性货币政策通过刺激企业投资和家庭支出对总需求有直接效应。德邦特（De Bondt，2004）通过实证分析证明欧元区的货币政策通过资产负债表渠道对公司债券市场发挥着重要作用，公司债券的外部融资溢价反映了货币政策因素，并引领欧元区的实际经济活动。张和黄（Zhang，Huang，2017）采用不同的实证方法检验了货币政策对债券市场的影响及债券市场对实体宏观经济的影响，检验了债券价格传导机制在中国货币政策中的表现。实证研究表明，货币政策对债券收益率波动具有影响力，而债券市场对实体宏观经济的影响相对有限。短期债券收益率对消费、投资、居民消费价格指数等产出变量有较显著的传导效应，而长期债券的影响不显著。埃尔曼和弗拉茨舍尔（Ehrmann，Fratzscher，2004）对美国货币政策对股市的影响进行了分析，结论表明在标普500指数的500只成分股中，现金流低、规模小、信用评级差、债务资本比率低、市盈率高或托宾Q值高的公司受货币政策的影响更大。关于财富效益渠道，房地产是财富的一个极为重要的组成部分，货币传导也可通过房地产价格渠道来进行（Wilhelmsson，2020）。王永钦和吴娴（2019）首次运用三重差分法分析了基于抵押品的货币政策作用机制，研究认为抵押品的货币政策可以降低融资成本，优化资源配置效率，提高经济发展质量。倪鹏飞（2019）验证了货币政策房地产传导机制，认为扩张性货币政策是大城市和小城市房价分化的原因，并提出"人地挂钩"建议，让住房和土地供需匹配。

（4）外汇传导机制有效性分析

汇率作为经济的关键变量之一，在货币政策效应的传导中起着至关重要的作用（Leitemo et al.，2002；Bjørnland，2008；Mahdiloo，Asgharpur，2020）。随着经济全球化和浮动汇率制的出现，越来越多的学者将研究方向转向货币政策的汇率传导机制上来。

最初，对汇率传导机制的研究倾向于利率对汇率的影响，这一阶段经典的理论成果有汇率超调理论（Dornbusch，1976）和利率平价理论（Keynes，

1922）。卡纳斯（Kanas，2005）认为在浮动汇率制度下，利率的波动与汇率的波动高度相关。闫红波和王国林（2008）以各行业的出口交货值和工业销售值的比值衡量对外依存度，研究发现各行业对外依存度与汇率传导机制相关，行业占出口比重越高，受货币政策的冲击则会越显著。袁伟彦和李文溥（2010）基于我国实际情况，建立了动态一般均衡模型（DGE模型），研究认为货币政策的汇率传导效应在我国非常明显，但产出波动与通货膨胀水平的波动对货币政策的冲击反应明显滞后。祝佳等（2020）认为货币政策是造成香港离岸人民币市场利率与汇率的联动效应呈现非线性特征的原因之一。低利差区，香港离岸人民币市场可以自我调节，而高利差区，市场无法进行有效的自我调节。阿布瓦菲亚和钱伯斯（Abouwafia，Chambers，2015）采用SVAR，分析货币政策通过汇率对沙特阿拉伯、科威特、阿曼、约旦和埃及股市的影响，研究发现货币政策对浮动汇率制国家股价的短期影响较为显著。

4.经济政策不确定性下货币政策的有效性影响研究

2019年全球新型冠状病毒感染疫情大暴发，中国经济政策不确定性指数（Baker et al.，2016）平均值达到历史新高970.83。在此背景下，货币政策的有效性是否受到影响是本书的关注点。近年来在国内外文献中，在经济政策不确定性背景下，关于货币政策的有效性研究一般集中在货币政策的直接效应，较少关注货币政策的网络效应（生产网络效应）。目前关于经济政策不确定下货币政策有效性的国内外文献研究，一般可归纳为经济政策不确定性下货币政策的微观经济效应和经济政策不确定性下货币政策的宏观经济效应。

（1）经济政策不确定性下货币政策的微观经济效应

就微观经济效应而言，布鲁姆等（Bloom et al.，2007）认为不确定性增加了实际期权价值，使得公司在投资或撤资时更加谨慎，因此较高的不确定性降低了投资对需求冲击的影响，也意味着货币政策的微观经济效应弱化。布鲁姆（2009）提出重大冲击后，经济政策不确定性会激增。利用企业层面的微观数据进行数值求解和估计模拟，证明在经济政策不确定性冲击下，造成总产出和就业效应快速下降，是因为较高的不确定性导致企业暂时停止投资和招聘。此外，生产率增长也会下降，因为生产活动的暂停冻结了跨部门的再分配。哈斯特德等（Husted et al.，2020）构建了一个新的衡量美联储政策行动及其后果的不确定性的指标——货币政策不确定性（MPU）指数。通过研究MPU的传播渠道，发现MPU的提高会通过实物期权和金融摩擦渠道导致企业投资的长期下降。

饶品贵等（2017）和段梅（2017）首先按照经济政策不确定性的中位数区分高频不确定性和低频不确定性，并分别在高低频不确定性下做回归实证分析，从微观企业数据层面证明了高频不确定性一方面会让微观企业本身降低短期的融资额度，从而降低企业的投资需求，降低货币政策的有效性；另一方面也会让商业银行对非国有产生惜贷现象，对国有企业和非国有企业的信贷融资额度区别对待，从而影响央行实施宽松货币政策对微观企业信贷额度的支持力度，降低货币政策的有效性。杨铭和干杏娣（2018）基于2001—2016年中国上市公司微观数据，运用面板模型进行实证分析，证明了高频经济政策不确定性降低了非国有企业和非工业企业对劳动力的需求，且高频不确定性对货币政策就业效应的弱化作用，远大于对国有企业和工业企业的影响。

（2）经济政策不确定性下货币政策的宏观经济效应

就宏观经济效应而言，特雷罗和斯维特（Tenreyro，Thwaites，2016）研究认为美国经济对货币政策冲击的反应如何取决于商业周期的状态。在衰退中，货币政策宏观调控效果影响不那么强大，尤其是对耐用支出和企业投资而言。但在繁荣时，却起到了强化货币政策宏观调控的作用。巴尔齐拉尔等（Balcilar et al.，2017）使用SVAR实证分析证明了美国高频经济政策的不确定性减弱了欧元区货币政策有效性的影响，且强调了欧洲市场和美洲市场一体化和经济政策变化的协调对于欧美货币政策宏观经济有效性作用的重要性。

阿斯特维特等（Aastveit et al.，2017）采用含交互项的VAR模型实证分析探讨了经济不确定性是否会改变货币政策对宏观经济的影响。研究发现当不确定性较高时，美国货币政策冲击对经济活动的影响较小，这与理论中的"实物期权"效应一致。与之相反，王伟强（2019）采用含交互项的 VAR 模型进行实证分析，认为经济不确定性会弱化货币政策对宏观经济的影响，具体为高频经济不确定性下会同时减弱数量型货币政策和价格型货币政策对消费、产出和投资的影响作用，且高频不确定性下价格型货币政策对物价的影响方向发生改变，但数量型货币政策对物价的作用方向不变。而梁丰（2019）采用时变向量自回归模型（TVAR 模型）进行实证分析得出结论，认为高频经济不确定性下，价格型货币政策和数量型货币政策对物价的作用方向不变，两者对价格的作用方向都是负相关。庄子罐等（2016）运用动态随机一般均衡模型（DSGE 模型）进行分析，认为高频不确定性只会减弱货币政策的总量影响效果，但不会改变货币政策对宏观经济变量的作用方向。

5. 文献评述

第一，已有文献为本书提供了良好的研究基础。近十年来，国外关于生产网络中微观部门的冲击对宏观经济波动影响的研究文献较为丰富，其中包括产业层面生产网络与宏观经济波动和企业层面生产网络与宏观波动的研究。具体地，这些研究内容主要集中于生产网络中部门节点中心度的测算，度量微观部门冲击在生产网络中的传导强度；分析了生产网络中微观部门的波动冲击在同时向上游和下游双向逐级传导（Barrot，Sauvagnat，2016）的过程[1]、自供给端从上游部门逐级向下游传导的过程和自需求端从下游向上逐级传导的过程中对宏观经济波动的影响。基于以上研究基础，本书研究货币政策需求冲击的生产网络传导效应，量化了货币政策的效果在多大程度上是依靠生产网络实现的。此外，近年来国内外文献研究了经济政策不确定性对货币政策有效性的影响。因此，本书也进一步探究了经济政策不确定性下货币政策的生产网络传导效应。

---

[1] 巴罗特和索瓦纳特（2016）认为基于企业生产网络微观部门异质性特点，相比产业层面的生产网络，微观部门冲击向上游和下游双向逐级传导一般发生在企业层面的生产网络中。

　　第二，已有文献的研究方法没有涉及需求侧冲击在生产网络传导效应的测算。已有文献只研究了生产网络中的微观部门冲击在生产网络中的传导强度，如阿西莫格鲁等（2012）、阿塔莱等（Atalay et al.，2018）、胡尼乌斯（Hunee-us，2018）、布吉亚斯（2017）和亨普林等（Hempfing et al.，2018）认为生产网络中的列昂惕夫逆矩阵决定了微观冲击的传导强度，并度量了生产网络中的单个部门中心度来衡量该部门的微观冲击在生产网络中传导的强度。具体地，生产网络的节点中心度●由列昂惕夫逆矩阵中任意两个生产部门之间的连接所组成的直接和间接连边（直接和间接路径）决定，生产网络的节点中心性越高，表示该节点的微观冲击在生产网络中的传导强度越大，也表示该部门节点在生产网络系统越重要。已有文献没有涉及宏观货币政策需求冲击的生产网络传导效应测算，因此，本书在第二章运用投入产出矩阵的直接消耗系数和完全消耗系数计算方式，度量了生产网络的空间权重矩阵，并利运用空间计量分解技术测度了货币政策的生产网络传导效应●。

　　第三，国内外学术界文献缺乏验证生产网络是货币政策向宏观和微观经济变量传导的重要机制研究。国内外文献大多从传统的利率、信贷、资产价格、汇率渠道的货币政策传导机制理论出发，分析货币政策对产业结构的影响，探究不同的货币政策传导机制对第一、第二、第三产业的不同影响，但鲜有文献从生产网络微观视角的传导机制研究货币政策向实体经济传导的有效性。此外，已有文献大多只关注货币政策的直接效应，缺乏货币政策对宏观变量冲击的网络效应方面的研究。因此，本书在第三章、第四章、第五章和第六章分别对生产网络是否是货币政策冲击向实体经济、行业物价、行业平均收入和行业研发创新传导的机制进行了探索。

　　第四，鲜有文献探究货币政策基于生产网络传导渠道对经济增长、物价稳

● 节点中心性（centrality）也可作为社会网络分析指标。节点代表人、节点与节点之间的连边衡量人与人之间联系的紧密程度。因此，节点中心度衡量个体在社会中的影响力。

● 货币政策的生产网络传导效应包括货币政策冲击总效应、直接效应和间接效应。

定、收入分配和研发创新的影响。现有的文献内容，一方面集中在生产网络中内部结构的微观波动和经济宏观波动的联系（Acemoglu，Azar，2020；Ciccone，2002；Jones，2011），另一方面集中在将生产网络运用于发展经济学领域，来研究发展中国家贫富差距和可持续发展的问题（Hartmann et al.，2017；Hidalgo et al.，2007）。[●]现有文献较少涉及货币政策的生产网络传导效应对宏观和微观经济变量的影响。本书开创性地基于生产网络视角，探索货币政策需求冲击的生产网络效应对经济增长、收入分配、结构性通货膨胀和行业研发创新传导的影响。此外，生产网络会因为经济政策的不确定性作用，出现生产链中某一环节暂时性断裂的状况。因此，应进一步研究分析高频经济政策不确定性下是否会弱化货币政策向经济增长、物价稳定、收入分配和研发创新传导的网络效应。

三、主要内容与研究方法

（一）主要内容

本书内容共分七章，各章主要内容如下。

导论部分，主要包括本书的研究背景及意义、文献梳理与述评、研究对象、研究框架与研究内容、研究方法及创新与不足。

第一章是本书的理论基础。在阿西莫格鲁关于生产网络与宏观波动研究的基础上，理论分析了基于生产网络视角的货币政策传导机制和货币政策的网络效应测算，为本书第三章、第四章、第五章和第六章的实证研究提供了基本理论分析框架。

第二章为生产网络模型构建与度量标准。首先，介绍投入产出模型的基本形式及区域投入产出模型和企业投入产出模型；其次，根据直接消耗系数、完

[●] 哈特曼等（Hartmann et al.，2017）和希达尔戈等（Hidalgo et al.，2007）等以产品为节点构建产品空间网络模型，以产品空间网络中产品节点中心度衡量各国家经济体的比较优势和产品密集度，进而衡量各国家间的贫富差异程度和发展路径差异程度。

全消耗系数、影响力程度和影响力系数等主要系数及其计算方法，并利用投入产出分析技术分别构建了直接消耗系数矩阵和间接消耗系数矩阵，为下文空间计量分析的实证研究作铺垫；最后，分析了需求侧和供给侧冲击通过生产网络的传导和叠加，如何对它们直接或者间接相连接的多个行业产生影响，进而影响整个国民经济。

第三章为货币政策通过生产网络传导效应对经济增长的影响。第三章对空间面板模型空间自回归模型（SAR）、空间误差模型（SEM）、空间自相关模型（SAC）和空间杜宾模型（SDM）进行估计，对比各模型回归的拟合结果，最终选取了SDM来构建空间计量模型。通过空间计量直接效应与网络效应分解技术，研究了数量型货币政策和价格型货币政策的直接效应与网络效应，即对经济增长的效果在何种程度上是通过生产网络的传导来实现的。最后，探究了高频和低频经济政策不确定性是否会影响货币政策的直接效应与网络效应。

第四章为货币政策通过生产网络传导效应对物价稳定的影响。本章第一节以第二章生产网络度量的直接消耗系数矩阵为空间权重矩阵，构建空间计量杜宾模型，并运用直接效应与网络效应分解技术，分别探究了生产网络传导效应下，价格型货币政策和数量型货币政策对物价影响的直接效应与网络效应，证明生产网络是货币政策向物价传导的重要机制，也是货币政策结构性通胀的原因之一。本章第二节证明生产网络因经济政策不确定性作用下，出现生产链中某一环节暂时性断裂状况，高频和低频经济政策不确定性下会影响货币政策基于生产网络对物价传导的直接效应与网络效应。

第五章为货币政策通过生产网络传导效应对收入分配的影响。本章第一节首先使用SVAR，对改革开放40年来（1978—2018）时间序列的年度数据进行回归，从货币政策传统的直接效应冲击角度研究其对收入不平等的影响。第五章第二节运用我国2003—2019年各行业平均收入年度面板数据建立空间计量模型，并采用直接效应与网络效应分解技术，从各个产业收入的微观数据结构角度揭示货币政策向城镇平均收入传导的效果在何种程度上是通过生产网络来实现的，并验证了生产网络是货币政策收入分配功能的原因之一。

第六章为货币政策通过生产网络传导效应对行业研发创新的影响。第六章第一节在第二章计算的空间权重矩阵的基础上，剔除了房地产和金融行业，构建空间计量杜宾模型，分别探究了基于生产网络传导效应，价格型货币政策和数量型货币政策对行业研发创新影响的直接效应和网络效应，证明生产网络是货币政策向行业研发创新作用的重要传导机制，也是行业研发创新活跃度提升的重要因素。第六章第二节证明了经济政策不确定性会弱化货币政策的直接效应和网络效应。第二节模型在第一节模型的基础上，增加了经济不确定性指数作为核心自变量之一，通过对比全样本经济政策不确定性、高频经济政策不确定性和低频经济政策不确定性的模型结果，以及判断其他两个核心自变量M2和SHIBOR的系数大小变化和显著性变化，来证明货币政策基于生产网络传导效应对行业研发创新的有效性。

最后为结论部分，总结本书的研究结论，根据实证分析得出的研究结论提出政策建议，并对未来的研究方向进行展望。

（二）研究方法

本书的研究需要解决两个问题：一是如何度量生产网络，构建生产网络的空间计量权重矩阵；二是如何测算基于生产网络传导渠道的货币政策直接效应和网络效应。针对以上问题，本书主要使用了投入产出分析法、空间计量模型。

1.投入产出分析法

投入产出分析法主要包括三方面内容。

一是投入产出表。这是投入产出分析法的基础，它反映的是一个经济体内部各部分投入与产出间数量上的依存关系，如部门联系平衡表、产业关联表等。投入产出表的编制直接响应投入产出分析的准确性，它为投入产出分析提供系统的统计数据。

二是投入产出数学模型。投入与产出分别按产品部门排列成矩阵，因而可以运用矩阵代数构建投入产出数学模型。投入产出模型从不同方面可以分为许多类型：按经济内容，分为生产能力、固定资产、产品、投资及劳动投入产出模型等；按产品计量单位，分为价值型和实物型投入产出模型；按所包含的范围，分为世界性、全国及地区投入产出模型，企业及部门投入产出模型等；按投入产出表的性质，又有动态和静态投入产出模型之分。

三是投入产出分析的实际应用。它是以投入产出表和投入产出模型为基础作出的各种经济分析，并进行经济政策分析、模拟研究与经济预测。

2.空间计量模型及模型选取

空间计量经济学诞生于20世纪70年代，于近年来蓬勃发展并进入主流，这首先归功于地理信息系统的发展，空间数据及地理信息数据日益丰富。在理论研究方面，学术界已经从代表性厂商与个人转而倾向于关注经济行为人之间的互动，如在考察相邻效应、同伴效应、网络效应和溢出效应时，都需要考虑空间因素。

本书需要测算货币政策基于生产网络传导渠道对物价、收入分配、经济增长和研发创新的直接效应与网络效应。基于生产网络视角的宏观波动理论认为，只要涉及生产网络微观结构，需要度量微观冲击的传导强度，就要求判断生产网络的空间相关性、计算空间权重矩阵和测算需求侧冲击或供给侧冲击的网络效应，按照目前研究方法，传导的时间序列计量方法已经无效，只有面板空间计量符合条件。空间计量模型一般分为SAC、SAR、SEM、SDM。其中，SAR、SEM都是SAC的特例。

SAR认为一个地区的因变量不仅受本地区自变量影响，还受其他地区因变量的影响，影响程度要考虑两地区之间的距离。SAR的一般表达式为

$$y = \lambda Wy + \chi\beta + \varepsilon \tag{0-1}$$

其中，W为已知非随机的空间权重矩阵，λ为空间自回归系数，χ为 $n \times k$ 数

据矩阵，包括 k 列解释变量，β 为相应系数，ε 为随机扰动项。

SEM 的一般表达式为

$$y = \chi\beta + u$$
$$u = \rho M u + \varepsilon \tag{0-2}$$
$$\varepsilon \sim N\left(0, \sigma^2 I_n\right)$$

其中，M 为已知非随机的空间权重矩阵，扰动项 u 存在空间相关性，ρ 为空间滞后变量的回归系数，N 为正态分布，σ 为标准差，σ^2 为方差、I 为莫兰指数。

SAC 的一般表达式为

$$y = \lambda W y + \chi\beta + u$$
$$u = \rho M u + \varepsilon \tag{0-3}$$
$$\varepsilon \sim N\left(0, \sigma^2 I_n\right)$$

其中 W 与 M 可以相当，分别为被解释变量 y 和扰动项 u 的空间权重矩阵。当 $\rho = 0$ 时，SAC 模型为 SAR 模型；当 $\lambda = 0$ 时，SAC 模型即为 SEM。

SDM 的一般表达式为

$$y = \chi\beta + WX\delta + \varepsilon \tag{0-4}$$

其中，$WX\delta$ 表示来自邻居自变量的影响，δ 为相应的系数向量，该模型假设区域 i 的被解释变量 y_i 依赖于其邻居的自变量。

本书运用的是面板空间计量模型，面板空间自回归模型的一般形式为

$$y_{it} = \rho w_i' y_t + x_{it}' + u_i + \varepsilon_{it} \tag{0-5}$$

其中，$i = 1, \cdots, n$；$t = 1, \cdots, T$；w_i' 为空间权重矩阵 W 的第 i 行，$w_i' y_t = \sum_{j=1}^{n} w_{ij} y_{jt}$，$w_{ij}$ 为空间权重矩阵 W 的 (i,j) 元素；u_i 为区域 i 的个体效应。如果 u_i 与 x_{it} 相关，则为固定效应模型，反之则为随机效应模型。

此外，关于空间权重矩阵常规的设定有两种：一种是二进制的邻接矩阵，另一种是基于距离的二进制空间权重矩阵。如果两地区相邻或者两地的距离小于 d 时，则权重矩阵中所对应元素取 1，否则取 0。本书中的空间权重矩阵区别

于常规设定，除了使用真实的地理坐标计算地理坐标之外，本书借鉴沃尔夫和纳迪里（Wolff，Nadiri，1993）在研究产业间的技术溢出效应时设定空间权重矩阵的方法，即利用投入产出表的信息，将直接消耗系数矩阵用作不同产业间网络效应的空间权重矩阵。

本书研究框架如图0-1所示。

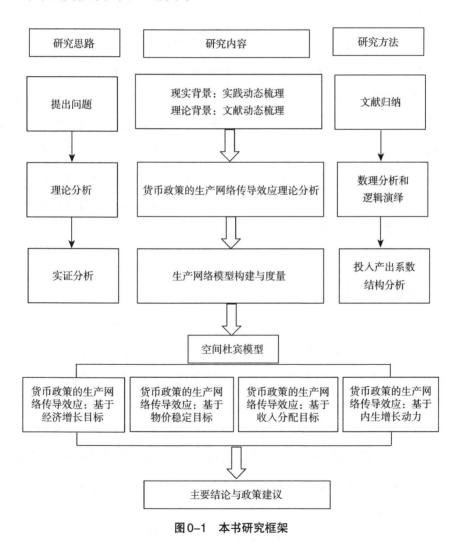

图0-1　本书研究框架

四、创新点及研究展望

（一）创新点

本书有以下四个创新点。

1.研究视角的创新

基于投入产出分析的生产网络新视角。目前国内对产业间的联系研究大多仅考虑两个行业间的直接联系，鲜有文献认为行业之间还存在内在、复杂、多层次的间接联系，很大程度上忽略了对国民经济中不同产业内部微观关联网络的整体研究。本书通过生产网络新视角刻画了国民经济各部门间使用中间投入的关联和互动，用可视化的形式搭建投入产出分析表，为研究宏观货币政策需求冲击向实体经济传导提供了微观网络特征的视角。在具体的实证分析中，本书具体为先通过投入产出分析，量化计算直接消耗系数和完全消耗系数，构建生产网络直接消耗矩阵系数表，为建立空间计量模型提供空间权重矩阵，即直接消耗系数矩阵。

2.研究理论的创新

丰富了货币政策传导机制的理论框架。传统货币政策传导机制理论机制一般归纳为利率传导机制、信贷传导机制、资产价格传导机制和汇率传导机制。但传统的货币政策传导理论研究大多只关注宏观货币政策的直接效应，缺乏研究货币政策的生产网络传导效应。本书在第三章、第四章、第五章和第六章的实证分析分别验证了生产网络是货币政策需求冲击向实体经济、行业物价、行业平均收入和行业研发创新传导的重要机制，货币政策具有生产网络传导效应。宽松的货币政策可能会直接引起最接近消费端的企业产品需求的上升，由此导致企业对中间品需求的上升，这一需求冲击会通过生产网络的生产链逐级向上游产业传导，最终释放货币政策全部的直接效应和间接（网络）影响。

3.研究方法的创新

加强了空间计量模型在宏观货币金融和微观产业领域的适用性。本书使用空间计量模型测度了货币政策的生产网络传导效应，将货币政策冲击的总体效果分解为直接效应和网络效应，并探索生产网络是否扩大了宏观冲击的作用。一方面，不同于传统空间计量以空间地理距离和社会因素等作为空间权重矩阵，本书通过投入产出表计算得出行业间贸易额度矩阵，并在此基础上构建生产网络直接消耗矩阵系数表作为空间权重矩阵，衡量了各个行业在生产链中的紧密程度，极大地加强了空间计量模型的适用性。另一方面，本书在勒萨热和佩斯（LeSage，Pace，2008）提出的方法基础上，定义了三个度量标准来衡量货币政策的生产网络效应整体的、直接的和间接（网络）的影响，具体公式是货币政策冲击基于生产网络传导的间接网络效应等于整体效应与直接效应之差❶。

4.研究内容的创新

验证了货币政策对实体经济冲击具有生产网络传导效应，且在高频经济政策不确定性下会削弱货币政策的生产网络传导效应。国内外关于央行宏观货币政策对宏观经济变量影响的文献已经很丰富，但多数只关注货币政策的直接效应，很少结合微观层面和宏观层面来研究货币政策的生产网络传导效应，并在经济政策不确定性下验证货币政策的生产网络传导的有效性。本书在第三章、第四章、第五章和第六章实证分析中，结合了货币政策的宏观目标和微观目标，分别验证了货币政策存在生产网络传导效应，即生产网络是宏观货币政策需求冲击促进经济增长、结构性通货膨胀、收入分配和行业研发创新的重要微观传导渠道，并且验证了高频经济政策不确定性会弱化货币政策向实体经济传导的网络效应。

---

❶ 具体测算原理参考第一章第二节，货币政策的生产网络传导效应测算。

（二）研究展望

本书详尽地探究了货币政策需求冲击基于生产网络传导效应对经济增长、物价稳定、收入分配和行业研发创新的影响，在本书基础上后续研究依然继续延伸：一是对比各个区域下货币政策的生产网络传导效应的有效性。目前关于生产网络的各个行业数据仅有全国数据，如全国各个行业的产业增加值、各产业的物价水平和各产业城镇居民平均收入，暂无涉及具体区域的微观数据。此外，没有东部、中部和西部地区的投入产出数据，无法计算生产网络的空间权重，难以将不同区域之间的货币政策网络效应进行对比。未来数据资料全面后，研究可以有更多可拓展的空间。二是目前只写了总量性货币政策，未来计划继续写结构性货币政策的生产网络传导效应研究，对比不同货币政策工具的生产网络效应，将申请基金支持。三是在实现研发创新、碳达峰❶、碳中和❷、ESG❸等绿色发展目标过程中，货币政策起着极其重要的金融稳定、风险防控、融资引导作用，且也将在其间经历相应调整。因此，本书基于生产网络结构的货币政策传导效应研究，可以为后续探索货币政策是以何种微观渠道影响研发创新、碳达峰、碳中和、ESG等提供理论研究基础，也为最终实现低碳发展、绿色发展、可持续发展的目的提供助力。四是我国把生态优先、绿色发展的要求落实到产业升级之中，因此，本书在现有研究基础上，后续继续探索针对生产网络

---

❶ 碳达峰（peak carbon dioxide emissions）就是指在某一个时点，二氧化碳的排放不再增长达到峰值，之后逐步回落。碳排放与经济发展密切相关，经济发展需要消耗能源，碳达峰是二氧化碳排放量由增转降的历史拐点，标志着碳排放与经济发展实现脱钩，达峰目标包括达峰年份和峰值。中国承诺在2030年前，二氧化碳的排放不再增长，达到峰值之后再慢慢减下去。

❷ 碳中和一般是指国家、企业、产品、活动或个人在一定时间内直接或间接产生的二氧化碳或温室气体排放总量，通过植树造林、节能减排等形式，以抵消自身产生的二氧化碳或温室气体排放量，实现正负抵消，达到相对"零排放"。而碳达峰指的是碳排放进入平台期后，进入平稳下降阶段，碳达峰与碳中和一起，简称"双碳"。

❸ 环境、社会和公司治理又称为ESG（environment, social and governance），从环境、社会和公司治理三个维度评估企业经营的可持续性与对社会价值观念的影响。

结构测度、中心节点等优化升级，再加上结构性货币政策的融资引导，对于持续推动产业绿色低碳化和绿色低碳产业化，走出一条产业发展和降碳减污双赢之路，最终实现生态经济社会有机整体全面和谐协调可持续发展，具有重大意义。五是人口老龄化将冲击面向婴幼儿、青少年及中年等其他各个年龄阶段的产业，而面向老年人的产业因需求的拉动而发展机会相对较大。因此，人口老龄化程度的加深将成为制约产业结构调整的重要因素。人口老龄化加深进而引起生产网络结构的调整，对货币政策传导的有效性也是后续研究的方向。

第一章 货币政策的生产网络传导效应相关理论

第一节 生产网络在宏观经济中的作用

本节主要介绍基于生产网络视角的宏观波动理论发展脉络、基准模型的建模特征及主流研究观点。

一、生产网络影响宏观经济波动的理论模型

本节基于阿西莫格鲁等（2015）理论模型基础，并借鉴了曹苍剑（2019）通过生产网络的 Bonacich 特征向量中心度，建立生产网络影响宏观经济波动的理论模型。模型中考虑一个由 N 个生产部门（行业）构成的经济体，且每个行业由一个代表性企业表示，各个部门通过投入产出的生产网络相互连接。企业通过购买自己或者其他行业的产品作为中间产品，并雇佣劳动力进行生产。生产的商品一部分卖给家庭作为最终消费品，另一部分卖给其他企业作为中间产品。

（一）生产部门（行业）

对于任意的行业 i，$i \in \{1, 2 \cdots N\}$，代表性企业产出为

$$Q_i = \lambda_i A_i L_i^{\alpha_i} \left(\prod_{j=1}^{N} X_{ij}^{W_{ij}} \right)^{(1-\alpha_i)} \tag{1-1}$$

其中，X_{ij} 为 j 行业提供给 i 行业作为生产中间品的数量；L_i 为 i 行业雇佣的劳动力；W_{ij} 为 i 行业生产函数中对中间品 j 的份额；α_i 为生产需要的劳动份额；A_i 为 i 行业受到的技术性冲击；λ_i 为用于标准化的常数。

各行业以利润最大化作为目标函数：

$$\max_{\{L_i, X_{ij}\}} \pi_i = P_i Q_i - \omega L_i - \sum_{j=1}^{N} P_j X_{ij} \tag{1-2}$$

其中，P_i 为 i 产品市场价格；ω 为工资，这里假设劳动力可以在行业间自由流动，所以各行业工资相同。代表性家庭是企业的最终股东，企业所得利润全部分红给家庭。企业 i 生产 Q_i 的总支出 $E_i = \omega L_i + \sum_{j=1}^{N} P_j X_{ij}$。通过求解一阶最优条件，得到生产要素和中间品需求满足

$$X_{ij} = \left(1 - \alpha_i \right) W_{ij} E_i / P_j \tag{1-3}$$

$$L_i = \alpha_i E_i / \omega \tag{1-4}$$

（二）代表性家庭

代表性家庭以效用函数最大化为目标：

$$\max_{\{C_i, L_i\}} U = \frac{\left(\prod_{i=1}^{N} C_i^{\theta_i} \right)^{1-\gamma}}{1-\gamma} - \frac{L^{1+\eta}}{1+\eta} \tag{1-5}$$

其中，C_i 是家庭对产品 i 的消费量；L 是总的劳动供给；γ 和 η 是代表性家庭效用函数中的参数，分别反映了家庭对消费和劳动的相对偏好。令 $C = \prod_{i=1}^{N} C_i^{\theta_i}$，可看作代表性家庭对于 N 个消费品的柯布-道格拉斯消费效用函数，θ 系数对应产品的替代弹性。家庭满足预算约束：

$$\sum_{i=1}^{N} P_i C_i \leq \omega L + \sum_{j=1}^{N} \pi_j \qquad (1-4)$$

参考比吉奥和拉奥（Bigio，La'O，2020）的方法，定义广义价格指数 $\tilde{P}$，家庭的总支出为 $\tilde{P}C$。则最优化之后家庭在产品 i 上的支出满足

$$P_i C_i = \theta_i \tilde{P} C, \quad \tilde{P} = \prod_{i=1}^{N} \left(\frac{P_i}{\theta_i}\right)^{\theta_i} \qquad (1-5)$$

一阶条件满足

$$\frac{C^{-\gamma}}{L^{\eta}} = \frac{\tilde{P}}{\omega}, \quad \tilde{P} C = \omega L + \sum_{j=1}^{N} \pi_j \qquad (1-6)$$

（三）一般均衡与总量经济

产品市场出清满足

$$Q_i = C_i + \sum_{j=1}^{N} X_{ij}, \quad \forall i \in \{1, 2 \cdots N\} \qquad (1-7)$$

劳动力市场出清满足

$$L = \sum_{i=1}^{N} L_i \qquad (1-8)$$

联合生产部门和家庭的最优决策，在市场出清的条件下，可以推导出经济达到一般均衡时各行业产品价格：

$$\log P = -\left[I - BW\right]^{-1}\left(\log A + K\right) \qquad (1-9)$$

$$\log \tilde{P} = \Theta^T \left(\log P - \log \Theta\right) \qquad (1-10)$$

其中，P 为各行业价格组成的列向量；I 为单位矩阵；B 矩阵与各行业劳动力要素比例有关；W 矩阵为投入产出矩阵的转置；A 为各行业技术性冲击组成的列向量；K 是由各参数组成的一个常数向量；Θ 为各企业产出 Q_i 组成的列向量；各矩阵向量如下：

$$P = \begin{pmatrix} P_1 \\ P_2 \\ \vdots \\ P_N \end{pmatrix}, \quad B = I^{\mathrm{T}}(I - \alpha) = \begin{pmatrix} 1 - \alpha_{11} & \cdots & 1 - \alpha_{1N} \\ \vdots & \ddots & \vdots \\ 1 - \alpha_{N1} & \cdots & 1 - \alpha_{NN} \end{pmatrix}$$

$$W = \begin{pmatrix} W_{11} & \cdots & 1 - \alpha_N \\ \vdots & \ddots & \vdots \\ -\alpha_1 & \cdots & 1 - \alpha_N \end{pmatrix} \quad A = \begin{pmatrix} A_1 \\ A_2 \\ \vdots \\ A_N \end{pmatrix} \quad \Theta = \begin{pmatrix} \theta_1 \\ \theta_2 \\ \vdots \\ \theta_N \end{pmatrix} \quad K = \begin{pmatrix} k_1 \\ k_2 \\ \vdots \\ k_N \end{pmatrix}$$

$$k_i = \log \lambda_i + \alpha_i \log \alpha_i + (1 - \alpha_i) \left[\log(1 - \alpha_i) + \sum_{j=1}^{N} W_{ij} \log W_{ij} \right]$$

将工资标准化为单位值1，价格水平可以看作对于工资的相对价格水平，整个经济体的实际GDP为

$$
\begin{aligned}
\log Y &= \log C \\
&= \frac{1 + \eta}{\gamma + \eta} \Theta^T \Psi \log A + \frac{1 + \eta}{\gamma + \eta} \Theta^T (\Psi K + \log \Theta) \\
&= \frac{1 + \eta}{\gamma + \eta} \sum_{i=1}^{N} \sum_{j=1}^{N} \theta_i \varphi_{ij} \log A_j + z
\end{aligned}
\tag{1-11}
$$

其中，$\Psi = [I - BW]^{-1}$ 为修正的列昂惕夫逆矩阵，$\Psi = (\varphi_{ij})$；z 为常数。从式（1-11）可以看出，任意一个行业如果受到技术性冲击，其作用将会通过生产部门的投入产出网络进行传导，并最终导致总产出的波动。具体来说，行业 j 受到的冲击对整个宏观经济总产出的影响为

$$\frac{\partial \log Y}{\partial \log A_j} = \frac{1 + \eta}{\gamma + \eta} \sum_{i=1}^{N} \theta_i \varphi_{ij} \tag{1-12}$$

其取决于各行业产品的消费替代弹性和列昂惕夫逆矩阵。将列昂惕夫逆矩阵的矩阵元展开：$\varphi_{ij} = 1 + (1 - \alpha_i) W_{ij} + (1 - \alpha_i)^2 \sum_{K=1}^{N} W_{ik} W_{kj} + \cdots$，前两项反映了行业 j 对行业 i 的直接效应，后面的各项反映了行业 j 对行业 i 通过整个生产网络中的其他行业的传导而发生的网络效应。

为了进一步揭示生产网络的网络结构对于经济总量波动的传导作用，我们假设 $\theta_i = \theta$

$$\frac{\partial \log Y}{\partial \log A_j} = \frac{(1+\eta)\theta}{\gamma+\eta} \sum_{i=1}^{N} \varphi_{ij} = \frac{(1+\eta)\theta}{\gamma+\eta} d_j \qquad (1-13)$$

其中，$d_j = \sum_{i=1}^{N} \varphi_{ij}$，表示生产网络的 Bonacich 特征向量中心度。中心度参数衡量了网络结构中一个节点所处位置的中心化程度。任意一个节点 j 的中心度还可以表示成：$d_j = 1 + \alpha_j \sum_{k=1}^{N} W_{kj} d_k$，即如果与 j 节点相连接的其他节点的中心度越高且连接关系越紧密，那么 j 节点的中心度也越高，所以中心度也是一个递归的概念。反映在社会网络中，中心度高的个体所连接的其他个体中心度也会较高，个体在他所在的社群中所具有的影响力也就会越大。在生产网络中，一个节点的中心度在一定程度上反映了该行业对于整个生产体系中所处位置的中心化程度，进而代表了该行业对经济整体的影响力。如图1-1所示的生产网络，各节点代表不同行业，箭头代表投入产出关系。假设图中各连接的关系强度相等，可以计算出ABCD各节点的中心度分别为7、2、1、3。节点A比节点B、C、D具有更高的中心度。D的中心度高于B，因为D指向的B比B指向的C具有更高的中心度。当A受到外来技术性冲击时，将会同时传导给B、C、D三个行业，传到B的冲击再通过BC之间的连接进一步作用于C，传到D的冲击通过DB之间连接又作用到B，进而再作用到C，如此使得整个经济体产生大的波动。相反，如果B行业受到外来技术性冲击，冲击只会传导给C，AD两个行业不会受到影响。可见，具有高中心性的行业由于与其相连接的行业中心性也很高，很容易导致技术性冲击在整个生产网络中更大范围的传导和叠加，从而使经济总量产生

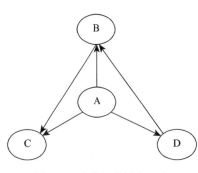

图1-1　生产网络的中心度

大幅度波动（曹苍剑，2019）。因此，我们应该重点关注那些在生产网络结构中心度很高的行业，当它们受到技术性冲击时，很容易造成大幅度的系统性波动。

二、货币政策的生产网络传导效应理论模型

货币政策对经济体的影响一直是经济学研究的核心内容之一。传统的研究大多只关注货币政策的直接效应，而近年来涌现的许多文献开始探讨货币政策通过生产网络产生的网络效应。例如，扩张性的货币政策可能会直接导致最接近消费者企业产品需求的上升，由此导致企业对中间品需求的上升，中间投入品的生产者本身必须也要增加生产，一方面以满足下游部门企业对产品需求的增加，另一方面也必然会增加对上游其他部门企业中间品的更高需求。以此类推，货币政策需求冲击的生产链是从下游企业逐级向上游企业传导。

本节构建了一个中间投入的静态模型，其中货币对公司股票价格具有异质效应。该模型使我们能够关注货币政策的需求冲击通过投入产出联系对实体经济的传播，并为本书实证研究提供理论支撑。

（一）企业生产者与消费者

本节基于卡瓦略（2014）和阿西莫格鲁等（2015）的研究建立模型，但在生产中考虑了劳动力因素、工资黏性因素，并为经济增长注入了货币量因素。本节建立了具有可变中间投入品的单周期（静态）模型，每个公司的投入品都可以从其他公司购买，包括自身。因此，净利润决定了股票的价格。此外，公司有既定的固定名义债务。

公司 i 的目标是使得利润 π_i 最大化，通过选择相同的劳动力 l，从公司 $i(i =$

$1,\cdots,N$）获得的半成品 x_{ij}，这个公司生产的半成品价格为 $\{p_i\}_{i=1}^N$，整体预定的工资率为 W。

$$\pi_i = \max p_i y_i - \sum_{j=1}^N p_j x_{ij} - \omega l_i - f_i \qquad (1-14)$$

$$y_i = l_i^\lambda \left(\prod_{j=1}^N x_{ij}^{\omega_{ij}}\right)^\alpha \qquad (1-15)$$

其中，y_i 是公司 i 的产出品；f_i 是公司 i 面临的固定成本；λ 和 α 是生产要素份额；ω_{ij} 是公司 i 生产的最终产品中，公司 j 产品在半成品中所占的份额。

$$\sum_{j=1}^N \omega_{ij} = 1 \qquad (1-16)$$

可以看到，在企业的生产函数中，如果某个生产要素的份额较大，那么在一阶条件下，企业在该要素上的支出会相对较高。

$$\alpha \omega_{ij} R_i = p_j x_{ij} \qquad (1-17)$$

$$\lambda R_i = \omega l_i \qquad (1-18)$$

其中，$R_i = p_i y_i$ 是公司的收益，ω_{ij} 对应于投入–产出矩阵 W 的项。将一阶条件代入目标函数得到

$$\pi_i = (1 - \alpha - \lambda) R_i - f_i \qquad (1-19)$$

有代表性的消费者使效用最大化为

$$\max \sum_{i=1}^N \log(c_i) \qquad (1-20)$$

其中，c_i 是家庭（消费者）对公司 i 商品的消费量。

受预算限制：

$$\sum_{i=1}^N p_i c_i = \omega \sum_{i=1}^N l_i + \sum_{i=1}^N \pi_i + \sum_{i=1}^N f_i \qquad (1-21)$$

假设固定成本是从企业到消费者的转移，消费者被动地向企业提供劳动力，并从工资、利润和固定成本中获取收入。

一阶条件是

$$c_i = \frac{\omega\sum_{i=1}^{N}l_i + \sum_{i}^{N}\left(\pi_i + f_i\right)}{Np_i} = \frac{(1-\alpha)\sum_{i=1}^{N}R_i}{Np_i} \tag{1-22}$$

根据式（1-22），商品市场清理的条件是

$$y_i = c_i + \sum_{j=1}^{N}x_{ji} \Rightarrow y_i = \frac{(1-\alpha)\sum_{i=1}^{N}R_i}{Np_i} + \frac{\alpha\sum_{j=1}^{N}\omega_{ji}p_jy_j}{p_i} \tag{1-23}$$

简化后得到：

$$R_i = (1-\alpha)\frac{\sum_{i=1}^{N}R_i}{N} + \alpha\sum_{j=1}^{N}\omega_{ji}R_j \tag{1-24}$$

由式（1-24）可知，第一项捕捉到的消费者需求冲击会影响 i 公司的收入，然后通过第二项捕捉到的生产网络传播。生产网络的作用取决于客户行业 R_j 的规模，以及 i 公司作为这些客户行业 $\alpha \times \omega_{ji}$ 供应商的重要性。

定义 $\boldsymbol{W} = \left[\omega_{ij}\right]$ 为中间投入份额矩阵，$\boldsymbol{R} = \left(R_1, \cdots R_N\right)'$ 为收入向量。可以推导出：

$$(1-\alpha\boldsymbol{W}')\,\boldsymbol{R} = (1-\alpha)\begin{pmatrix} \sum_{i=1}^{N}R_i\Big/N \\ \vdots \\ \sum_{i=1}^{N}R_i\Big/N \end{pmatrix}_{N\times 1} \tag{1-25}$$

（二）货币供给与均衡网络效应

假定中间投入是通过贸易信贷筹措，而消费品是用现金购买。因此，货币供应量决定价格通过以下预付款约束：

$$\sum_{i=1}^{N}p_ic_i = (1-\alpha)\sum_{i=1}^{N}R_i = M \tag{1-26}$$

其中 M 是货币供应量。将式（1-26）与商品市场出清相结合条件（1-25），我们得到

$$(1 - \alpha W') R = \begin{pmatrix} M/N \\ \vdots \\ M/N \end{pmatrix}_{N \times 1} = m \tag{1-27}$$

此外，定义 $\pi = (\pi_1, \cdots \pi_N)$，定义 $f = (f_1, \cdots f_N)$，因此我们得到

$$\pi = (1 - \alpha) R - f = (1 - \alpha W')^{-1} (1 - \alpha) m - f \tag{1-28}$$

定义我们可以用对数线性化得到 $\bar{\pi}\hat{\pi}$：

$$\bar{\pi}\hat{\pi} = (1 - \alpha W')^{-1} (1 - \alpha) \bar{m}\hat{M} \tag{1-29}$$

定义 β：

$$\beta = (\beta_1, \cdots \beta_N); \quad \beta_i = \frac{(1 - \alpha) \bar{m}}{\bar{\pi}_i} \tag{1-30}$$

得到：

$$\hat{\pi} = (1 - \alpha W')^{-1} \beta \hat{M} \tag{1-31}$$

注意，可以把净收入偏离的反应 $\hat{\pi}$ 改写为

$$\hat{\pi} = \beta \times \hat{M} + \alpha \times W' \times \hat{\pi} \tag{1-32}$$

参考 SAR 一般表达式为

$$y = \lambda W y + \chi \beta + \varepsilon \tag{1-33}$$

其中，W 为已知非随机的空间权重矩阵；λ 为空间自回归系数；χ 为 $n \times k$ 数据矩阵，包括 k 列解释变量；β 为相应系数；ε 为随机扰动项。结合式（1-32）和式（1-33），可知式（1-33）具有空间自回归形式，这为货币政策的生产网络传导效应测算提供了理论支撑，也为后续的实证研究分析作了铺垫。

第二节　货币政策的生产网络传导效应测算

一、货币政策的传导机制理论

货币政策传导机制由操作目标、中介目标和最终目标这三个相互渐进联系的货币政策目标组成，是指从运用货币政策工具到实现货币政策最终目标的过程。具体步骤是中央银行先运用货币政策工具（如调节存款准备金比率、再贴现政策、公开市场操作等）直接作用于货币政策的操作目标（如短期利率、商业银行的存款准备金、基础货币等），进而货币政策操作目标的变动会影响货币政策的中介目标的变动（长期利率、货币供应量和贷款量等）来影响实际经济活动，从而最终实现既定的货币政策最终目标，其中货币政策最终目标包括经济增长、物价稳定、充分就业、和国际收支平衡等。

（一）凯恩斯学派的货币政策传导机制理论

凯恩斯认为利率水平太高致使有效投资需求不足才是导致20世纪30年代大萧条的主要原因，认为中央银行必须降低利率，扩大投资需求才能有效解决需求和就业问题。依此思路提出货币政策传导机制是经利率和投资需求变动完成的。具体地，当中央银行实施宽松货币政策时，会通过增加货币供应量来降低利率，投资者会对比现行金融市场的利率和资本边际效率，当利率降低到小于资本边际效率时，投资者就会增加投资需求，进而会增加总支出和国民收入。反之，投资需求就会减少。

凯恩斯认为的传导机制：$M\uparrow\to i\downarrow\to I\uparrow\to E\uparrow\to Y\uparrow$。其中，$M$代表货币供应量；$i$代表利率；$I$代表投资；$E$代表总支出；$Y$代表国民收入。

凯恩斯的货币政策传导机制里的利率传导机制只是局部均衡分析，只考虑了货币市场对产品市场的作用，忽略了产品市场对货币市场的反作用。因此，凯恩斯学派此后进行了一般均衡分析，认为产品市场和货币市场之间是循环往复地相互作用，最终达到一个均衡点。具体地，当中央银行实施宽松货币政策时，通过增加货币供应量、降低利率来增加投资需求，进而增加国民收入。但国民收入的增加又引起了货币需求的增加，货币供需对比失衡后就会使下降的利率再一次回升，投资需求也会再一次降低，因此产品市场和货币政策之间的相互作用是循环往复的。

（二）货币学派的货币政策传导机制理论

与凯恩斯学派不同的是，以弗里德曼为代表的货币学派认为货币政策的最佳中介目标不是利率而是货币供应量，且认为货币需求有其内在的稳定性，货币供应量的变化不会引起货币需求的变化。现代货币制度中，中央银行通过控制货币供应量的变化来影响名义国民收入的变化。具体地，当中央银行增加货币供应量时，由于民众货币需求稳定，货币供应量就会超过民众对货币的实际需求，民众持有的货币余额会增加，额外增加的货币余额会增加民众的消费支出。为了维持盈利性和流动性之间的平衡，民众的消费支出一般会增加金融证券资产（股票和债券）和实物资产（消费品和非耐用消费品）的购买，从而引起此类资产价格的上升。民众消费支出的经济行为会间接传导给全社会的其他资产，这种变化最终会引起全社会微观企业部门扩大生产规模，增加投资支出，对于整个经济而言，微观个体投资支出的增加也是其他微观个体收入的增加，最终通过经济活动的连锁反应引起名义国民收入的增加。

货币学派认为的传导机制：$M\uparrow \to E\uparrow \to I\uparrow \to Y\uparrow$。其中，$M$代表货币供应量；$E$代表总支出；$I$代表投资；$Y$代表名义国民收入。

以弗里德曼为代表的货币学派认为名义国民收入是实际产出和物价水平的乘积。短期内货币是非中性的，货币量的变化会引起实际产出和物价的变化，但长期内货币是非中性的，民众会增加未来通胀调整的预期，进而货币量的变化只会影响通货膨胀。

（三）货币政策资产价格传导机制——托宾 Q 理论

托宾 Q 理论认为，货币政策通过影响股价从而对实际经济活动产生作用。该理论有以下两个假设条件：第一，拥有完善、成熟的金融市场和种类繁多的金融产品工具；第二，各经济主体都按照一定的经济原则，可对其资产结构进行自主、灵活的调整。

Q 的定义：Q 是公司市值与重置成本的比值，即 $Q = \dfrac{\text{公司市值}}{\text{重置成本}}$

托宾 Q 的倾向政策传导机制：$M \uparrow \to i \downarrow \to$ 股票价格 $P_s \uparrow \to Q \uparrow \to I \uparrow \to Y \uparrow$。其中，$M$ 代表货币供应量；i 代表利率；P_s 代表股票价格；I 代表投资；Y 代表国民收入。

若 $Q < 1$，公司更倾向于收购其他企业已有的投资品，I 减少；若 $Q > 1$，公司更倾向于发行股票购买相对便宜的新投资品，I 增加。若货币供给量 M 增加，则利率 i 下降，股价 P_s 上升，Q 也上升，投资和产出因此而增加。

（四）货币政策资产价格传导机制——莫迪利安尼的财富效应理论

莫迪利安尼认为个人的消费支出取决于由金融财富、人力资本、真实资本等构成的毕生财富。其中，普通股是金融财富的主要形式。若央行货币政策对股价产生影响，进而使经济主体财富发生金额变动，人们将增加或减少支出，从而造成国民收入的变动。

金融财富传导机制：$M \uparrow \to$ 股票价格 $P_s \uparrow \to W \uparrow \to C \uparrow \to Y \uparrow$。其中，$M$ 代表货币供应量；P_s 代表股票价格；W 代表金融财富；C 代表消费；Y 代表国民收入。

（五）货币政策的汇率传导机制理论

汇率表示外汇资产的价格。若央行的货币政策使汇率发生波动，首先会影响本国净出口，进而对国内的产出水平造成影响。在开放经济条件下，资本一般是从利率相对低的国家或地区流向利率相对高的国家或地区。因此，若一国利率发生变动，该国就将发生资本的流入或流出。此外，资本的流动会使本国外币的供求关系发生变动，从而影响汇率，进而引起一国商品进出口的增加或减少。

汇率传导机制：$M \uparrow \to i \downarrow \to e \downarrow \to \mathrm{NX} \uparrow \to Y \uparrow$。其中，$M$代表货币供应量；$i$代表利率；$e$代表汇率；NX代表出口；$Y$代表国民收入。

二、货币政策的生产网络传导效应分析

根据图1-2，本书基于生产网络视角的货币政策传导机制理论分析认为：

第一，生产网络是货币政策向实体经济传导的重要机制，是解释货币政策促进经济增长的重要原因。扩张性的货币政策可能会直接导致最接近消费者的企业产品需求的上升，基于投入产出生产网络传导效应，当最靠近消费端口的下游企业面临消费者对其产品的需求增加时，该下游企业部门必然会增加对中间产品的购买，这样导致上游部门企业增加中间投入品的生产，以满足其下游部门企业对中间投入品需求的增加，由此可见，货币政策需求冲击的生产链是从下游企业逐级向上游企业传导。

第二，生产网络是货币政策向物价传导的重要机制，是解释货币政策结构通胀的原因之一。即扩张性的货币政策冲击，会直接导致最接近消费端的下游j产品需求的上升，从而j产品的价格会上升，这种价格上涨会让作为j产品中间投入的所有行业产生正向需求的冲击影响，因此对j的上游行业创造一个直接的影响，进而j上游的所有中间投入产品价格都会上升。这种初始直接效应冲击会通过生产网络的进一步传导，从下游逐级传导到上游，对上游行业的中间投入

产品价格都产生网络间接的正向影响，以此类推，价格波动会随着生产链逐级向上游价格传导。生产网络是解释货币政策结构通胀的原因之一。

第三，生产网络是货币政策向各产业平均收入传导的重要机制，是解释货币政策收入分配功能的原因之一。扩张性的货币政策冲击，会直接导致最接近消费者的下游企业产品需求的上升，从而促进该部门企业生产效率和劳动力需求的上升，并提升就业人员工资水平。基于中间产品模型，货币政策需求冲击的生产链是从下游企业逐级向上游企业传导，最终释放货币政策网络效应的全部。生产链的每一次传导，一方面，会通过促进生产网络中的各个行业部门间的劳动力要素流动与就业分配，进而影响各个行业的工资水平；另一方面，生产网络中下游行业部门面临较便利的外部融资或较低的融资成本，提高企业的生产效率与劳动生产率，进而提高下游行业的收入水平，这种收入水平提高会对上游中间投入部门员工收入水平有正向冲击。由此可见，收入分配会从下游逐级传导到上游。

第四，生产网络是货币政策向各行业研发创新产生作用的重要传导机制，是提高行业研发创新活跃度的重要因素。因为在货币政策需求冲击下，企业研发创新水平是从下游逐级传导到上游的。宽松的货币政策将会直接导致最接近消费端的下游企业产品的消费需求和生产量提高，进而会促进企业加大研发经费投入，提高企业研发创新活跃度，这将促进下游行业创新的提高。这种下游行业研发创新能力的提高会基于生产网络的中间投入作用，对上游行业的研发创新水平产生正向冲击的影响。以此类推，由企业群体的研发创新集合所组成的行业研发创新会随着生产网络逐级向上游行业传导，进而最终形成"研发创新→工程化生产→现实应用"的技术路线产业链。

第五，经济政策不确定性会弱化货币政策通过生产网络传导的有效性。在经济政策不确定性情况下，一方面，各中小企业可能产生的资金链断裂与资产质量恶化现象，会导致大量的债务违约和不良贷款，影响央行货币政策的实施效果。货币政策最终要通过微观企业和商业银行来发挥作用，但经济不确定性可能会降低商业银行的信贷供给或使其偏向于国有企业贷款，使小微企业面临较高的融资成本和门槛，这将降低生产网络中下游小微企业的生产效率、劳动力要素流动、就业分配和研发创新经费投入，从而通过生产网络的中间投入对上游企业经营产生负向冲击，进而影响货币政策通过生产网络向各行业增加值、行业物价、平均收入和行业创新研发传导的有效性。另一方面，在经济政策不确定性下（如新冠疫情、自然灾害等突发因素），投入产出生产网络中某些企业部门将面临劳动力短缺问题（如隔离推迟复工等），扰乱生产网络中的产业链体系和劳动分工体系，甚至出现产业链暂时性断裂问题，进而影响货币政策通过生产网络向各行业增加值、物价、平均收入和行业创新研发传导的有效性。

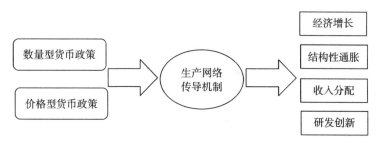

图1-2　货币政策的生产网络传导效应

三、货币政策的生产网络传导效应测算

下文实证分析货币政策网络效应的回归结果是根据本书借鉴的勒萨热和佩斯（2008）提出的空间计量的直接效应和网络效应分解技术得到的。本书基于投入与产出编制的生产网络是对称矩阵属性，运用空间计量经济学的直接效应和网络效应来研究生产网络是否是货币政策的传导机制之一，空间计量网络效应测算的原理如下。

SAR模型表达式为

$$y_t = \lambda W y_t + \beta X_t + \varepsilon_t \qquad (1-34)$$

这意味着数据生成过程为

$$y_t = (I - \lambda W)^{-1} \beta X_t + (I - \lambda W)^{-1} \varepsilon_t \quad \varepsilon_t \sim N(\mu, \sigma^2) \tag{1-35}$$

其中，y 为与生产网络相对应的各个行业的增加值向量；X 为代表货币政策冲击的一个向量；W 对应投入产出完全消耗系数表矩阵 λ 是空间自回归系数；β 为解释变量 X_t 前的回归系数列向量；ε_t 为随机扰动项；N 为正态分布；μ 为均值；σ 为标准差；σ^2 为方差；I 为莫兰指数。对于时间序列，我们可以将线性回归模型中的参数估计解释为因变量相对于自变量的偏导数，但 SAR 模型中参数的解释并不简单，因为它们包含了相关行业内部相互作用的信息，即解释变量 X_t 对 y_t 的边际效应并非 β，因为不同区域的被解释变量相互影响，X_t 对 y_t 产生作用后，y 之间还会相互作用）。当我们重写式（1-35）时，可以把复杂性看得更清楚。

$$y = S(W)x + X(W)\varepsilon \tag{1-36}$$

为了简洁，本书省略了时间下标：

$$X(W) = (I - \lambda W)^{-1} = I + \lambda W + \lambda^2 W^2 + \lambda^3 W^3 + \cdots \tag{1-37}$$

$$S(W) = X(W) \tag{1-38}$$

为了说明这一点，本书将重点介绍一个包含三个行业的简单示例。将数据生成过程扩展到

$$\begin{pmatrix} y_1 \\ y_2 \\ y_3 \end{pmatrix} = \begin{pmatrix} S(W)_{11} & S(W)_{12} & S(W)_{13} \\ S(W)_{21} & S(W)_{22} & S(W)_{23} \\ S(W)_{31} & S(W)_{32} & S(W)_{33} \end{pmatrix} \times \begin{pmatrix} x \\ x \\ x \end{pmatrix} + X(W)\varepsilon \tag{1-39}$$

其中，$S(W)_{ij}$ 为矩阵 $S(W)$ 的第 (i,j) 个元素，表示产业 y_j 通过投入产出矩阵联系对产业 y_i 产生的溢出效应，我们先看第一产业 y_1：

$$y_1 = S(W)_{11}x + S(W)_{12}x + S(W)_{13}x + X(W)_1\varepsilon \tag{1-40}$$

其中，$X(W)_i$ 表示矩阵 $X(W)$ 的第 i 行。

由式（1-39）可知，货币政策变化对产业 y_1 冲击反应是同时由货币政策对 y_1 产业、y_2 产业和 y_3 产业共同影响的。上述矩阵的元素 $S(\boldsymbol{W})_{11}$ 给出了货币政策 x 对 y_1 产业冲击的反应，它度量了同一货币政策 x 对它的直接效应冲击。相反，矩阵的元素 $S(\boldsymbol{W})_{12}$ 给出了同一时间同一货币政策 x 对 y_1 的冲击间接反应，产业 y_2 才是货币政策直接冲击的产业，即货币政策先直接冲击产业 y_2，产业 y_2 再通过矩阵的投入产出联系对 y_1 产生网络效应，产业 y_2 的产出增加对产业 y_1 产出的中间投入需求，这样同一货币政策同时通过投入产出矩阵联系对产业 y_1 产生溢出效应或网络效应。货币政策冲击最接近消费端的下游产业 y_2 的产品向上游产业 y_1 传导，增加了中间产品（产业 y_1 产品）的需求。同样，矩阵的元素 $S(\boldsymbol{W})_{13}$ 度量了货币政策 x 对产业 y_1 冲击产生的网络效应，即货币政策 x 直接作用于产业 y_3，产业 y_3 再通过投入产出矩阵联系对产业 y_1 产生溢出效应或网络效应。总之，矩阵元素 $S(\boldsymbol{W})_{11}$ 给出了同一时刻同一货币政策 x 冲击的直接效应，而矩阵元素 $S(\boldsymbol{W})_{12}$ 和 $S(\boldsymbol{W})_{13}$ 分别度量了货币政策 x 通过直接冲击产业 y_2 和产业 y_3，然后产业 y_2 和产业 y_3 再通过生产网络投入与产出的联系间接冲击产业 y_1 的网络效应。

货币政策对产业冲击的总体反应取决于投入产出矩阵 $\boldsymbol{W}$，该矩阵通过对中间投入生产的影响来决定货币政策对产业冲击的反应，参数 λ 决定了溢出效应的强弱。$S(\boldsymbol{W})$ 的对角元素包含了货币政策冲击对各个产业的直接效应，非对角元素表示了网络效应。我们遵循勒萨热和佩斯（2008）的方法，定义了三个度量标准来衡量货币政策的生产网络整体的、直接的和间接的影响。[1]

平均直接效应：$S(\boldsymbol{W})$ 对角元素的平均 $\frac{1}{n}\text{trace}\big[S(\boldsymbol{W})\big]$，其中 trace 为一个矩阵的迹；平均总效应：$S(\boldsymbol{W})$ 的第 i 行之和表示货币政策冲击对行业 y_i 的总影响，

---

[1] 本书中货币政策的生产网络传导的整体效应可以分解为直接效应和间接网络效应。其中，间接网络效应在后文简称为"网络效应"。

即 $\sum_{j=1}^{n} S(\boldsymbol{W})_{ij}$。存在 n 个这样的和，我们可以对所有行业的总效应进行平均，即矩阵 $S(\boldsymbol{W})$ 所有元素的平均：

$$\frac{1}{n}\sum_{i=1}^{n}\sum_{j=1}^{n} S(\boldsymbol{W})_{ij} = \frac{1}{n}\boldsymbol{i}_n' S(\boldsymbol{W})\boldsymbol{i}_n \qquad (1\text{-}41)$$

其中，$\boldsymbol{i}_n = (1\cdots1)$ 为 $n\times1$ 列向量。最后，可以定义变量 x_r 的"平均网络效应"❶为总效应与平均直接效应之差：

$$\text{平均网络效应} = \frac{1}{n}\left\{\boldsymbol{i}_n' S(\boldsymbol{W})\boldsymbol{i}_n - \text{trace}\left[S(\boldsymbol{W})\right]\right\} \qquad (1\text{-}42)$$

---

❶ 本书的平均网络效应指的是货币政策通过生产网络渠道传导的间接网络效应，简称平均网络效应。

第二章　生产网络结构的测度

第一节　基于投入产出分析的
生产网络结构构建方法

投入产出法是指对经济系统多部门的投入与产出进行研究，编制投入产出表并建模。投入产出法是20世纪30年代由美国著名学者瓦西里·列昂节夫首先提出的，最初是用于研究美国国民经济各产业部门间的相互联系，因而又称产业关联法或部门联系平衡法。使用投入产出模型分析预测经济活动分析叫作投入产出分析，主要使用矩阵线性方程组来揭示一国或地区各部门相互依存的关系及产业结构内在机理。

一、投入产出模型的基本形式

（一）投入产出表

投入指产品生产所需的原材料、劳动力、燃料、辅助材料等，产出指生产产品的总数量及使用方向，包括生产生活消费净出口和积累等。把投入与产出的数量关系编制成矩形表格即为投入产出表。它是投入产出分析法的基础，反映的是一个经济体内各部分投入与产出间数量上的依存关系。

投入产出表可以从不同方面编制：按形态，可分为实物表和价值表，两者只差一个价格因素；按编制的范围，可以有世界、国家、地区投入产出表，企业及部门投入产出表等。本书仅以价值形态的全国投入产出表为例对表的结构进行介绍。

假如用 $1, 2, \cdots, n$ 表示国民经济的 n 个组成产品部门（非行政部门），如煤炭、钢铁、电力等同类产品的部门。然后以 $X_1, X_2, \cdots, X_n$ 分别代表各部门产品的总价值量，以 $Y_i (i=1,2,\cdots,n)$ 表示第 i 部门的最终产品（第 i 部门分配给居民个人消费和社会集团消费的产品及生产和非生产性积累、储蓄、出口等方面的产品。也就是说第 i 部门的总产品中扣除给其他生产部门及本部门作生产用的产品之外不参加生产周转的那一部分产品。$X_{ij} (i=1,2,\cdots,n; j=1,2,\cdots,n)$ 表示第 i 部门分配给第 j 部门的产品，或者说第 j 部门在生产过程中对第 i 部门产品的消耗，叫做部门间流量或中间产品。其中 $X_{ii} (i=1,2,\cdots,n)$ 表示第 i 部门的产品中留在本部门内作生产使用的那部分产品，如 X_{11} 表示 X_1 中留作本部门内使用的那部分产品，X_{12} 表示 X_1 中分配给第2部门的产品，X_{13} 表示 X_1 中分配给第3部门的产品等。注意，这里的 X_{ij} 可能有些为零，如 $X_{23} = 0$，即意味着第2部门没有分配给第3部门产品，或者说第3部门在生产过程中没有消耗第2部门的产品，V_j 表示第 j 部门劳动者的报酬，即工资总额。M_j 表示第 j 部门为社会的劳动创造的价值，即纯收入。以上各投入与产出量可编制如下投入产出表（见表2-1）。

我们用纵横两条粗线把整个表分作四部分，左上、右上、左下、右下，分别叫做第Ⅰ、Ⅱ、Ⅲ、Ⅳ部分，或叫第Ⅰ、Ⅱ、Ⅲ、Ⅳ象限。

第Ⅰ部分是由 n 个物资生产部门纵横交错组成。横行和纵列是对应的各相同生产部门组成，如横行的"2"代表石油部门，则纵列的"2"也代表石油部门。这一部分是棋盘式方块，它反映了国民经济各物质生产部门之间生产与分配的关系，亦即各物质生产部门之间的投入与产出的联系。这种联系是我们对各部门的投入与产出进行分析和利用数学工具进行平衡计算的依据。

表2-1　全国部门间投入产出表（价值型）

类别		中间产品							最终产品					总产品
		1	2	…	j	…	n	合计	消费	储蓄	出口	…	合计	
物质消耗	1	X_{11}	X_{12}	…	X_{1j}	…	X_{1n}						Y_1	X_1
	2	X_{21}	X_{22}	…	X_{2j}	…	X_{2n}						Y_2	X_2
	⋮	⋮	⋮	（Ⅰ）	⋮	⋮	⋮			（Ⅱ）			⋮	⋮
	i	X_{i1}	X_{i2}	…	X_{ij}	…	X_{in}						Y_i	X_i
	⋮	⋮	⋮	⋮	⋮	⋮	⋮						⋮	⋮
	n	X_{n1}	X_{n2}	…	X_{nj}	…	X_{nn}						Y_n	X_n
	合计													
新创造价值	劳动报酬	V_1	V_2	…	V_j	…	V_n							
	社会纯收入	M_1	M_2	…	M_j	…	M_n		（Ⅳ）					
	合计	Z_1	Z_2	（Ⅲ）	Z_j	…	Z_n							
	总产值	X_1	X_2	…	X_j	…	X_n							

注：为了讨论方便起见，该表未列入固定资产折旧。

第Ⅱ部分是第Ⅰ部分在水平方向的延伸，主要反映各物质生产部门的总产品中可供社会最终消费使用的最终产品及其使用情况。

第Ⅲ部分是第Ⅰ部分在垂直方向的延伸，反映各物质生产部门新创造的价值，也反映了国民收入的初次分配构成。

第Ⅳ部分目前尚未列出，有待进一步研究。

（二）基本平衡方程式

从投入产出表2-1的横行看，每一生产部门分配给纵列各部门的产品加上最终产品等于该部门的总产品，即可得下列方程式：

$$\begin{cases} X_{11} + X_{12} + \cdots + X_{1n} + Y_1 = X_1 \\ X_{21} + X_{22} + \cdots + X_{2n} + Y_2 = X_2 \\ \vdots \\ X_{n1} + X_{n2} + \cdots + X_{nn} + Y_n = X_n \end{cases}$$

利用和号可写成

$$\sum_{j=1}^{n} X_{ij} + Y_i = X_i \quad i = 1, 2, \cdots, n \qquad (2\text{-}1)$$

式（2-1）叫产品分配平衡方程式。

从投入产出表2-1的纵列看，对纵列的每一生产部门来说，各生产部门对其提供的生产性消耗，即生产性投入，加上该部门新创造的价值等于它的总产品，得以下方程式：

$$\begin{cases} X_{11} + X_{21} + \cdots + X_{n1} + Z_1 = X_1 \\ X_{12} + X_{22} + \cdots + X_{n2} + Z_2 = X_2 \\ \vdots \\ X_{1n} + X_{2n} + \cdots + X_{nn} + Z_n = X_n \end{cases}$$

利用和号可写成

$$\sum_{i=1}^{n} X_{ij} + Z_j = X_j \quad j = 1, 2, \cdots, n \qquad (2\text{-}2)$$

式（2-2）叫消耗平衡方程式。

（三）直接消耗系数和完全消耗系数

要定量掌握部门之间的相互联系，必须研究各部门间的直接消耗和完全消耗。直接消耗是指某部门的产品在生产过程中直接对另一部门产品的消耗。例如，炼钢过程中消耗的电力，就是钢对电力的直接消耗。

直接消耗系数是用各部门的总产品价值量去除该部门所直接消耗的其他部门的产品价值量，用数学形式表示为

$$a_{ij} = \frac{X_{ij}}{X_j} \quad i = 1, 2, \cdots, n; j = 1, 2, \cdots, n \qquad (2\text{-}3)$$

式（2-3）表示第 j 部门生产单位产品消耗第 i 部门产品的数量。直接消耗系数 a_{ij} 值越大，说明 j 部门与 i 部门联系越密切；反之，说明 j 部门与 i 部门联系越松散；a_{ij} 等于 0，说明 j 部门与 i 部门没有直接的生产与技术联系。直接消耗系数是一个综合性很强的技术经济指标，由于各种因素的综合作用，直接消耗系数不会是一成不变的，但具有相对的稳定性。

直接消耗系数构成一个 n 阶方阵，叫做直接消耗系数矩阵。

$$A = \begin{bmatrix} a_{11} & a_{12} & \cdots & a_{1n} \\ a_{21} & a_{22} & \cdots & a_{2n} \\ \vdots & \vdots & \ddots & \vdots \\ a_{n1} & a_{n2} & \cdots & a_{nn} \end{bmatrix}$$

各物质生产部门之间除存在直接消耗关系外，还存在间接消耗，如炼钢过程中消耗电力，是钢对电力的直接消耗；炼钢同时还要消耗铁、焦炭、冶金设备等，而炼铁、炼焦、制造冶金设备也要消耗电力，这是钢对电力的一次间接消耗。继续分析下去，还可以找出钢对电力的二次、三次等多次间接消耗。显然，要掌握部门间的相互联系，必须研究总消耗，即完全消耗。

完全消耗系数记作 $b_{ij}(i = 1,2,\cdots n; \ j = 1,2,\cdots,n)$，表示第 j 部门生产单位产品对第 i 部门产品的完全消耗量。

完全消耗系数构成一个 n 阶方阵，叫做完全消耗系数矩阵。

$$B = \begin{bmatrix} b_{11} & b_{12} & \cdots & b_{1n} \\ b_{21} & b_{22} & \cdots & b_{2n} \\ \vdots & \vdots & \ddots & \vdots \\ b_{n1} & b_{n2} & \cdots & b_{nn} \end{bmatrix}$$

完全消耗系数矩阵的计算有下列公式给出：

$$B = (I - A)^{-1} - I \tag{2-4}$$

式中 A 为直接消耗系数矩阵，I 为 n 阶单位矩阵，$(I - A)$ 叫做系数矩阵，常称列昂节夫矩阵；$(I - A)^{-1}$ 叫系数逆矩阵，又称列昂节夫逆矩阵。

（四）投入产出模型的基本形式

由式（2-3）得

$$X_{ij} = a_{ij} X_j \tag{2-5}$$

将式（2-5）代入产品分配平衡关系式（2-1）得

$$\sum_{j=1}^{n} a_{ij} X_j + Y_i = X_i \quad i = 1, 2, \cdots, n$$

写作矩阵形式为

$$AX + Y = X \tag{2-6}$$

其中：

$$X = \begin{bmatrix} X_1 \\ X_2 \\ \vdots \\ X_n \end{bmatrix}, \quad Y = \begin{bmatrix} Y_1 \\ Y_2 \\ \vdots \\ Y_n \end{bmatrix}$$

X 表示总产品列向量，Y 表示最终产品列向量。由式（2-6）可得

$$Y = (I - A) X \tag{2-7}$$

式（2-7）为国民经济各部门的总产品和最终产品之间数量关系模型。将式（2-5）代入消耗平衡方程式（2-2）得

$$\sum_{i=1}^{n} a_{ij} X_j + Z_j = X_j \quad j = 1, 2, \cdots, n$$

写作矩阵形式为

$$DX + Z = X \tag{2-8}$$

其中：

$$D = \begin{bmatrix} \sum_{i=1}^{n} a_{i1} & 0 & \cdots & 0 \\ 0 & \sum_{i=1}^{n} a_{i2} & \cdots & 0 \\ \vdots & \vdots & \ddots & \vdots \\ 0 & 0 & & \sum_{i=1}^{n} a_{in} \end{bmatrix}, \quad Z = \begin{bmatrix} Z_1 \\ Z_2 \\ \vdots \\ Z_n \end{bmatrix}$$

D被称作中间投入系数矩阵，其中对角线上的元素 $\sum_{i=1}^{n} a_{ij}$，$j = 1, 2, \cdots, n$，表示 j 部门的总产值中物质消耗所占的比重，即 j 部门生产单位产品消耗这 n 个部门产品之和。改写式（2-8）：

$$Z = (I - D) X \qquad\qquad (2-9)$$

式（2-9）为国民经济各部门净产值与总产值之间的数量关系模型。式（2-7）和式（2-9）为投入产出基本模型。

二、区域投入产出模型

地区投入产出模型是指按行政区划分编制的投入产出模型，一般分为实物型和价值型两种，由于下文的空间权重矩阵是根据价值型投入产出模型计算得出，故出于篇幅考虑，本书仅介绍价值型地区投入产出模型。

（一）地区投入产出模型的特点

与全国投入产出模型相比，地区投入产出模型存在以下四方面特点。

1.部门分类不完整

一个地区因自然资源、气候条件、人力资源或技术水平等限制，并不能成为独立的经济体系（如某一地区因没有煤炭部门或冶金部门等，不能成为独立的经济体系），尤其是对较小的行政区划，如对一个地级市或县而言更为明显。

2.地区模型中往往有一个或若干个主导部门

各地区都有一个或若干个支撑经济发展的主导部门。每一个省区市都有几个主导产业，不同省区市的主导产业可能也不同，每一个地级市或县的这种特点更为突出。因此，为了更好地研究这些主导部门的发展与其他部门的联系，这些主导部门的划分在地区投入产出表中需要更为详细。

3.输入和输出在地区模型中占有重要地位

正是由于以上两方面特点，对于地区而言，为了谋求经济发展，有些部门生产的产品除了供本地区需求外，大部分还有外供需求。而有些部门较薄弱，所需的产品部分或者全部依赖其他地区供应。因此，对一个地区而言，输入和输出十分重要，这也是地区投入产出分析的一个重要特点。

4.地区生产总值使用额与生产总值生产额之间可能长期存在很大差距

一般而言，多数国家的国内生产总值使用额和生产额基本相等，进出口达到基本平衡。但对地区而言，由于开放的地区经济，许多产品依靠输入、输出才能达到供需平衡，然而输入、输出对许多小地区而言是不会相等的。因此，地区的生产总值生产额与使用额在长期内可能存在较大差距。

（二）地区投入产出模型的结构和分类

由于地区投入产出模型具有上述四个特点，所以对地区投入产出模型进行研究要比全国投入产出模型复杂得多。编制地区投入产出表必须按部门和产品对输入、输出进行考察，主要表现在有关输入、输出的资料难以搜集，需要进行许多专项调查工作才能获取详细的数据。根据输入、输出的不同处理方法，地区投入产出表的编制结构主要有以下三种。

1.简单的地区投入产出表

这种表和全国投入产出表的结构相似，只须把全国性投入产出表的进口、出口改为输入、输出即可，其结构如表2-2所示。

这种投入产出表的结构编制较简单，资料易收集，但也有一定的局限性。该结构只能从总量上反映每种产品的输入和输出情况，即地区内和地区外的联系，因而多适用于输入和输出量较小的地区。

表2-2　简单的地区部门间投入产出表

投入		产出									总产品
		中间产品				最终产品					
		$1,2,\cdots,n$			合计	消费	投资	输入 (−)	输出 (+)	合计	
生产 资料 转移 价值	1	X_{11}	$\cdots$	X_{1n}						Y_1	X_1
	2	X_{21}	$\cdots$	X_{2n}						Y_2	X_2
	$\vdots$	$\vdots$		$\vdots$						$\vdots$	$\vdots$
	n	X_{n1}	$\cdots$	X_{nn}						Y_n	X_n
	合计										
新创造 价值	固定资产折旧	D_1	$\cdots$	D_n							
	劳动报酬	V_1	$\cdots$	V_n							
	社会纯收入	M_1	$\cdots$	M_n							
合计		X_1	$\cdots$	X_n							

2.详细反映各输入部门产品的地区投入产出表

如表2-2所示，该表只能从总量上反映各部门的输入产品情况，却不能反映每个部门输入产品的分配情况，尤其是不能反映那些本地区不生产、完全依赖外输的产品（以下称非竞争性产品）情况。为解决这种问题，表2-3在表2-2的主栏上增加外地输入产品部分，并在最终产品中去掉输入项。

在表2-3中第Ⅲ部分和第Ⅳ部分反映外地输入产品的分配使用情况。

表2-3　详细的地区部门间投入产出表

投入		产出								总产品
		中间产品				最终产品				
		$1,2,\cdots,n$			合计	消费	积累	输出	合计	
本地 生产 部门	1	X_{11}	$\cdots$	X_{1n}					Y_1	X_1
	2	X_{21}	$\cdots$	X_{2n}					Y_2	X_2
	$\vdots$	$\vdots$	（Ⅰ）	$\vdots$		（Ⅱ）			$\vdots$	$\vdots$

续表

投入		产出								总产品
		中间产品			最终产品					
		$1,2,\cdots,n$		合计	消费	积累	输出	合计		
本地生产部门	n	X_{n1}	$\cdots$	X_{nn}					Y_n	X_n
	合计									
外地输入部门	1	U_{11}	$\cdots$	U_{1n}					W_1	U_1
	2	U_{21}	$\cdots$	U_{2n}					W_2	U_2
	$\vdots$	$\vdots$	（Ⅲ）	$\vdots$		（Ⅳ）			$\vdots$	$\vdots$
	m	U_{m1}	$\cdots$	U_{mn}					W_m	U_m
	合计									
新创造价值	固定资产折旧	D_1	$\cdots$	D_n						
	劳动报酬	V_1	$\cdots$	V_n						
	社会纯收入	M_1	（Ⅴ）	M_n		（Ⅵ）				
	合计									
总产品		X_1	$\cdots$	X_n						

3.反映非竞争性产品的地区投入产出表

地区投入产出表中的输入产品可分为两类，即非竞争性输入产品和竞争性输入产品。所谓竞争性产品是指在本地区生产但不足以满足当地生产和消费的需求，仍部分需要从外部输入的产品。所谓非竞争性产品是指不在本地区生产，但为了满足当地的消费需求，需要完全从外地进行输入的产品。在编表时，可以采取"互代原则"，即对于竞争性产品，虽然部分是从外地输入而不在本地区内生产，但仍视为本地区内生产的产品，而对于非竞争性输入产品，则直接在投入产出表中单独列出。具体可设计如表2-4结构的投入产出表。

表2-4　非竞争性产品的地区部门间投入产出表

投入		产出									总产品
		中间产品			最终产品						
		$1,2,\cdots,n$		合计	消费	积累	输入(−)	输出(+)	合计		
本地生产部门	1	X_{11}	$\cdots$	X_{1n}					Y_1		X_1
	2	X_{21}	$\cdots$	X_{2n}					Y_2		X_2
	$\vdots$	$\vdots$	（Ⅰ）	$\vdots$		（Ⅱ）			$\vdots$		$\vdots$
	n	X_{n1}	$\cdots$	X_{nn}					Y_n		X_n
	合计										
非竞争性输入产品	1	U_{11}	$\cdots$	U_{1n}					W_1		U_1
	2	U_{21}	$\cdots$	U_{2n}					W_2		U_2
	$\vdots$	$\vdots$	（Ⅲ）	$\vdots$		（Ⅳ）			$\vdots$		$\vdots$
	m	U_{m1}	$\cdots$	U_{mn}					W_m		U_m
	合计										
固定资产折旧		D_1	$\cdots$	D_n							
新创造价值	劳动报酬	V_1	$\cdots$	V_n							
	社会纯收入	M_1	（Ⅴ）	M_n		（Ⅵ）					
	合计										
总产品		X_1	$\cdots$	X_n							

　　如表2-4所示，第Ⅲ部分反映本地区各部门生产过程中对非竞争性产品的消耗情况，第Ⅳ部分反映非竞争性输入产品用以满足本地区的最终需求情况。将第Ⅲ部分每一行和第Ⅳ部分对应的合计数求和，来表示当下阶段非竞争产品的输入量，用数学公式表示为

$$\sum_{j=1}^{n}U_{ij}+W_i=U_i \quad i=1,2,\cdots,m;\ j=1,2,\cdots,n \qquad (2\text{-}10)$$

（三）投入产出表的表式和结构

1. 总表表式

要编制出有较高精度的、较为科学的投入产出表，首先要设计出符合实际的投入产出表表式。设计县级投入产出表的表式应围绕编表目的，并注意当地的经济特点，突出当地实际经济优势。本书编制的《某县2020年价值型投入产出表》的基本表式如表2-5所示。❶

表2-5　某县2020年价值型投入产出表（表式）

投入			产出														
			中间产品						最终产品								总产值
									积累		消费						
			农作物种植业	…	煤炭工业	…	其他工业	建筑业	运输邮电业	商业	合计	固定资产	流动资产	居民消费	社会消费	调入（−）	调出（+）	合计
中间投入	竞争性产品部门	农作物种植业															
		⋮															
		煤炭工业			1									2				
		⋮															
		其他工业															
		建筑业															
		运输邮电业															
		商业															
		合计															
	非竞争性产品部门	石油工业			3									4				
		电力工业															
		合计															

❶ 限于篇幅，故某县2020年投入产出表不再列出，总表2-5主要是为了说明县级投入产出表的编制方法。

投入			产出															总产值
			中间产品							最终产品									
			农作物种植业	…	煤炭工业	…	其他工业	建筑业	运输邮电业	商业	合计	积累		消费		调入(−)	调出(+)	合计	
												固定资产	流动资产	居民消费	社会消费				
最初投入	固定资产折旧	基本折旧																	
		大修理折旧																	
		合计																	
	劳动	工资																	
		利润和税金																	
		福利基金	5									6							
		利息支出																	
		其他																	
		合计																	
总投入																			

总表的横向宾栏由中间产品、最终产品和总产值三大项组成。

中间产品指为各部门本期生产活动所提供的各类物质产品。一般而言，具体可将工业、农业、运输邮电业、商业和建筑业等物质生产活动细分为20个产品部门。其中，工业13个，农业4个，运输邮电业、商业和建筑业各1个，全部为竞争性产品部门。

最终产品指可供最终使用但不参与本期生产活动的产品，主要包括用于消费、积累、调出的产品。其中，调入是指从县外输入的各类物质产品；调出是指当年生产和提供的用于输出的各类物质产品；积累是指本期形成的各类固定资产与新增库存，主要分为流动资产积累和固定资产积累两项。

总产值指本地经济体系的各部门在一定时期（这里是一年）内所进行的物质生产活动的总成果。总产值等于各物质生产部门的总产出。

总表的纵向主栏由中间投入、最初投入和总投入三大项组成。

中间投入指国民经济的各部门在生产活动中所消耗的诸如燃料、原材料和动力等各种物质产品。一般而言，列入中间投入的产品部门共22个，其中，在该县生产但不足以满足该县生产和消费的需求，仍部分需要外地调入的竞争性产品部门共有20个。不在该县生产，但为了满足该县的消费需求，需要完全靠从外地进行输入的非竞争性产品部门共有2个，表2-5的2个非竞争性产品部门为石油工业、电力工业。

最初投入指国民经济的各部门在生产时所需的劳动投入和固定资产折旧投入。其中，劳动投入即净产值，包括福利、工资、税金、利润和利息支出等。固定资产折旧投入分为大修理折旧投入和基本折旧投入两项，指本期物质生产活动过程中所需的固定资产消耗。

总投入反映各部门总产出的价值构成，指国民经济各部门进行物质生产活动所投入的总费用。

2.总表结构

如表2-5所示，某县区2020年投入产出表由6部分构成❶。第1部分是总表的核心部分，是由主栏中间投入中的竞争性产品部门和宾栏的中间产品构成的一个方形表，反映了该县区国民经济各部门之间相互依存和相互制约的技术经济联系。此外，第1部分的中间投入（横向部分）和中间产品（纵向部分）的产品部门均是竞争性产品部门，在部门个数、部门名称和排列顺序上完全相同。

第2部分反映了该县区各部门提供的可供最终使用的产品数量。结合第1部分和第2部分，就可反映本县区各产品部门产出的使用和分配情况。即

$$总产出 = 中间产品 + 最终产品 - 调入 + 调出 \qquad (2-11)$$

---

❶注：该表按当年生产者价格计算，以百元为计价单位。

第3部分反映非竞争性输入产品的中间消耗，表示该县区在生产活动过程中对非竞争性产品的消耗数量。

第4部分反映非竞争性产品的最终使用情况，表示非竞争性产品用以满足该县区的最终使用数量。

第5部分为最初投入，反映国民经济各部门在生产时最初所需的劳动投入和固定资产折旧投入。

略去第6部分。为了反映各部门的价值构成，需要结合总表的第1部分、第3部分和第5部分，具体数学公式即

$$总投入 = 中间投入 + 最初投入 \qquad (2-12)$$

纵横交错的国民经济综合平衡表是由总表的6个部分所构成，从结构和总量上全面而系统地反映社会再生产活动的全过程。

三、企业投入产出模型

企业是市场经济活动的主要参与者，面临着如何提高经济效益和加强企业管理的重要问题。投入产出分析目前已被广泛地应用于企业，成为企业现代化管理的一个重要方法。企业投入产出表可分为实物型和价值型两类，本节介绍的企业投入产出模型以实物型企业投入产出表为例。

实物型企业投入产出表的基本格式如表2-6所示。企业的内部物耗一般分为企业自产产品和外购物料两类。具体地，外购物料是指燃料、原材料、配套件、外协件和动力等从企业外部购入的物料。企业自产产品则包括了中间产品（用于生产性消耗）和最终产品（企业向社会或其他企业提供的产品）。

表2-6可被划分为四个部分：第Ⅰ部分反映了本企业产品作为中间产品在生产过程中的消耗和流转情况；第Ⅱ部分反映了本企业产品作为最终产品用于库存和销售情况；第Ⅲ部分反映了企业产品在生产过程中消耗外购原材料、燃料等产品的情况，也衡量了本企业生产对外地的依赖程度；第Ⅳ部分反映

了外购物料在生产过程中的最终去向及其配置情况，具体来说，它展示了企业外购的原材料、燃料等资源在生产中消耗后的分配情况，尤其是这些外购物料在最终产品中的使用比例，有助于评估企业对外部资源的依赖程度，分析外部资源在企业生产中的效率和贡献，从而为优化生产结构、提高资源利用率提供依据。

表2-6 实物型企业投入产出表

分类		企业内部消耗						最终产品			总产品
		1	2	…	j	…	n	合计	外销	储蓄	合计	
企业自产产品	1	X_{11}	X_{12}	…	X_{1j}	…	X_{1n}				Y_1	X_1
	2	X_{21}	X_{22}	…	X_{2j}	…	X_{2n}				Y_2	X_2
	⋮	⋮	⋮	（Ⅰ）	⋮		⋮			（Ⅱ）	⋮	⋮
	i	X_{i1}	X_{i2}	…	X_j	…	X_{in}				Y_i	X_i
	⋮	⋮	⋮	⋮	⋮		⋮				⋮	⋮
	n	X_{n1}	X_{n2}	…	X_{nj}	…	X_{nn}				Y_n	X_n
外购物料	1	G_{11}	G_{12}	…	G_{1j}		G_{1n}					G_1
	2	G_{21}	G_{22}	…	G_{2j}		G_{2n}					G_2
	⋮	⋮	⋮	（Ⅲ）	⋮		⋮			（Ⅳ）		⋮
	k	G_{k1}	G_{k2}	…	G_{kj}		G_{kn}					G_k
	⋮	⋮	⋮	⋮	⋮		⋮					⋮
	m	G_{m1}	G_{m2}	…	G_{mj}	…	G_{mn}					G_m

由表2-6的横向Ⅰ、Ⅱ部分可以得出以下平衡关系：

$$\sum_{j=1}^{n} X_{ij} + Y_i = X_i \quad i = 1,2,\cdots,n \qquad (2-13)$$

式（2-13）表示，每种自产产品的数量应等于中间产品和最终产品之和，该式称作自产产品的分配平衡方程。

由表2-6的第Ⅲ部分得

$$\sum_{j=1}^{n} G_{kj} = G_k \quad k = 1, 2, \cdots, m \tag{2-14}$$

式（2-14）表示，各自产品所消耗的外购物料的数量之和，应与每种外购物料的总消耗量相等，该式被称作外购物料的分配平衡方程式。

定义

$$a_{ij} = \frac{X_{ij}}{X_i} \tag{2-15}$$

a_{ij} 为生产单位第 j 种自产产品对第 i 种自产产品的消耗量。

仍以 A 表示自产产品的直接消耗系数矩阵

$$A = \begin{bmatrix} a_{11} & a_{12} & \cdots & a_{1n} \\ a_{21} & a_{22} & \cdots & a_{2n} \\ \vdots & \vdots & \ddots & \vdots \\ a_{n1} & a_{n2} & \cdots & a_{nn} \end{bmatrix}$$

定义

$$h_{kj} = \frac{G_{kj}}{X_j} \tag{2-16}$$

h_{kj} 为生产单位第 j 种自产产品对第 k 种外购物料的消耗量。

以 H 表示外购物料的直接消耗系数矩阵

$$H = \begin{bmatrix} h_{11} & h_{12} & \cdots & h_{1n} \\ h_{21} & h_{22} & \cdots & h_{2n} \\ \vdots & \vdots & \ddots & \vdots \\ h_{m1} & h_{m2} & \cdots & h_{mn} \end{bmatrix}$$

自产产品的分配平衡方程式（2-13）可写作矩阵方程：

$$AX + Y = X$$

即

$$(I - A)X = Y \tag{2-17}$$

其中，X 为自产产品的列向量，Y 为最终产品列向量，$(I - A)$ 为系数矩阵。

由外购物料的直接消耗系数的计算公式（2-16）可得

$$G_{kj} = h_{kj}X_j \tag{2-18}$$

将式（2-18）代入式（2-14）得

$$\sum_{j=1}^{n} h_{kj}X_j = G_k \quad k = 1, 2, \cdots, m$$

写作矩阵形式为

$$\boldsymbol{G} = \boldsymbol{HX} \tag{2-19}$$

式（2-19）中 $\boldsymbol{G}$ 表示外购物料的列向量。

式（2-17）、式（2-19）构成企业投入产出模型：

$$\begin{cases} \boldsymbol{Y} = (\boldsymbol{I} - \boldsymbol{A})\,\boldsymbol{X} \\ \boldsymbol{G} = \boldsymbol{HX} \end{cases} \tag{2-20}$$

或写作：

$$\begin{cases} \boldsymbol{X} = (\boldsymbol{I} - \boldsymbol{A})^{-1}\boldsymbol{Y} \\ \boldsymbol{G} = \boldsymbol{HX} \end{cases} \tag{2-21}$$

由式（2-21）可知，根据计划确定各自产产品的最终产品数量后，可以求出各自产品的数量及所需的外购物料的数量。

第二节　生产网络结构度量

生产网络结构的变动是国民经济发展的重要特征，因为真实世界中的经济系统是由各个行业及行业内部的各个企业所形成的复杂交错的网络状结构。为了揭示生产网络结构变动的内在机理，需要从实证的角度基于投入产出表进行生产网络结构度量，包括计算直接消耗系数和完全消耗系数等指标进行经济分析、消耗系数矩阵的度量与构建、基于投入产出表进行经济分析的生产网络可视化。此外，投入产出表的系数很多，基于下文货币政策的生产网效应测算需要，本节重点讲解直接消耗系数和完全消耗系数的矩阵构建和计算原理。

一、主要系数及计算方法

投入产出表的各种系数计算包括直接消耗系数、完全消耗系数、影响力系数和感应度系数，并以此为基础计算最终需求诱发系数指标，用来衡量生产网络中不同部门和不同需求之间相互作用的波及程度。影响力系数和感应度系数两者都把最终需求作为一个总体，但为了区分不同部门主要受到消费、投资和出口具体哪些需求因素的波及，需要进行最终需求诱发系数的计算和分析。

（一）直接消耗系数和完全消耗系数

国民经济各部门之间复杂的内在联系，首先表现为各部门之间相互耗用产品的数量关系，反映这一数量关系的有直接消耗系数和完全消耗系数。直接消耗系数，也被称为投入系数，体现了列昂惕夫模型中生产结构的基本特征。它是指在生产经营过程中，某一部门（如 j 部门）单位总产出所直接消耗的各产品部门（如 i 部门）的产品或服务的数量（各种中间投入的数量）。计算方法如下：

$$r_{ij} = \frac{X_{ij}}{X_j} \qquad (2-22)$$

其中，X_{ij} 为中间产品矩阵的元素，X_j 为 j 部门的总产出。全部直接消耗系数 r_{ij} 所组成的矩阵，称为直接消耗系数矩阵，记为 A。

直接消耗系数是投入产出表的基础，它反映在一定技术水平和生产组织管理条件下，各生产部门之间直接的经济技术联系。由于投入产出表分为实物型和价值型两种表，所以用实物量计算的直接消耗系数与用价值量计算的直接消耗系数所揭示的部门联系是不同的。对于用实物量计算的直接消耗系数，由于其仅受生产技术的影响，因而其反映的是各类产品生产过程中的技术联系；对于用价值量计算的直接消耗系数，由于包含了价格等经济因素，因而它除了受技术条件的影响外，还受产品或服务的价格及产品部门内部的结构等因素的影响，因此，用价值量计算的直接消耗系数反映的是国民经济各部门、各产品之间的技术经济联系。

国民经济各部门之间除了直接消耗方面的联系外，同时还存在着由产业之间的关联导致的间接消耗方面的联系。完全消耗系数可以通过完全消耗矩阵计算。完全消耗系数矩阵：

$$B = (I - A)^{-1} - I \tag{2-23}$$

其中，矩阵$(I - A)^{-1}$在投入产出分析中占有十分重要的地位，我们称它为列昂惕夫逆矩阵，记为$\bar{B}$，则有：

$$\bar{B} = (I - A)^{-1} \tag{2-24}$$

列昂惕夫逆系数矩阵$\bar{B}$表示，生产一个单位的最终产品，除了直接消耗和间接消耗各部门的产品外，还包括本部门的一个单位最终产品，反映了生产一个单位最终产品的完全需求，故又被称为完全需要系数矩阵。完全需要系数矩阵与完全消耗系数矩阵一样，都是连接最终使用与总产出之间的桥梁，反映各部门之间的数量关系。利用完全消耗系数矩阵可以测算一定的最终产品对整个社会生产规模及其结构的需求。同样也可以通过一定的生产规模和结构，测算可以提供的最终产品数量，所以它与完全消耗系数一样，对定量分析和预测具有特别重要的意义。

（二）影响力程度及影响力系数

从经济意义上来看，投入产出逆矩阵系数的列合计，反映了该部门对所有部门所产生的生产需求波及与拉动的绝对水平，也就是表示当某一部门增加单位最终需求时，通过直接和间接关联对各部门所要求的生产量，可称之为影响力程度。各列和的总计除以部门个数所得到的平均值与各部门列和的比率，反映了该部门对所有部门所产生的生产需求波及的相对水平，称之为影响力系数。

影响力程度和影响力系数越大，说明该部门对其他部门的拉动作用越大。当影响力系数 $\alpha > 1$ 时，表示第 j 部门对其他部门所产生的生产波及影响程度超过社会平均影响力水平，反之亦然。

影响力程度计算公式为

$$\alpha_j = \sum r_{ij} \quad (j=1,2,\cdots,n) \tag{2-25}$$

影响力系数计算公式为

$$\alpha_j = \frac{\sum r_{ij}}{\dfrac{\sum\sum r_{ij}}{n}} \quad (j=1,2,\cdots,n) \tag{2-26}$$

（三）感应程度及感应度系数

感应程度表示国民经济各部门都增加1单位最终需求时，某一部门由此受到的需求感应程度，也就是需要该部门提供的生产量。感应度系数则是该部门感应程度与平均水平的比值。感应度系数越大，表示该部门受到其他部门需求的影响越大。

感应度系数计算公式为

$$\beta_j = \frac{\sum r_{ij}}{\dfrac{\sum\sum r_{ij}}{n}} \quad (j=1,2,\cdots,n) \tag{2-27}$$

（四）各项最终需求的生产诱发额和诱发系数

国民经济各部门生产出来的产品是为了满足中间需求和最终需求，但中间需求只是满足最终需求的物质生产过程中衍生的需求，归根到底生产水平是由最终需求所决定的。因此，我们还可以用生产诱发额和生产诱发系数来揭示各部门生产额和最终需求之间的这种联系。对这一特征的揭示，将有助于我们把握需求政策当对投资、消费和出口产生不同的偏向时，其对产业结构的影响。

各项最终需求的生产诱发额是指满足一定量的最终需求时通过直接与间接消耗而对某部门所需的总产出额。最终需求对生产的诱发额，可以通过下式计算：

$$X = (I - A)^{-1} F \qquad (2-28)$$

其中，X 为最终需求对生产的诱发额向量，F 为最终需求向量。

以消费对各部门生产的诱发额为例，主要包括以下三方面：一是对该部门的直接消费部分；二是居民对其他部门的消费对该部门产生直接和间接的生产需求；三是间接消耗对该部门产生生产需求。

各项最终需求的诱发系数则表示增加某项单位最终需求所诱发的部门生产额（即对不同部门的波及程度）。生产诱发系数越大，生产波及效果也越大。生产诱发系数是对影响力系数的更进一步补充，揭示了最终需求对生产的波及和影响是由哪类需求诱发的，也就是说，通过它可以说明刺激消费或其他如投资、出口需求将对产业结构产生影响的基本指向。其计算公式为：

$$最终需求各项的生产诱发系数 = \frac{最终需求各项生产诱发额}{最终需求各项诱发额合计} \qquad (2-29)$$

二、消耗系数矩阵度量与构建

上文讲述的影响力系数、感应度系数和各项最终需求的生产诱发系数都是用来衡量生产网络中不同部门对国民经济波及程度及对相关部门的带动程度，没有衡量生产网络不同部门之间相互作用下，需要直接或间接消耗各部门的产品和服务数量。故本书借鉴了奥兹达格利和韦伯（Ozdagli, Weber, 2017）、沃尔夫和纳迪里（1993）在研究产业间的技术溢出效应时，设定的空间权重矩阵方法，即利用投入产出表的信息，将直接消耗矩阵用作不同产业间网络效应的空间权重矩阵。本书的消耗系数分为直接消耗系数和完全消耗系数，其中直接消耗系数是完全消耗系数的基础，是本章重点计算分析的计量指标。本节生产网络的度量是为下文第三章、第四章和第五章构建生产网络空间权重矩阵（消耗系数矩阵）的重要环节。在下面章节将运用空间计量经济学的直接效应和网络效应，实证分析生产网络是否是货币政策向实体经济传导的重要渠道。

（一）直接消耗系数

直接消耗系数又称直接消耗定额或投入系数，它通常用数学符号 a_{ij} 来表示。直接消耗系数的经济含义是 j 部门生产单位总产品对 i 部门产品的消耗数量。由实物投入产出表确定的是直接消耗系数，就是各种产品的生产消耗定额；由价值投入产出表确定的直接消耗系数是以价值形式体现的部门平均消耗定额。a_{ij} 越大，表明国民经济中有直接联系各个部门之间的数量依存关系越密切。其公式如下：

$$a_{ij} = \frac{x_{ij}}{x_j} \quad i,j = 1, 2, \cdots, n \tag{2-30}$$

由直接消耗系数 a_{ij} 组成的 $n \times n$ 的矩阵 A，为直接消耗系数矩阵。矩阵 A 中的元素必非负，即 $a_{ij} \geq 0$。在实物表中直接消耗系数的大小与产品计量单位选取有关，因此 $a_{ij} > 1$ 是可以的，但用价值作计量单位时，a_{ij} 都应该不大于 1，即 $0 \leq a_{ij} < 1 (i,j = 1, 2, \cdots)$ 由此看出直接消耗系数是建立模型的最基本、最重要的系数，是建立投入产出模型的核心。引入 a_{ij} 后我们就可以把经济和技术因素有机地结合起来，在定性和定量分析的基础之上进行经济分析。

（二）完全消耗系数

完全消耗系数，通常用数学符号 b_{ij} 来表示。它的经济含义是第 j 部门生产单位最终产品（或净产品）对 i 部门产品的直接消耗量和全部间接消耗量的总和。完全消耗系数是直接消耗系数和全部间接消耗系数之和。图2-1以原煤生产要消耗的直接和间接消耗电力为例来说明完全消耗的含义。

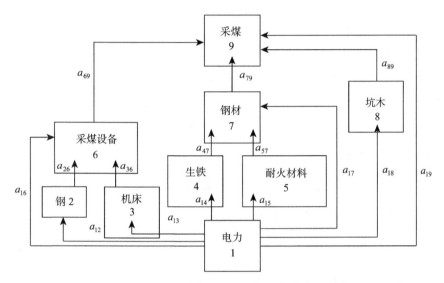

图2-1　原煤生产直接消耗和间接消耗电力路线

图2-1说明生产一吨原煤的直接和间接消耗量。原煤生产时要直接消耗电，形成原煤对电的直接消耗，其直接消耗量为 a_{19}，即生产1吨原煤要消耗 a_{19} 度电，在原煤生产过程中也要直接消耗采煤设备、钢材和坑木等产品，而在生产这些产品时，也要直接消耗电，这样原煤通过采煤设备而形成原煤对电的第一次间接消耗量为 $a_{16}a_{69}$，类似地通过钢材而形成原煤对电第一次间接消耗量为 $a_{17}a_{79}$，通过坑木而形成原煤对电的第一次间接消耗量为 $a_{18}a_{89}$。这些消耗统称为原煤对电的第一次间接消耗。在生产原煤设备时又要直接消耗钢材和使用机床等，这样又形成原煤通过采煤设备、钢材等对电的第二次间接消耗 $a_{12}a_{26}a_{69}$，$a_{13}a_{36}a_{69}$ 等。以此类推还可以有第三次、第四次等间接消耗。原煤对电的直接消耗 a_{19} 加上全部间接消耗就是完全消耗。

通过对图的分析得知完全消耗系数计算公式为

$$b_{ij} = a_{ij} + \sum_{k=1}^{n} a_{ik}a_{ki} + \sum_{k=1}^{n}\sum_{r=1}^{n} a_{ik}a_{kr}a_{rj} + \sum_{k=1}^{n}\sum_{r=1}^{n}\sum_{t=1}^{n} a_{ik}a_{kr}a_{rt}a_{tj} + \cdots \qquad (2\text{-}31)$$

根据直接消耗系数矩阵的定义，当 j 部门生产单位总产品对 i 部门产品的消耗数量所形成的矩阵 $\boldsymbol{X}^{(0)}$ 为：

$\boldsymbol{X}^{(0)} = \boldsymbol{AI} = \boldsymbol{A}$（$\boldsymbol{A}$ 为直接消耗矩阵）

第一次间接消耗组成的矩阵：$\boldsymbol{X}^{(1)} = \boldsymbol{AX}^0 = \boldsymbol{A}^2\boldsymbol{I} = \boldsymbol{A}^2$

第二次间接消耗组成的矩阵：$\boldsymbol{X}^2 = \boldsymbol{AX}^{(1)} = \boldsymbol{A}^3\boldsymbol{I} = \boldsymbol{A}^3$

第 k-1 次间接消耗组成的矩阵：$\boldsymbol{X}^{k-1} = \boldsymbol{AX}^{k-2} = \boldsymbol{A}^{(k)}\boldsymbol{I} = \boldsymbol{A}^k$

第 k 次间接消耗组成的矩阵：$\boldsymbol{X}^k = \boldsymbol{AX}^{k-1} = \boldsymbol{A}^{(k+1)}\boldsymbol{I} = \boldsymbol{A}^{k+1}$

所以，当各部门分别生产一个单位的最终产品时，它们的直接和全部间接消耗所组成的完全消耗系数矩阵 $\boldsymbol{B}$ 为

$$\boldsymbol{B} = \boldsymbol{A} + \boldsymbol{A}^2 + \boldsymbol{A}^3 + \cdots + \boldsymbol{A}^{k-1}\boldsymbol{A} + \cdots = \sum_{i=1}^{\infty} \boldsymbol{A}^i \qquad (2\text{-}32)$$

其中 $\boldsymbol{A}^k (k \geqslant 2)$ 为 k-1 次间接矩阵。

由于直接消耗系数矩阵 $\boldsymbol{A}$ 满足 $\sum_{i=1}^{n} \left| a_{ij} \right| < 1$，所以 $\boldsymbol{A}$ 的幂级数是收敛的，

即 $(\boldsymbol{I} - \boldsymbol{A})^{-1} = \boldsymbol{I} + \boldsymbol{A} + \boldsymbol{A}^2 + \boldsymbol{A}^3 + \cdots = \sum_{k=0}^{\infty} \boldsymbol{A}^k$

因此 $\boldsymbol{A} + \boldsymbol{A}^2 + \boldsymbol{A}^3 + \cdots = (\boldsymbol{I} - \boldsymbol{A})^{-1} - \boldsymbol{I}$

所以用线性代数表式为

$$\boldsymbol{B} = (\boldsymbol{I} - \boldsymbol{A})^{-1} - \boldsymbol{I} \qquad (2\text{-}33)$$

（三）系数矩阵计算和编制

按国务院要求，从 1987 年开始，每五年（逢 2、逢 7 年份）开展一次全国投入产出调查。2017 年全国投入产出调查是第七次全国投入产出调查，涵盖所

有国民经济行业。与2012年全国投入产出调查相比，2017年全国投入产出调查方案遵循当时最新的国民经济行业分类标准《国民经济行业分类（2017）》，同时参考了生产性服务业、高新技术产业等分类标准，增加了一些与此相关的分类。2017年投入产出表中的产品部门分类确定为149个，比2012年多10个，即中国2017年投入产出表的规模为149×149产品部门，是1987年以来部门分类最细的一张投入产出表。其中，农林牧渔业5个部门，工业95个部门，建筑业4个部门，服务活动45个部门。根据国家统计局公布的原始数据，确定了行业分类后，中间流量矩阵基本确定，为了符合下文各行业增加值、各行业物价和各行业平均收入水平数据一一对应的要求，本书在参照《国民经济行业分类》（GB/T4754-2017）的基础上，将国民经济生产活动划分为17个产品大部门，归类划分17个维度，设计了17×17维矩阵投入产出表。再根据上一节介绍的投入产出矩阵编制方法和系数计算方法，计算出17个维度各个行业的直接消耗系数和间接消耗系数，计算和编制了2017年投入产出的直接消耗系数矩阵和完全消耗系数矩阵。

本书编制2017年投入产出消耗系数矩阵表，见表2-7~表2-10，具体分类如下：农林牧渔产品，采掘产品，食品和烟草，纺织、服装、鞋及皮革羽绒制品，木材加工、家具、造纸印刷和文教工美用品，炼油、炼焦和化学产品，非金属矿物制品，金属冶炼、加工及制品，机械设备、交通运输设备、电子电气及其他设备，其他各类制造产品，电力、热力、燃气和水的生产和供应，建筑，批发零售、运输仓储邮政，信息传输、软件和信息技术服务，金融和房地产，科学研究和技术服务，其他服务，中间投入合计，劳动者报酬，生产税净额，固定资产折旧，营业盈余，增加值合计，总投入。

表 2-7　投入产出直接消耗系数表（2017年）

投入 \ 产出	农林牧渔产品	采掘产品	食品和烟草	纺织、服装、鞋及皮革羽绒制品	木材加工、家具、造纸印刷和文教工美用品	炼油、炼焦和化学产品	非金属矿物制品	金属冶炼、加工及制品	机械设备、交通运输设备、电子电气及其他设备
农林牧渔产品	0.133 339	0.000 457	0.358 970	0.100 383	0.068 456	0.027 518	0.000 319	0.000 080	0.000 048
采掘产品	0.000 562	0.128 189	0.002 811	0.002 646	0.006 886	0.138 075	0.124 575	0.144 150	0.000 987
食品和烟草	0.086 657	0.003 215	0.213 541	0.018 445	0.004 486	0.018 717	0.002 520	0.006 313	0.005 335
纺织、服装、鞋及皮革羽绒制品	0.000 201	0.004 808	0.003 551	0.434 649	0.031 722	0.005 797	0.006 080	0.001 847	0.004 650
木材加工、家具、造纸印刷和文教工美用品	0.001 116	0.008 273	0.013 609	0.005 864	0.299 420	0.006 855	0.016 633	0.004 343	0.007 045
炼油、炼焦和化学产品	0.086 244	0.062 683	0.019 433	0.093 963	0.111 836	0.377 327	0.094 544	0.052 564	0.046 711
非金属矿物制品	0.000 429	0.004 971	0.004 730	0.000 712	0.004 273	0.005 548	0.186 953	0.013 849	0.014 921
金属冶炼、加工及制品	0.000 912	0.037 619	0.003 814	0.003 574	0.049 011	0.012 490	0.053 276	0.331 304	0.126 854
机械设备、交通运输设备、电子电气及其他设备	0.012 013	0.055 255	0.004 139	0.007 065	0.017 765	0.011 337	0.034 339	0.025 322	0.442 088
其他各类制造产品	0.000 148	0.001 840	0.000 599	0.001 890	0.018 564	0.002 418	0.004 750	0.039 477	0.001 377

续表

投入 \ 产出	农林牧渔产品	采掘产品	食品和烟草	纺织、服装、鞋及皮革羽绒制品	木材加工、家具、造纸印刷和文教工美用品	炼油、炼焦和化学产品	非金属矿物制品	金属冶炼、加工及制品	机械设备、交通运输设备、电子电气及其他设备
电力、热力、燃气和水的生产和供应	0.009 117	0.048 193	0.009 407	0.013 122	0.018 725	0.033 535	0.051 022	0.048 467	0.011 525
建筑	0.000 681	0.000 383	0.000 190	0.000 255	0.000 319	0.000 251	0.000 232	0.000 157	0.000 281
批发零售、运输仓储邮政	0.044 222	0.039 351	0.086 117	0.096 817	0.098 118	0.074 183	0.081 251	0.054 256	0.077 266
信息传输、软件和信息技术服务	0.001 444	0.001 891	0.002 135	0.002 603	0.002 555	0.002 310	0.002 044	0.001 378	0.007 552
金融和房地产	0.013 190	0.035 067	0.006 362	0.008 766	0.012 897	0.013 804	0.021 651	0.026 193	0.014 083
科学研究和技术服务	0.007 122	0.009 558	0.001 527	0.001 897	0.003 339	0.004 805	0.003 776	0.003 333	0.007 829
其他服务	0.008 253	0.035 993	0.032 631	0.023 284	0.026 846	0.029 015	0.029 464	0.016 768	0.029 115
中间投入合计	0.405 649	0.477 746	0.763 568	0.815 935	0.775 217	0.763 985	0.713 430	0.769 801	0.797 668
劳动者报酬	0.592 704	0.183 622	0.082 220	0.110 598	0.107 283	0.066 625	0.106 494	0.084 213	0.088 365
生产税净额	-0.030 971	0.166 090	0.065 576	0.004 026	0.023 149	0.073 231	0.035 371	0.033 854	0.035 903
固定资产折旧	0.020 753	0.079 826	0.021 226	0.017 502	0.028 132	0.028 702	0.039 495	0.034 681	0.022 662
营业盈余	0.011 865	0.092 716	0.067 410	0.051 938	0.066 220	0.067 456	0.105 209	0.077 451	0.055 401
增加值合计	0.594 351	0.522 254	0.236 432	0.184 065	0.224 783	0.236 015	0.286 570	0.230 199	0.202 332
总投入	1.000 000	1.000 000	1.000 000	1.000 000	1.000 000	1.000 000	1.000 000	1.000 000	1.000 000

续表

投入	产出							
	其他各类制造产品	电力、热力、燃气和水的生产和供应	建筑	批发零售、运输仓储邮政	信息传输、软件和信息技术服务	金融和房地产	科学研究和技术服务	其他服务
农林牧渔产品	0.018 533	0.000 103	0.008 288	0.000 052	0.000 646	0.000 180	0.005 716	0.018 120
采掘产品	0.001 466	0.171 325	0.008 370	0.000 107	0.000 000	0.000 044	0.000 898	0.000 653
食品和烟草	0.004 148	0.006 815	0.002 126	0.003 923	0.006 317	0.003 808	0.009 883	0.056 210
纺织、服装、鞋及皮革羽绒制品	0.029 974	0.001 691	0.001 363	0.002 932	0.001 214	0.004 272	0.004 992	0.016 156
木材加工、家具、造纸印刷和文教工美用品	0.013 191	0.000 776	0.023 187	0.004 819	0.027 429	0.016 607	0.010 653	0.032 154
炼油、炼焦和化学产品	0.068 130	0.020 606	0.058 801	0.043 477	0.003 847	0.003 147	0.072 830	0.070 939
非金属矿物制品	0.003 228	0.002 141	0.176 671	0.000 193	0.000 127	0.000 032	0.003 153	0.000 947
金属冶炼、加工及制品	0.065 655	0.001 806	0.153 727	0.001 118	0.000 577	0.000 585	0.023 592	0.008 336
机械设备、交通运输设备、电子电气及其他设备	0.065 735	0.081 383	0.050 409	0.050 538	0.075 715	0.003 380	0.117 704	0.042 396
其他各类制造产品	0.069 280	0.004 273	0.001 390	0.000 751	0.000 508	0.000 623	0.009 448	0.003 745
电力、热力、燃气和水的生产和供应	0.016 938	0.272 941	0.013 479	0.016 945	0.011 120	0.006 110	0.008 274	0.010 826
建筑	0.000 506	0.003 148	0.031 938	0.001 165	0.001 023	0.005 864	0.001 053	0.004 329
批发零售、运输仓储邮政	0.039 181	0.036 449	0.075 061	0.098 547	0.029 487	0.016 376	0.068 630	0.073 956
信息传输、软件和信息技术服务	0.001 217	0.004 535	0.012 690	0.011 259	0.163 758	0.020 368	0.012 036	0.016 472

续表

投入	产出							
	其他各类制造产品	电力、热力、燃气和水的生产和供应	建筑	批发零售、运输仓储邮政	信息传输、软件和信息技术服务	金融和房地产	科学研究和技术服务	其他服务
金融和房地产	0.013 590	0.044 337	0.038 784	0.108 634	0.072 250	0.156 352	0.040 854	0.064 863
科学研究和技术服务	0.001 326	0.004 536	0.071 599	0.004 970	0.003 120	0.001 008	0.112 416	0.000 737
其他服务	0.018 762	0.022 043	0.030 410	0.085 123	0.080 481	0.110 150	0.097 049	0.105 204
中间投入合计	0.430 862	0.678 908	0.758 294	0.434 551	0.477 620	0.348 907	0.599 181	0.526 043
劳动者报酬	0.135 897	0.105 554	0.149 536	0.261 607	0.194 070	0.192 022	0.247 404	0.357 190
生产税净额	0.110 989	0.047 567	0.035 288	0.049 426	0.016 922	0.101 383	0.019 605	0.012 944
固定资产折旧	0.026 909	0.117 808	0.008 557	0.127 610	0.137 389	0.029 978	0.085 617	0.076 280
营业盈余	0.295 344	0.050 163	0.048 325	0.126 806	0.173 999	0.327 710	0.048 193	0.027 544
增加值合计	0.569 138	0.321 092	0.241 706	0.565 449	0.522 380	0.651 093	0.400 819	0.473 957
总投入	1.000 000	1.000 000	1.000 000	1.000 000	1.000 000	1.000 000	1.000 000	1.000 000

表 2-8 投入产出完全消耗系数表（2017 年）

投入	产出								
	农林牧渔产品	采掘产品	食品和烟草	纺织、服装、鞋及皮革羽绒制品	木材加工、家具、造纸印刷和文教工美用品	炼油、炼焦和化学产品	非金属矿物制品	金属冶炼、加工及制品	机械设备、交通运输设备、电子电气及其他设备
农林牧渔产品	0.223 952	0.023 469	0.572 183	0.262 341	0.162 406	0.091 361	0.033 308	0.031 522	0.035 250
采掘产品	0.046 417	0.219 168	0.050 546	0.090 299	0.118 164	0.313 431	0.281 152	0.332 912	0.131 305
食品和烟草	0.145 677	0.023 843	0.349 518	0.092 499	0.051 496	0.066 159	0.030 778	0.035 662	0.040 206
纺织、服装、鞋及皮革羽绒制品	0.007 980	0.020 986	0.018 869	0.783 423	0.096 210	0.030 546	0.030 453	0.023 133	0.031 203
木材加工、家具、造纸印刷和文教工美用品	0.013 127	0.028 102	0.039 207	0.034 016	0.448 445	0.034 863	0.049 938	0.030 361	0.040 091
炼油、炼焦和化学产品	0.206 650	0.186 068	0.176 174	0.375 372	0.377 627	0.718 852	0.299 722	0.237 920	0.254 436
非金属矿物制品	0.005 451	0.015 134	0.012 638	0.009 278	0.017 712	0.019 231	0.241 464	0.035 389	0.045 536
金属冶炼、加工及制品	0.024 295	0.112 310	0.035 568	0.049 164	0.155 020	0.083 378	0.163 079	0.567 090	0.384 242
机械设备、交通运输设备、电子电气及其他设备	0.062 043	0.173 181	0.073 027	0.101 636	0.134 909	0.128 377	0.177 265	0.173 812	0.892 206

续表

投入	产出								
	农林牧渔产品	采掘产品	食品和烟草	纺织、服装、鞋及皮革羽绒制品	木材加工、家具、造纸印刷和文教工美用品	炼油、炼焦和化学产品	非金属矿物制品	金属冶炼、加工及制品	机械设备、交通运输设备、电子电气及其他设备
其他各类制造产品	0.002 976	0.009 836	0.004 970	0.009 085	0.038 543	0.011 176	0.017 454	0.070 356	0.022 639
电力、热力、燃气和水的生产和供应	0.037 391	0.107 936	0.049 086	0.076 078	0.090 627	0.120 628	0.144 161	0.153 480	0.091 796
建筑	0.001 784	0.002 143	0.002 050	0.002 536	0.002 593	0.002 504	0.002 516	0.002 468	0.002 707
批发零售、运输仓储邮政	0.110 471	0.116 369	0.202 432	0.280 665	0.258 106	0.209 566	0.206 802	0.178 598	0.249 904
信息传输、软件和信息技术服务	0.007 902	0.011 858	0.012 689	0.017 484	0.016 837	0.015 725	0.015 369	0.014 285	0.028 729
金融和房地产	0.049 115	0.091 726	0.065 566	0.088 663	0.094 537	0.094 036	0.103 713	0.113 595	0.107 417
科学研究和技术服务	0.013 500	0.018 144	0.011 188	0.012 766	0.014 649	0.017 519	0.015 071	0.015 270	0.024 142
其他服务	0.048 199	0.094 122	0.098 429	0.116 281	0.116 636	0.117 930	0.113 912	0.099 652	0.132 633

续表

投入	产出							
	其他各类制造产品	电力、热力、燃气和水的生产和供应	建筑	批发零售、运输仓储邮政	信息传输、软件和信息技术服务	金融和房地产	科学研究和技术服务	其他服务
农林牧渔产品	0.052 751	0.024 459	0.043 914	0.022 367	0.025 955	0.020 627	0.044 013	0.085 149
采掘产品	0.073 373	0.319 770	0.159 716	0.038 616	0.030 973	0.017 315	0.071 209	0.055 374
食品和烟草	0.027 188	0.031 749	0.033 530	0.025 855	0.029 673	0.023 354	0.044 402	0.103 851
纺织、服装、鞋及皮革羽绒制品	0.067 530	0.017 960	0.023 813	0.016 852	0.015 769	0.018 205	0.027 004	0.044 808
木材加工、家具、造纸印刷和文教工美用品	0.033 355	0.021 187	0.063 108	0.024 773	0.063 074	0.040 634	0.039 914	0.067 300
炼油、炼焦和化学产品	0.198 015	0.145 853	0.262 915	0.132 936	0.077 965	0.052 573	0.232 449	0.206 884
非金属矿物制品	0.013 110	0.015 208	0.238 794	0.006 134	0.007 154	0.004 097	0.015 774	0.009 388
金属冶炼、加工及制品	0.154 040	0.085 116	0.325 126	0.039 914	0.052 410	0.019 139	0.116 654	0.057 849
机械设备、交通运输设备、电子电气及其他设备	0.178 166	0.277 281	0.218 255	0.141 848	0.204 320	0.041 461	0.305 788	0.138 190
其他各类制造产品	0.083 560	0.012 902	0.021 400	0.004 910	0.005 864	0.003 639	0.019 865	0.010 150
电力、热力、燃气和水的生产和供应	0.060 869	0.422 645	0.096 892	0.047 143	0.040 014	0.022 607	0.053 609	0.048 296
建筑	0.001 814	0.006 344	0.035 444	0.003 467	0.003 219	0.008 365	0.003 457	0.006 706
批发零售、运输仓储邮政	0.118 482	0.135 575	0.215 240	0.164 740	0.099 100	0.058 735	0.178 549	0.165 392
信息传输、软件和信息技术服务	0.009 482	0.018 985	0.030 819	0.025 447	0.206 580	0.034 851	0.029 778	0.031 927
金融和房地产	0.058 972	0.127 202	0.130 701	0.175 630	0.140 146	0.214 794	0.115 870	0.131 560
科学研究和技术服务	0.007 704	0.016 285	0.093 626	0.010 380	0.008 871	0.004 088	0.134 492	0.007 372
其他服务	0.067 225	0.098 759	0.127 666	0.150 980	0.152 648	0.166 603	0.185 811	0.177 387

三、投入产出表的生产网络可视化

目前国内研究产业之间的联系大多仅考虑两个行业之间的直接联系，鲜有文献考虑行业之间存在的内在、复杂、多层次的间接联系，忽略了对国民经济中不同产业内部微观关联网络整体研究。然而真实的经济系统是由各个行业及行业内部的各个企业所形成的复杂交错的网络状结构组成。本书从生产网络新视角刻画国民经济各部门之间使用中间投入的关联和互动，用可视化的形式展现了投入产出分析表，为微观冲击对宏观波动影响提供了网络特征的视角。在具体的实证分析中，本书先通过投入产出分析，量化计算直接消耗系数和完全消耗系数，构建生产网络直接消耗矩阵系数表，为建立空间计量模型提供空间权重矩阵，即直接消耗系数矩阵表。

本书投入产出行业遵循国民经济行业分类标准《国民经济行业分类（2017）》❶，同时参考了生产性服务业、高新技术产业等分类标准，增加了一些与此相关的分类。2017年投入产出表中的产品42个部门及行业分类确定为149个，比2012年增加10个。2017年全国投入产出调查的对象是选中的法人单位和农户，全国共选取调查单位约24 000个，其中农林牧渔业企业和农户700个，工业企业17 000个（含规模以下企业2000个），建筑企业约300个，服务业约6000个。生产网络各个行业之间并不是相互独立的，某个行业的产品是他下游行业的中间成品，也是他上游行业的最终品。

在现实的经济系统内部不同行业之间的投入产出状况是非常复杂的，为了更好地分析研究和简化下文空间计量模型实证分析的复杂程度，本书在参照

---

❶ 本书数据来源于国家统计局公布的1997年、2002年、2007年、2012年、2017年"投入—产出"以当年价格计算的产品部门数据。其中，1997年包括40个行业的124个部门，2002年包括42个行业的122个部门，2007年包括42个行业的135个部门，2012年包括42个行业的139个部门。在1997—2012年期间，国家统计局对《国民经济行业分类》进行了两次修订，分别是（GB/T 4754-2002）和（GB/T 4754-2011），对部分行业进行了细化和调整。按国务院要求，从1987年开始，每五年（逢2、逢7年份）开展一次全国投入产出调查。2017年全国投入产出调查是第七次投入产出调查。

《国民经济行业分类》（GB/T 4754—2017）的基础上，将国民经济生产活动划分为17个产品大部门，与国家统计局公布的各行业增加值、行业收入、行业物价和行业研发创新维度数据相匹配的空间权重矩阵分析表，计算得出2017年投入产出直接消耗系数矩阵表，该系数矩阵表充分揭示了国民经济各部门之间的技术经济联系，即部门之间相互依存和相互制约关系的强弱，并为构造投入产出模型提供重要的经济参数。之后，用Ucinet软件制作出了如图2-2所示的中国2017年的投入产出生产网络，节点中的数字代表行业代码，箭头的指向代表一个行业的产出作为中间品，成为另一个行业的投入。在这种背景下，当一个行业或者企业受到异质性冲击时，通过网络与它相连的其他行业或者企业不可避免地会受到联动影响。一个最典型的例子就是2008年金融危机中雷曼兄弟的破产引发了金融网络上的连锁反应，大批金融机构的不良资产率攀升，出现债务违约甚至破产，然后，就像多米诺骨牌效应一样，金融行业的这一负向冲击又通过不同行业之间的生产、信贷、持股网络扩展到实体经济经济部门，导致美国经济生产萎缩，形成大规模失业，以致最终的经济衰退（曹苍剑，2019）。

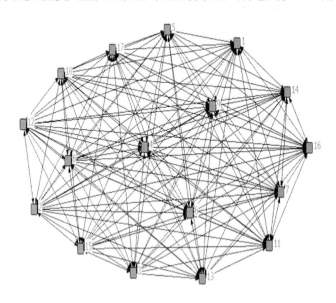

图2-2　中国投入产出生产网络

因此，宏观经济的大幅度波动不应该只关注总量受到的外生不确定性冲击。总量的波动本身可能就来源于组成宏观经济体系的不同部门、行业、企业受到的冲击。而正是由于不同的行业、部门之间是通过各类型网络结构相互连接，这种行业性的冲击并不会局限在行业自身内部，它们会传导至整个经济系统，影响其他部门的产出，从而造成经济总量的大幅度波动（Acemoglu et al.，2012），关于宏观经济波动的研究，应该打开"黑箱"，回归经济系统自身的结构性特征，以及这些结构性特征是通过怎样的机制形成经济系统的总量特征的。

第三节　本章小结

本书参考《国民经济行业分类》（GB/T 4754-2017），将国民经济活动划分为17个大部门，设计了17×17的投入产出矩阵。根据前述编制方法，计算并编制了2017年投入产出的直接和完全消耗系数矩阵（表2-7、表2-8、表2-9、表2-10）。总体来看，中国直接消耗系数和完全消耗系数相对较高的有：金融、化学产品、电力热力的生产和供应、金属冶炼和压延加工、石油炼焦产品、交通运输、仓储邮政和核燃料加工品。这些行业在国民经济中举足轻重。当它们受到货币政策的需求冲击时，通过生产网络的传导和叠加，将会对与它们直接或者间接相连接的多个行业产生影响，进而对整个经济体造成很大的波动。

供给侧结构性改革政策的推行应有针对性地选择行业，提高在生产网络中中心度较高行业的生产率，通过网络的传导作用更广泛地带动其他行业的产出增加，从而使总产出出现更大幅度的上升。根据表2-7、表2-8、表2-9、表2-10可知，从全国整体结构上看，金属冶炼、化学产品、电力热力的生产和供应三个行业直接消耗系数和完全消耗系数在全国范围的生产网络中最高，应该通过供给侧改革着力推进这三个行业的生产率提高；从各省区市具体产业结构分布来看，不同地区中心度最高的行业有一定的差异，各省区市推行供给侧改革时，应当根据当地的实际生产网络，重点提高中心度行业产能效率。这种因地制宜、有行业针对性的政策推进方式，能够有效利用生产网络自身的结构特性，使得相同的政策实施成本收获最大的政策收益。

第三章　货币政策的生产网络传导效应：
基于经济增长目标

目前国内文献缺乏关于投入产出生产网络是否扩大货币政策对实体经济增长的影响的研究。本章根据本书第一章基于生产网络渠道的货币政策网络效应测算方法，结合第二章已经计算出的生产网络直接消耗系数矩阵，本章构建了区别于传统地理距离的空间权重矩阵的空间计量模型，运用该模型的直接和网络效应分解技术，验证了生产网络是货币政策向实体经济传导的重要机制，是货币政策促进经济增长的微观解释之一。这一结论不仅为货币政策传导机制理论提供了新的网络分析视角，而且也对宏观经济政策的制定具有一定的现实意义。

第一节　货币政策的生产网络传导效应检验：
基于经济增长

理解货币政策对经济体的影响一直是经济学研究的核心内容之一。传统的研究大多只关注货币政策的直接效应，而近年来涌现的许多文献开始探讨货币政策通过生产网络产生的网络效应。

一、理论机制与研究假设的提出

扩张性的货币政策可能会直接导致最接近消费者企业产品需求的上升。基于投入产出生产网络传导效应，当消费者对最靠近消费端口的下游企业产品需求增加时，该下游企业会增加其产品的生产，该生产行为必然会增加其对中间产品的购买，导致上游部门企业增加中间投入品的生产，以满足下游部门企业对中间投入品需求的增加，以此类推，货币政策需求冲击的生产链是从下游企业逐级向上游企业传导的，如图3-1所示。

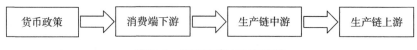

图3-1 货币政策冲击传导链

本书研究基于生产网络中各产业的微观数据和理论分析，建立空间计量模型，并基于直接效应和网络效应分解技术，从经济增长角度揭示货币政策的效果在何种程度上是通过生产网络的传导来实现的，并研究产业间空间溢出效应特征。因此本书提出以下研究假设：

假设H1：数量型货币政策冲击对经济增长水平的影响有直接效应和网络效应。

假设H2：价格型货币政策可以通过生产网络扩大对经济增长水平的影响，即价格型货币政策有直接效应和网络效应。

二、数据来源与指标说明

本节所涉及的数据类型为月度面板数据，时间跨度为2006年2月至2018年10月。其中，被解释变量为与2017年中国投入产出表中相对应的17个行业增加值累计同比增长率，增加值的核算公式为：增加值=总产出-中间投入。其中增加值包括工业增加值和服务业增加值在内的42个行业的149个部门[1]。黑色金属矿采选业、金属制品业、电气机械及器材制造业等产业月度数据都是从2006年2月开始的。产业增加值率指在一定时期内单位产值的产业增加值[2]。例如，物流产业增加值由交通运输业物流增加值、仓储物流业增加值、批发物流业增加值、配送加工包装物流业增加值和邮政业物流增加值构成。

　　本书作为解释变量的货币政策工具分为价格型和数量型，都属于中央银行为达到特定宏观政策目标（如经济增长、物价稳定、国际收支平衡和充分就业等）而实施控制货币供给和调控利率变动的政策措施，货币政策工具具体分类对比如表3-1所示。

表3-1　价格型货币政策工具与数量型货币政策工具

类别	数量型货币政策工具	价格型货币政策工具
调控工具	存款准备金率、公开市场、再贷款和再贴现等	价格变量（利率、汇率等）
调控目标	货币数量（基础货币、货币供应量等）	资产价格变化，微观主体的财务成本和收入预期调控方式央行主导、居民被动居民和央行互动
调整方式	直接调整GDP、CPI、FAI等宏观经济变量，缺乏对微观主体行为的观测	间接调整宏观经济变量，注重影响微观主体预期来调整经济行为
观测重点	观测GDP、CPI、FAI等宏观经济变量	观测微观主体预期及其经济行为调整

　　本书数量型货币政策的衡量指标用广义货币供应量增长率。广义货币供应量是指流通于银行体系之外的现金加上企业存款、居民储蓄存款及其他存款，它包括了一切可能成为现实购买力的货币形式，通常反映的是社会总需求变化和未来通胀的压力状态。近年来，很多国家都把广义货币供应量作为货币供应量的调控目标。本书价格型货币政策用银行间同业拆借利率代替。银行间同业拆借利率是

---

[1] 为了便于统计和实证分析，故将投入产出矩阵表的42个行业中的149个部门加权计算归纳为17个大行业。

[2] 工业增加值增长率也被包括在行业增加值增长率之内，具体指一定时期内工业企业单位产值的增加值（工业增加值与工业总产值的比值）。

指在银行间同业拆借市场上使用的利率，由 16 个品种组成，比货币市场交易的回购或者拆借品种更加丰富。参与报价的银行须有较高的信用级别、较强的定价能力和良好的市场声誉。同时，央行为了防止参与银行随意报价、干扰市场，建立了一套跟踪监控和惩罚制度，以确保银行间同业拆借利率的权威性和代表性。因为银行间同业拆借利率频率是日度数据，为了与其他变量数据频率统一，本书变频处理了利率数据，计算出银行间同业拆借加权 1 个月利率数据。近年来，很多国家都把广义货币供应量、银行间同业拆借利率作为货币供应量的调控目标。基于货币政策总量调控的基本属性，全国各个产业增加值的面板数据中，每一个截面的所有产业对应的数量型货币政策变量都是总货币供应量，各个行业对应的价格型货币政策对应的变量都是银行间同业拆借利率。每一时间点生产网络的各个产业增加值数据对应的是同样的货币供应量或利率，所以作为时间序列数据的货币供应量和利率都经过面板数据的技术处理，目的是为了从生产网络中各产业增加值的微观数据结构角度来探究货币政策的效果在何种程度上是通过生产网络的传导来实现的，并研究产业间空间溢出效应特征。

　　在控制变量方面，汇率（EXCR）作为控制变量，经过变频加权处理成月度数据，即用美元兑人民币的平均汇率代替。其中，利率、货币供应量属于货币政策中介指标，只有在特殊情况下汇率才能作中介指标，很少有国家选汇率作为货币政策的中介指标❶，故本书选汇率作为控制变量；价格水平用生产者价格指数（PPI）和消费者物价指数（CPI）代替。PPI❷是衡量工业企业产品出厂价格变动趋势和变动程度的指数，是反映某一时期生产领域价格变

---

❶ 货币政策中介目标介于最终目标和操作目标之间，分为远期中介目标和近期中介目标，其中远期中介指标包括货币供应量、长期利率和贷款量；近期中介指标包括基础货币、短期利率。货币当局根据货币政策中介目标具有可测性、可控性和相关性等特点，设定中介目标为名义锚，作为观察货币政策实施效果的信号。一般情况下，大部分国家都选择利率和货币供应量来衡量货币政策中介目标，汇率作为中介指标较少，我国目前阶段选择货币供应量作为中介目标。

❷ 生产者价格指数权重包括燃料、化工原料类、建材类、纺织原料类、工控产品、有色金属类、有色金属材料类、农副产品类和木材及纸浆类共 9 大类商品。

动情况的重要经济指标，也是制定有关经济政策和国民经济核算的重要依据。消费者物价指数CPI又名居民消费价格指数，是一个反映居民家庭一般所购买的消费品和服务项目价格水平变动情况的宏观经济指标。它是在特定时段内度量一组代表性消费商品及服务项目的价格水平随时间而变动的相对数，用来反映居民家庭购买消费商品及服务的价格水平的变动情况，是一个月内商品和服务零售价变动系数。

本节所有使用的数据来源于国家统计局数据库，各变量的描述性统计信息如表3-2所示。

表3-2给出了各产业增加值（INAV）、M2、SHIBOR、EXCR、PPI和CPI的描述性统计。其中，INAV、M2、PPI和CPI的波动较剧烈，INAV的标准差为6.416714，其同比增长率最小值为-14.53%，最大值为52.7%。M2的标准差为4.938122，同比增长率最小值为8%，最大值为29.74%。PPI的标准差为4.61264，同比增长率最小值为-1.8%，最大值为10.06%。CPI的标准差为2.079988，同比增长率最小值为-8.2%，最大值为8.7%。本书INAV包括工业增加值和服务业增加值在内的42个行业的149个部门，各产业增加值波动大，主要是由2006年2月至2018年10月期间的经济政策不确定性指数波动引起的。经济政策不确定性指数包括国际金融危机、国内经济政策不稳定性和环境卫生突然事件等因素●，指数波动会扰乱生产网络体系和劳动力分工体系，使得产业增加值同比增长率波动加剧。经济政策不确定性指数的波动使得政府当局实施宽松（M2同比增长率变大）或紧缩（M2同比增长率变小）的货币政策熨平经济周期波动，所以M2同比增长率波动幅度较大。PPI的标准差比CPI大，主要是因为政府实施宽松或紧缩货币政策时，市场流动的货币量变化会首先引起上游产业链的大宗商品原材料价格的变化，PPI价格的波动会通过流通领域影响下

● 环境卫生突然事件对产业增加值影响案例。例如，2020年全球新型冠状病毒感染暴发，中国政府为降低居民聚集感染，出台了隔离政策和春节假期延长等政策，导致部分制造业企业因劳动力不足停止经营，2020年2月中国工业增加值的同比增长率历史最低值为-25.87%。

游产业链消费端CPI的变化，CPI指数的异常变动反过来又会影响政府实施货币政策的宽松或紧缩程度。

表3-2　各变量的描述性统计信息

变量	类型	平均值	标准差	最小值	最大值	观测值
INAV	总体	10.864 320	6.416 714	−14.530 000	52.700 000	2601
	组间		3.150 528	4.307 556	17.415 780	17
	组内		5.641 648	−9.724 937	51.963 360	153
M2	总体	15.411 410	4.938 122	8.000 000	29.740 000	2601
	组间		0	15.411 410	15.411 410	17
	组内		4.938 122	8.000 000	29.740 000	153
CPI	总体	2.696 370	2.079 988	−1.800 000	8.700 000	2601
	组间		0	2.696 370	2.696 370	17
	组内		2.079 988	−1.800 000	8.700 000	153
PPI	总体	1.359 259	4.612 640	−8.200 000	10.060 000	2601
	组间		0	1.359 259	1.359 259	17
	组内		4.612 640	−8.200 000	10.060 000	153
EXCR	总体	6.737 447	0.535 242	6.114 300	8.049 300	2601
	组间		0	6.737 447	6.737 447	17
	组内		0.535 242	6.114 300	8.049 300	153
SHIBOR	总体	3.117 710	1.131 704	0.956 000	7.084 400	2601
	组间		0	3.117 710	3.117 710	17
	组内		1.131 704	0.956 000	7.084 400	153

三、空间计量模型的设定

（一）空间计量模型建立

本书借鉴了运用空间计量模型的方法，测度货币政策的间接网络效应。本书生产网络的投入产出行业遵循国民经济行业分类标准《国民经济行业分类

（2017）》，生产网络各个行业之间并不是相互独立的，某个行业的产品是其下游行业的中间成品，也是其上游行业的最终品。因此，忽略生产网络各个行业逐级传导所伴随的行业间相互作用的空间相关性，可能会造成模型的设定存在偏误。为此，本书空间计量模型的设定能够将生产网络投入产出的各行业空间相关性考虑在内，从各产业增加值增长角度揭示货币政策的效果在何种程度上是通过生产网络的传导来实现的，并研究产业间空间溢出效应特征。

空间计量模型有不同的类型，具体分为SEM、SAR、SDM和SAC❶，不同类型所蕴含的经济意义也不同。在本书中，SEM假定了货币政策基于生产网络传导的网络效应是随机冲击的结果，其空间效应主要通过误差项传导；SAR模型则假设作为被解释变量的生产网络中各产业增加值均会通过产业间空间相互作用对其他产业增加值产生影响；SAC模型也称空间自相关模型，包含了SEM和SAR模型，为带空间自回归误差项的SAR模型；SDM不仅同时考虑了因变量的滞后项和随机误差项，还包含了空间交互作用，即一个部门产业增加值不仅受本部门产业的自变量影响，还会受到其他部门产业增加值水平和自变量的影响。因此，本书根据不同空间模型所揭示的不同含义，遵循以上四个模型方式的相互转换和联系的方式，设定了SAR-SEM-SAC-SDM模型路径，建立如式（3-1）、式（3-2）、式（3-3）和式（3-4）所示的拟合效果最优的空间计量模型。其中，式（3-1）、式（3-2）分别为动态的SDM和动态SAC模型，而式（3-3）和式（3-4）是对动态的SDM和SAC模型分别附加一定限制条件相互转换后，得到的动态SAR模型、动态的SEM。

此外，根据传统经济增长理论，宏观调控的货币政策和经济增长之间存在着"路径依赖"的联系，具体是因为经济增长和货币政策往往受到前一期经济增长水平的影响。为此，引入产业增加值的滞后项（$INAV_{i,t-1}$）建立动态空间

---

❶ 空间计量模型的发展初期只有单独的SEM和SAR模型（李婧等，2010）。但是没有同时包含因变量滞后项和误差随机项的空间计量模型，为此，勒萨热和佩斯（2009）提出了SDM和空间交叉模型（空间自相关模型、SAC模型），拓宽了空间计量模型的理论框架和应用范围。

面板数据模型。●

$$\text{INAV}_{it} = a_0 + \delta \times \boldsymbol{W} \times \text{INAV}_{i,t-1} + a_1 \times M_2 + a_2 \times \text{SHIBOR} + a_3 \times \text{PPI} +$$
$$a_4 \times \text{CPI} + a_5 \times \text{EXCR} + \theta_1 \times \boldsymbol{W} \times M_2 + \theta_2 \times \boldsymbol{W} \times \text{SHIBOR} + \quad (3-1)$$
$$\theta_3 \times \boldsymbol{W} \times \text{PPI} + \theta_4 \times \boldsymbol{W} \times \text{CPI} + \theta_5 \times \boldsymbol{W} \times \text{EXCR} + \varepsilon_{it}$$

$$\text{INAV}_{it} = a_0 + \delta \times \boldsymbol{W} \times \text{INAV}_{i,t-1} + a_1 \times M_2 + a_2 \times \text{SHIBOR} + a_3 \times \text{PPI} +$$
$$a_4 \times \text{CPI} + a_5 \times \text{EXCR} + \mu_{it} \quad\quad (3-2)$$
$$\mu_{it} = \lambda \boldsymbol{W} \mu_{it} + \varepsilon_{it}$$

其中，下标 i、t 分别是与投入产出表相对应的各个产业和观测月度；$\boldsymbol{W}$ 是空间权重矩阵；a_0 是截距项；θ_i 是空间交互项系数；δ 是因变量空间滞后项系数；a_i 是回归系数；μ_{it} 和 ε_{it} 是服从独立同分布的干扰项，同时满足 $\mu_{it} \sim \text{idd}(0,\sigma^2)$、$\varepsilon_{it} \sim \text{idd}(0,\sigma^2)$。本模型的核心变量：$\text{INAV}_{it}$ 是与投入产出表相对应的各产业增加值（累计同比增长率），M_2 是反映货币供应量的重要指标，在本书中代表数量型货币政策；SHIBOR 是上海银行间同业拆放利率，在本书中代表价格型货币政策。本模型的控制变量有生产价格指数（PPI）、外汇（EXCR）、宏观经济指标消费者物价指数（CPI）。当本书 SAC 中空间误差项的系数 $\theta_i = 0$ 时，或者，SDM 考察的产业间的技术联系只存在单向空间相关，不存在空间交互作用时，即 $\theta_i = 0 (i = 1, \cdots, 5)$ 时，得出相应的 SAR：

$$\text{INAV}_{it} = a_0 + \delta \times \boldsymbol{W} \times \text{INAV}_{i,t-1} + a_1 \times M_2 + a_2 \times \text{SHIBOR} + a_3 \times \text{PPI} +$$
$$a_4 \times \text{CPI} + a_5 \times \text{EXCR} + \varepsilon_{it} \quad\quad (3-3)$$

当 SAC 中的空间滞后项的系数 $\delta = 0$ 时，或者，本书 SDM 中的各个系数之间满足表达式 $\theta_i = -\delta a_i$ 时，就可以得出相应的 SEM：

$$\text{INAV}_{it} = a_0 + a_1 \times M_2 + a_2 \times \text{SHIBOR} + a_3 \times \text{PPI} + a_4 \times \text{CPI} + a_5 \times \text{EXCR} + \mu_{it}$$
$$\mu_{it} = \lambda \boldsymbol{W} \mu_{it} + \varepsilon_{it} \quad\quad (3-4)$$

● 所谓动态空间面板数据模型，是指通过在静态空间面板数据模型中引入滞后被解释变量以反映动态滞后效应的模型。这种模型的特殊性在于被解释变量的动态滞后项与随机误差组成部分中的个体效应相关，从而造成估计的内生性。

（二）空间权重矩阵

关于空间权重矩阵常规的设定有两种：一种是二进制的邻接矩阵，另一种是基于距离的二进制空间权重矩阵。如果两地区相邻或者两地的距离小于d时，权重矩阵中所对应元素取1，否则取0。简单的二进制邻接矩阵的第i行第j列元素为

$$W_{ij} = \begin{cases} 1 & \text{当区域}i\text{和区域}j\text{相邻接} \\ 0 & \text{其他} \end{cases}$$

基于距离的简单的二进制邻接矩阵的第i行第j列元素为

$$W_{ij} = \begin{cases} 1 & \text{当区域}i\text{和区域}j\text{相的距离小于}d\text{时} \\ 0 & \text{其他} \end{cases}$$

除了使用真实的地理坐标计算地理坐标之外，还包括经济和社会因素的更加准确的权重矩阵设定方法。不同于传统空间计量以空间地理距离和社会因素等作为空间权重矩阵，本书通过投入产出表计算得出行业间贸易额度矩阵，并在此基础上构建生产网络直接消耗矩阵系数表，即直接消耗系数矩阵。

具体地，本书借鉴了奥兹达格利和韦伯（2017）、沃尔夫和纳迪里（1993）在研究产业间的技术溢出效应时，设定空间权重矩阵的方法，即利用投入产出表的信息，将直接消耗矩阵用作不同产业间网络效应的空间权重矩阵。

直接消耗系数是计算完全消耗系数的基础，也体现了列昂惕夫模型中生产结构的基本特征。在经济学意义上，它揭示了各部门产业之间相互依存和相互制约关系的强弱，是国民经济各部门之间的技术经济联系，为构造投入产出模型提供了重要的经济参数。考虑到产业间空间网络联系大都是通过产业间的中间产品投入与消耗来进行的这一基本特征，采用直接消耗系数矩阵刻画产业间生产网络联系的权矩阵不失为一个较好的方法，而间接消耗矩阵和完全消耗系数矩阵都包括直接消耗系数矩阵在内。完全消耗系数是全部直接消耗系数和全部间接消耗系数之和，揭示了部门之间的直接和间接的联系。

本书研究货币政策的生产网络传导效应中的直接效应和网络效应，采用完全

消耗系数矩阵会使实证结果的某些数据重合而导致误差。基于此，本书投入—产出行业矩阵遵循国民经济行业分类标准《国民经济行业分类（2017）》，同时参考生产性服务业、高新技术产业等分类标准，增加了一些与此相关的分类。根据第二章介绍的方法，编制直接消耗系数，通过投入与产出之间的联系——对应，制作成2017年的投入与产出直接消耗系数矩阵。

投入产出表是本书生产网络表编制和构建的基础，分为价值型投入产出表和实物型投入产出表两种。其中，价值型投入产出表以国民经济同类产品的集合为产业进行编制，且用统一的货币价值单位来计量，反映一国国民经济中各部门投入来源与产出去向。从现有研究成果来看，全国生产网络建模所使用的投入产出表为全国价值型投入产出表（input-output table in value of the country），其一般形式见表3-3。

表3-3　价值型投入产出表的一般形式

投入	产出		
	中间产品	最终产品	总产品
物质消耗	X_{ij}	Y	X
新创造价值	N		
总投入	X		

如表3-3所示，左侧第一象限也称基本象限，为反映国民经济各产业技术联系的中间产品，是一个 $n \times n$ 的矩阵。从水平横行看，矩阵中的每一个元素 X_{ij} 表示产业 i 生产的产品 X_i 作为产业 j 生产最终产品 Y 的中间价值投入量。从垂直竖列看，产业 j 生产产品 X_j 过程中需要消耗产业 i 生产产品 X 的价值消耗量。从横行和纵列的中间投入和最终产品生产过程中，新创造价值为 N。在价值型投入产出表中，下游行业总产出也是上游行业的总投入，如果将上游、中游和下游各个部门产业看作一个节点，并以元素 X_{ij} 为矩阵基础，可以构建反映节点间的技术联系矩阵（邻接矩阵）的生产网络。

四、实证估计结果与分析

（一）空间自相关性分析

在确定是否使用空间计量方法时，首先要对解释变量进行空间自相关性检验，检验其是否存在空间依赖性。若不存在，则使用标准的计量经济学方法，否则使用空间计量经济学方法。本书通过 Moran's I 指数来反应全局空间自相关性，对全国投入产出表各个产业的网络空间相关性进行检验的计算公式如下：

$$\text{Moran's I} = \frac{\sum\limits_{i=1}^{n}\sum\limits_{j=1}^{n} \boldsymbol{W}_{ij}\left(Y_i - \bar{Y}\right)\left(Y_j - \bar{Y}\right)}{S^2 \sum\limits_{i=1}^{n}\sum\limits_{j=1}^{n} \boldsymbol{W}_{ij}} \tag{3-5}$$

其中，$S^2 = \dfrac{1}{n}\sum\limits_{i=1}^{n}\left(Y_i - \bar{Y}\right)^2$，$\bar{Y} = \dfrac{1}{n}\sum\limits_{i=1}^{n} Y_i$，$Y_i$ 和 Y_j 分别表示第 i 和 j 产业的观测值，即产业增加值率；n 为产业的总数；$\boldsymbol{W}_{ij}$ 为空间权重矩阵的 (i,j) 元素，即生产网络投入产出矩阵。Moran's I 统计量的取值一般在[-1，1]，小于 0 表示负相关，等于 0 表示不相关，大于 0 表示正相关。越接近 -1 表示单元间的差异越大或分布越不集中；越接近 1 则代表单元间的关系越密切，性质类似越相似（高值集聚或者低值集聚）；越接近 0 则越表示单元间不相关。本书使用标准统计量 Z 来检验 Moran's I 指数的显著性水平，其计算公式为

$$Z(\text{Moran's I}) = \frac{\text{Moran's I} - E(\text{Moran's I})}{\sqrt{\text{VAR}(\text{Moran's I})}} \tag{3-6}$$

$$E(\text{Moran's I}) = -\frac{1}{n-1} \tag{3-7}$$

本书利用 Matlab 软件计算的 Moran's I 如表 3-4 所示，由于本书的月度数据是面板数据，不是截面数据，出于篇幅和统计考虑，本书选择从样本挑选每年第 12 月的数据做检测。表 3-4 报告了 2006—2018 年各行业的产业增加值率的

Moran's I检验结果。表3-4数据结果显示，除个别月份外，Moran's I指数检验结果都有较强的显著性，表明2006—2018年我国投入产出表归纳17个行业具有较强的空间正自相关性，即生产网络各个产业的空间网络联系并非完全随机，而是存在明显的空间集聚性。因此，我国生产网络中的产业间存在技术联系的空间相关性，产业间的空间自相关性分析为本书选择空间计量模型研究货币政策的生产网络效应提供理论支持。

表3-4 我国生产网络中各产业增加值的Moran's I指数检验结果

年份	Moran's I	Z	年份	Moran's I	Z
2006	0.266*** (0.009)	2.602	2013	0.090** (0.016)	1.293
2007	0.161*** (0.006)	1.698	2014	0.134*** (0.000)	1.687
2008	0.124*** (0.003)	1.435	2015	0.162* (0.056)	1.915
2009*	0.365*** (0.001)	3.422	2016	0.346*** (0.002)	3.161
2010	0.132** (0.021)	1.470	2017	0.278*** (0.009)	2.610
2011	0.079*** (0.001)	1.079	2018	0.140* (0.070)	1.811
2012	0.171*** (0.000)	1.817			

注：表内圆括号中的数据为相应估计量的伴随概率P值。本书各表中***、**、*分别表示在1%、5%和10%的水平下显著。

（二）各模型回归的拟合结果及模型的选取

根据以上Moran's I指数的统计结果可知，生产网络中的产业间存在技术联系的空间相关性。为此，本书按照安瑟林等（Anselin et al.，2004）提出的模

型选择方法,选用自然对数值(Log-L)、Wald检验和LR检验,分别对SEM、
SAR、SDM和SAC进行拟合结果分析,并且对是选择随机效应模型还是固定效
应模型❶进行豪斯曼检验,选出其中拟合效果最优的空间计量模型进行实证
分析。

从表3-5和表3-6中可以看出,空间计量模型SAR、SEM、SAC和SDM中,
模型(1)~模型(8)❷中的空间相关系数均显著为正,表明生产网络中某一个
产业增加值会受到生产网络中其他产业增加值通过生产链传导冲击的加权影响。
此外,SDM不能转换成SAR模型或者SEM,因为其中的回归系数不满足原假设
$H_0:\theta_i =- \delta a_i$和$\delta = 0$。因此,本书SDM满足了因变量的滞后项、随机误差项和空
间交互作用的条件,即在生产网络中的部门产业增加值不仅受本部门产业的自
变量影响,还会受到其他部门产业增加值水平和自变量的影响。

此外,SDM相比于其他空间计量模型(SAR、SEM、SAC),增加了$W \times$M2、
$W \times$SHIBOR、$W \times$消费者价格指数、$W \times$生产者价格指数和$W \times$汇率五个空间变
量,具有回归系数显著个数最多的特点。为了进一步提高模型选择的准确性,本
书按照安瑟林等(2004)提出的判断方法,对模型(1)~模型(8)均做了Wald
检验、LR检验和豪斯曼检验。具体地,Wald检验统计量是29.05,对应的P值为
0.000;LR检验统计量是26.39,对应的P值为0.001;Hausman检验统计量是
0.06,对应的P值为0.000。因此,SDM具有最优的拟合效果,且拒绝接受随机效
应的原假设,选择空间计量模型均选用固定效应的SDM。

---

❶ 空间面板SAR、SEM、SAC和SDM的拟合结果比较时,还没确定用固定还是随机,就使用了软件默认
的随机效应,随机效应都是有常数项的。
❷ 模型(1)、模型(3)、模型(5)、模型(7)分别是空间计量模型SAR、SEM、SAC和SDM的核心变
量的空间回归结果;模型(2)、模型(4)、模型(6)、模型(8)分别是空间计量模型SAR、SEM、
SAC和SDM的核心变量和所有控制变量的空间回归结果。

表3-5 空间面板计量回归结果［模型（1）～模型（4）］

变量	SAR		SEM	
	模型（1）	模型（2）	模型（3）	模型（4）
数量型货币政策（M2）	0.391 448 6*** (0.000)	0.422 160 4*** (0.000)	0.499 828 6*** (0.000)	0.416 033 5*** (0.000)
价格型货币政策（SHIBOR）	−0.532 441 5*** (0.000)	−0.569 252 5*** (0.000)	−0.667 066 8*** (0.000)	−0.558 622 7*** (0.000)
消费者价格指数（CPI）	—	0.729 574 8*** (0.000)	—	0.716 396 8*** (0.000)
生产者价格指数（PPI）	—	0.025 493 0 (0.442)	—	0.022 621 0 (0.504)
汇率（EXCR）	—	2.820 082 0*** (0.000)	—	2.774 904 0*** (0.000)
常数项	0.763 285 6 (0.439)	−18.200 600 0*** (0.000)	1.081 604 0 (0.303)	−17.885 600 0*** (0.000)
空间自回归系数（lambda）	—	—	0.431 927 0*** (0.000)	0.435 479 0** (0.041)
扰动项空间自回归系数（rho）	0.353 238 7*** (0.000)	−0.021 802 0*** (0.002)	—	—
R^2	0.1798	0.2275	0.1728	0.2270
Log−L	−5791.88	−5790.86	−5791.59	−5784.67

注："—"表示此项为空。表中圆括号中的数据为相应估计量的伴随概率P值，lambda指的是y的空间自回归系数，rho是扰动项的空间自回归系数。

表3-6 空间面板计量回归结果［模型（5）～模型（8）］

变量	SAC		SDM	
	模型（5）	模型（6）	模型（7）	模型（8）
数量型货币政策（M2）	0.673 695 6*** (0.000)	0.481 220 2*** (0.000)	0.513 683 6*** (0.000)	0.442 616 6*** (0.000)
价格型货币政策（SHIBOR）	−0.862 271 3*** (0.000)	−0.635 470 9*** (0.000)	−0.647 853 2*** (0.000)	−0.485 831 3** (0.027)
消费者价格指数（CPI）	—	0.807 798 7*** (0.000)	—	0.483 259 5*** (0.001)

续表

变量	SAC		SDM	
	模型（5）	模型（6）	模型（7）	模型（8）
生产者价格指数（PPI）	—	0.006 267 2 (0.879)	—	0.238 818 4*** (0.000)
汇率（EXCR）	—	3.185 015 0*** (0.000)	—	2.725 011 0*** (0.000)
W×M2	—	—	0.235 732 0*** (0.000)	0.065 313 7*** (0.001)
W×SHIBOR	—	—	−0.240 667 9 (0.340)	−0.088 862 5 (0.763)
W×消费者价格指数	—	—	—	0.341 121 8 (0.106)
W×生产者价格指数	—	—	—	0.424 020 0*** (0.000)
W×汇率	—	—	—	0.065 132 0 (0.856)
常数项	—	—	0.741 668 9 (0.416)	−17.306 780 0*** (0.000)
空间自回归系数（lambda）	1.018 556 0*** (0.000)	0.303 723 8*** (0.008)	—	—
扰动项空间自回归系数（rho）	1.496 280 0*** (0.000)	0.269 638 0** (0.043)	0.425 840 3*** (0.000)	0.052 669 8** (0.013)
R^2	0.1266	0.2467	0.1218	0.2340
Log-L	−5793.84	−5795.8852	−5776.47	−5775.6852
Wald检验	$z = 29.05$*** (0.000)			
Lratio检验	$z = 26.39$*** (0.001)			
豪斯曼检验	chi2=0.06*** (0.000)			

注：① lambda指的是 y 的空间自回归系数，rho是扰动项的空间自回归系数。

②表中圆括号中的数据为相应估计量的伴随概率 P 值。

（三）固定效应杜宾模型的估计结果

本书运用逐步回归的方式，在模型（1）~模型（5）中选择了模型（5）作为分析基准，见表3-7。具体地，从模型（1）的空间回归结果开始到模型（5），逐步引入核心变量M2、SHIBOR和所有控制变量，对比各模型的空间回归结果可知，各模型回归系数影响方向均未出现变化。因此，不存在多重共线性。

表3-7　SAR估计结果

变量	杜宾模型				
	模型（1）	模型（2）	模型（3）	模型（4）	模型（5）
数量型货币政策（M2）	0.439*** (0.000)	0.503*** (0.000)	0.398*** (0.000)	0.386*** (0.000)	0.443*** (0.000)
价格型货币政策（SHIBOR）		−0.605*** (0.003)	−1.347*** (0.000)	−0.507* (0.042)	−0.455*** (0.004)
汇率（EXCR）			4.517*** (0.000)	3.523*** (0.000)	2.625*** (0.000)
消费者价格指数（CPI）				0.788*** (0.000)	0.483*** (0.001)
生产者价格指数（PPI）					−0.244*** (0.000)
W×货币供应量	0.219*** (0.000)	0.223*** (0.002)	0.654 (0.365)	0.030 (0.682)	0.069*** (0.001)
W×利率		−0.176 (0.541)	−0.450 (0.152)	−0.041 (0.908)	−0.133 (0.708)
W×汇率			2.503*** (0.000)	1.519** (0.025)	0.072** (0.015)
W×消费者价格指数				0.206 (0.228)	0.335 (0.111)
W×生产者价格指数					0.432*** (0.000)

续表

变量	杜宾模型				
	模型（1）	模型（2）	模型（3）	模型（4）	模型（5）
扰动项空间自回归系数（rho）	0.463*** (0.000)	0.432*** (0.000)	0.254*** (0.000)	0.061*** (0.0047)	0.060*** (0.005)
sigma2_e	21.1878*** (0.000)	21.273*** (0.000)	21.213*** (0.000)	21.826*** (0.000)	21.6392*** (0.000)
R^2	0.211	0.221	0.281	0.333	0.319

注：表中圆括号中的数据为相应估计量的伴随概率P值。

从核心变量来看，M2对各产业增加值的影响效应显著为正，SHIBOR对各产业增加值的影响效应显著为负，符合经济学一般均衡理论基础上的IS-LM模型，数量型货币政策与经济增长正相关，价格型货币政策中介变量利率与经济增长负相关。这说明宽松的货币政策对中国经济增长存在显著的直接效应。这主要因为我国近年来，实施稳健的货币政策更加灵活适度、精准导向，综合运用并创新多种货币政策工具，保持流动性合理充裕。加大宏观政策调节力度，同时明确提出要推动综合融资成本明显下降，引导贷款利率继续下行，这些政策举措使得金融服务实体产生了实质效果，与经济增长的产业空间关联性、互动性不断增强。

从各变量的空间网络效应可以看出，空间变量$W×$货币供应量（M_2）对数量型货币政策最终目标——经济增长（各产业增加值）的影响显著为正，所以假设H1成立；空间变量$W×$利率对各产业增加值的影响不显著，所以假设H2不成立，符合我国目前数量型货币政策框架的现实。随着银行体系外存款类工具和金融衍生品的发展，作为中介目标的广义货币供应量（M_2）与货币政策盯住目标（经济增长和物价稳定等）的相关性正在减弱，为了给实体经济提供更好的货币金融环境，价格型调控的必要性和迫切性在上升。自2013年7月20日起，中国人民银行相继放开金融机构贷款利率管制和定期存款的利率浮动上限，进一步增强了利率的价格杠杆功能和机构自主定价能力，为实施价格型货币政策框架创造了有利条件。

此外，网络空间变量 W×汇率对产业增加值的影响显著为正，说明全球经济增长对我国外需的拉动长期以来通过生产网络各产业间生产要素的传导促进经济增长。W×生产者价格指数对产业增加值的影响显著为正，W×消费者价格指数对产业增加值的影响不显著，说明PPI对各产业增加值的影响比CPI更具有空间间接网络效应。这是因为PPI的波动会传导给CPI，这是价格传导规律。PPI波动是国民经济整体价格水平波动的第一个环节，会通过生产网络中的产业链由上游逐级向下游传导扩散至CPI，即从原材料价格到生产资料价格再到生活消费资料价格，最终完成整体价格水平波动的全过程。

从控制变量层面来看，PPI、CPI和EXCR对产业增加值的影响显著为正。PPI是衡量工业企业产品出厂价格在投入产出表各行业中占据多大比重，各行业产品价格与各行业增加值负相关，价格决定产量，产量又决定价格，互为因果；我国近年来的CPI在一个合适的范围内，2020年7月份，全国居民消费价格同比上涨2.7%，相当于温和的通货膨胀。在经济发展过程中，温和的通货膨胀可以刺激经济增长，因为提高物价可以使厂商多得一点利润，以刺激厂商投资的积极性，带动产业链上下游的传导，提高产业增加值；EXCR的波动与经济增长正相关，但美元兑人民币汇率升高时，相当于人民币贬值，会促进出口，反之抑制出口。本章EXCR对产业增加值的影响显著为正，说明出口是我国经济增长的重要引擎。目前，我国以内循环为主、外循环为辅的新格局，要求降低对有形生产要素（土地、资源）的过度依赖，加大对无形生产要素（科技创新）的开发，来优化市场资源配置效率，以内循环促进外循环，调整双循环下占据出口经济比重较大的劳动力、消费和生产结构，鼓励企业从低附加值的生产加工环节转向高附加值的产品设计、研发等环节，培育出口经济的新增长点。

（四）直接效应和网络效应分解结果

本书空间权重矩阵是2017年投入产出直接消耗系数表，是内嵌在动态空间面板模型的静态矩阵，各变量的总效应、直接效应和网络效应分解结果见表3-8和表3-9。

表3-8和表3-9中，本书运用逐步回归的方式，在模型（6）~模型（9）中选择了模型（9）作为分析基准。具体地，从模型（6）的空间回归结果开始到模型（9），逐步引入所有控制变量，对比各模型的核心变量M2、SHIBOR对于产业增加值的影响方向均未发生变化。因此，选择了模型（9）作为分析基准，并重点分析了网络效应。

由模型（9）结果可知，核心变量M2对产业增加值的直接效应和网络效应均显著为正，假设H1成立。此外，M2的网络效应占总效应的27.4%，说明生产网络是数量型货币政策对实体经济的重要传导机制。M2的直接效应占总效应的72.6%，说明目前我国货币政策对实体经济的传导，仍然是以直接冲击为主，间接传导冲击为辅。为了更好理解，本书假设生产网络只有产业y_1、y_2、y_3，其中y_1是上游产业，y_2是中游产业，y_3是下游产业。在某一时间截面内，基于货币政策总量调控的属性，当同一货币量M_2通过生产网络对y_1产生冲击时，货币量M_2会对产业y_1有直接效应冲击，但同时，货币量M_2会通过冲击最接近消费者的下游y_3产业，增加下游y_3产业的产品需求，产业y_3再通过生产网络投入与产出的联系，增加产业y_2部门的中间产品需求，从而导致产业y_2部门增加上游产业y_1的产品需求。扩张性的M2会直接导致最接近消费者企业产品需求的上升，由此导致企业对中间品需求的上升，这一需求冲击会通过生产链逐级向上游产业传导，最终释放货币政策全部直接和间接的影响。此外，货币政策的直接效应对接近消费端的下游行业影响最大，网络效应最小；货币政策的网络效应对离消费端越远的上游行业影响越大。

模型（9）是核心变量价格型货币政策（SHIOBR）的分解结果。由结果可看出价格型货币政策（SHIOBR）对产业增加值的直接效应显著为正，对产业增加值的网络效应传导不显著，因此假设H2不成立。这与表3-7中空间变量 $W\times$ 利率（SHIBOR）对各产业增加值的影响不显著结果想吻合，符合我国目前数量型货币政策框架的现实。实证结果一方面继续佐证了我国目前仍然以数量型货币政策为框架的现实；另一方面，也进一步说明了经过多年的持续推进，价格型货币政策利率市场化改革仍存在利率双轨问题，不利于资本等生产要素在生产网络中的传导，改革进入"攻坚战"阶段。20世纪90年代中期以来，中国人民银行推进利率市场化改革，到2015年已经放开了对存贷款利率的管制，但仍存在存贷款基准利率和市场利率并存的"利率双轨"问题，需要抓住时间窗口，通过深化利率市场化改革来破解利率传导中存在的体制机制障碍，疏通利率传导渠道，推动贷款利率"两轨合一轨"，并以此推动降低贷款利率，激发实体经济活力。

从控制变量的直接效应和网络效应分解结果来看，汇率水平对产业增加值影响的直接效应显著为正，但网络效应不显著，与利率的结论吻合一致。这说明，一方面，汇率虽然不是主要的货币政策中介目标，但依然有价格型货币政策变量的功能属性。另一方面，美元兑人民币汇率跟净出口呈正相关，近年来虽然我国没有放弃出口对本国经济增长的拉动作用，但目前依然对第二产业贡献度高，对第一、第三产业的贡献度低；对东部发达地区贡献高，对中西部欠发达地区贡献低。所以中国出口对劳动、土地、资本、信息等生产要素在生产网络的间接传导效率依然有待提高，我国需要改变从靠低劳动力成本和粗放式资源投入驱动转向靠创新和人力资本驱动出口转型，加强要素的流动性、市场一体化建设、区域分工与合作、城乡统筹发展、制度创新与政策保障等对生产网络各产业间的有效传导至关重要；CPI对产业增加值影响的直接效应显著为正，但网络效应不显著；PPI对产业增加值影响的直接效应和网络效应显著为正。PPI比CPI对产业增加值影响的网络效应更显著，是因为生产环节的PPI包括了原材料、半成品和最终品三个阶段的价格信息。当

PPI上升时，销售商和批发商会把以上三个阶段价格上涨的部分全部转嫁给消费者，最终生产环节的物价波动会传导给零售业。整体物价的波动是PPI基于生产网络从上游产业逐级传导到下游产业。

表3-8 基于SAR的直接效应和网络效应的分解结果［模型（6）~模型（7）］

变量	杜宾模型					
	模型（6）			模型（7）		
	直接效应	网络效应	总体效应	直接效应	网络效应	总体效应
数量型货币政策（M2）	0.504***(0.000)	0.002***(0.009)	0.502***(0.000)	0.407***(0.000)	0.016***(0.000)	0.424***(0.000)
价格型货币政策（SHIBOR）	−0.624***(0.000)	−0.055(0.665)	−0.679***(0.000)	−1.318***(0.000)	−0.051(0.671)	−1.266***(0.000)
汇率（EXCR）				4.231***(0.000)	0.693***(0.005)	3.538***(0.000)

注：表中圆括号中的数据为相应估计量的伴随概率 P 值。

表3-9 基于SAR的直接效应和网络效应的分解结果［模型（8）~模型（9）］

变量	杜宾模型					
	模型（8）			模型（9）		
	直接效应	网络效应	总体效应	直接效应	网络效应	总体效应
数量型货币政策（M2）	0.399***(0.000)	0.023**(0.011)	0.422***(0.000)	0.316***(0.000)	0.119***(0.009)	0.435***(0.000)
价格型货币政策（SHIBOR）	−0.519***(0.004)	−0.039(0.783)	−0.559***(0.000)	−0.484***(0.009)	−0.073(0.596)	−0.557***(0.000)
汇率（EXCR）	2.312***(0.000)	0.568**(0.028)	2.700***(0.000)	2.690***(0.000)	0.077(0.796)	2.767***(0.000)
消费者价格指数（CPI）	0.755***(0.000)	0.069(0.302)	0.685***(0.000)	0.564***(0.000)	0.157(0.168)	0.721***(0.000)
生产者价格指数（PPI）				0.154***(0.003)	0.179***(0.000)	0.024(0.458)

注：表中圆括号中的数据为相应估计量的伴随概率 P 值。

（五）稳健性检验：动态空间面板模型估计的进一步检验

本书以动态空间面板模型形态识别结果为基础，进一步对在模型（11）~模型（14）下的变量影响效应进行稳健性检验估计，具体结果见表3-10。本书运用逐步回归的方式，具体从模型（11）的空间回归结果到模型（14），逐步引入所有控制变量，对比各模型的核心变量M2、SHIBOR和各控制变量对于产业增加值的影响方向均未发生变化，不存在多重共线性。从中可以看出，将静态空间面板模型改造成为动态空间面板模型后，模型总体上较为平稳。

表3-10　动态空间面板模型估计结果

变量	模型				
	（10）	（11）	（12）	（13）	（14）
产业增加值滞后项	0.764 871 6*** (0.000)	0.763 472 6*** (0.000)	0.753 853 5*** (0.000)	0.744 593 2*** (0.000)	0.741 797 7*** (0.000)
数量型货币政策（M2）	0.104 908 3*** (0.000)	0.119 914 9*** (0.000)	0.106 244 1*** (0.001)	0.107 778 0*** (0.001)	0.130 125 8*** (0.000)
价格型货币政策（SHIBOR）		−0.136 148 0*** (0.004)	−0.270 509 5* (0.056)	−0.023 160 0*** (0.005)	−0.005 497 9 (0.973)
汇率（EXCR）			0.809 638 3*** (0.006)	0.522 624 2 (0.189)	0.196 131 3** (0.019)
消费者价格指数（CPI）				0.246 988 7*** (0.001)	0.134 429 3 (0.147)
生产者价格指数（PPI）					0.091 698 6 (0.136)
W×货币供应量	0.058 562 6*** (0.005)	0.072 114 6*** (0.000)	0.047 610 1*** (0.000)	0.041 837 9*** (0.003)	0.078 144 7*** (0.000)
W×利率		−0.132 507 0 (0.484)	−0.213 541 2 (0.301)	−0.052 127 0 (0.820)	−0.085 810 5 (0.708)
W×汇率			0.621 466 1 (0.154)	0.286 545 3 (0.523)	0.291 268 2 (0.563)

续表

变量	模型				
	（10）	（11）	（12）	（13）	（14）
W×消费者价格 指数				0.243 348 1 （0.130）	0.044 919 5 （0.742）
W×生产者价格 指数					0.158 287 7** （0.011）
扰动项空间自 回归系数（rho）	0.146 404 8*** （0.000）	0.145 341 1*** （0.000）	0.126 789 3*** （0.002）	0.119 832 5** （0.029）	0.119 219 8** （0.011）
sigma2_e	9.033 382 0*** （0.000）	9.031 751 0*** （0.000）	9.055 546 0*** （0.000）	9.029 098 0*** （0.000）	9.004 012 0*** （0.000）
R^2	0.7486	0.7501	0.7084	0.7450	0.7348
Log-L	-5802.8695	-5802.1280	-5795.8137	-5788.9955	-5785.5128

注：表中圆括号中的数据为相应估计量的伴随概率 *P* 值。

　　但需要注意的是，在模型（14）中，当引入 PPI 控制后，空间变量 M2 对产业增加值的影响显著为正，SHIOBR 对产业增加值的负相关的影响不显著。这说明价格型货币政策对产业增加值的宏观调控受限于生产者价格指数水平。PPI 太高会影响货币政策的生产网络传导效应，因为生产者价格指数包括了原料、半成品和最终产品三个生产环节的价格信息，当上游企业原材料价格过高时，会压缩中游产业出厂的半成品的利润空间，最终也会影响下游产业出厂的最终产品的利润空间，当所获利润无法支撑企业正常运转时，下游企业会停止营业，产业链的传导就会终止。所以针对目前以数量型货币政策为主的框架，需要逐步过渡为以价格型货币政策为主。通过调控货币数量的数量型货币政策可以解决总量问题，但无法通过实施结构性货币政策解决经济结构问题。若我国解决存贷款基准利率和市场利率并存的"利率双轨"问题，货币政策从数量型向价格型转变，价格型货币政策会灵活根据市场盯住生产者价格指数自发配置调整，利率和 PPI 都会达到一个市场均衡状态，有利于货币政策的生产网络传导效率最大化。

第二节 经济政策不确定性下货币政策的生产网络传导效应检验：基于经济增长

目前，越来越多的宏观经济学文献认为，微观经济冲击可能通过生产网络传播并最终导致总体经济波动。例如，阿西莫格鲁等（2015）研究表明：投入—产出结构和地理网络结构在产业微观层面冲击的作用表明这些网络也可能在宏观冲击（如总需求、货币和金融冲击）的放大方面发挥作用，而这似乎是一个普遍研究不足的领域。

一、理论机制与研究假设的提出

经济政策不确定性对货币政策直接效应和网络效应影响的理论机制：扩张性的货币政策会直接导致最接近消费者企业产品需求的上升，由此导致企业对中间品需求的上升，基于中间产品投入—产出模型，货币政策需求冲击会通过生产链逐级向上游产业传导，最终释放货币政策直接和间接的全部影响。但是在经济政策不确定性情况下，货币政策的需求冲击在通过生产链逐级向上游产业传导过程中，会出现暂时性断裂状况，进而会影响货币政策通过生产网络向实体经济传导的有效性。例如，2020 年春季前后，全球新型冠状病毒感染突发，对中国生产网络短期产生巨大冲击。一方面，政府采取居家隔离和延长春节假期等措施，来避免人口大规模迁移和降低新冠病毒传播，这样导致了城乡劳动力无法自由流动和按时复工。由于我国制造业比重远高于发达国家和其他发展中国家，劳动力延迟复工会使得一些劳动密集型的中小制造业企业因劳动力不足而濒临破产退出市场，进而扰乱了生产网络中的产业链体系和劳动分工体系，甚至出现产业链暂时性断裂问题。另一方面，居民减少外出抑制了其社会消费需求，只保留了生活刚性消费需求，这样使得接近消费端的下游企业部门的产品需求减少，影响了货币政策的需求冲击通过生产链从下游产业逐级向上游产业的传导。

目前国内还没有从生产网络视角研究货币政策的传导机制的文献。在前文，本书已经从理论和实证的角度验证了我国基于投入产出构建的生产网络，是货币政策向实体经济传导的重要机制，并且我国依然以数量型货币政策框架为主体，货币政策需求冲击会通过生产链逐级向上游产业传导，最终释放货币政策直接和间接的全部影响。数量型货币政策的直接效应和网络效应显著为正，价格型货币政策的间接传导效应具有不确定性。但是当经济政策导致生产网络中的生产链某一环节出现短期断裂时，会影响货币政策的直接效应和网络效应吗?因此本节提出以下研究假设。

假设H1：高频经济政策不确定性会弱化数量型货币政策对经济冲击的直接效应和网络效应。

假设H2：高频经济政策不确定性会弱化价格型货币政策对经济冲击的直接效应，网络效应不显著。

经济政策不确定性抑制实体经济增长的直接效应机制：央行实施宽松货币政策的时候，中小商业银行因为宏观环境经济政策不确定性高，会出现惜贷现象。因为经济政策不确定性高，各中小企业可能产生资金链断裂与资产质量恶化现象，会导致大量的债务违约和不良贷款，影响央行货币政策的实施效果，会使生产网络中上游、中游和下游生产所有小微企业都面临较较高的外部融资成本，降低生产网络中各部门企业的生产效率与劳动生产率，从而影响生产链中各部门的实际产出。因此本节提出以下研究假设。

假设H3：经济政策不确定性会抑制实体经济增长，即两者呈负相关。

经济政策不确定性抑制实体经济增长的网络效应机制：经济政策不确定性会直接导致最接近消费端的下游企业中间产品需求在向上游企业逐级传导过程中，出现产业链中的某一环节暂时性断裂状况，进而产生连锁反应，使产业链在由下游向上游传导时逐级都可能出现短暂性断裂现象，降低生产网络中各部门企业的生产效率与劳动生产率，从而影响生产链中各部门的实际产出。

假设H4：生产网络扩大了经济政策不确定性对经济增长的负向冲击，抑制了经济增长。

二、数据来源与指标说明

本书被解释变量为与2017年中国投入—产出表相对应的17个行业增加值，核算公式为：增加值=总产出−中间投入●。由于黑色金属矿采选业、金属制品业、电气机械及器材制造业等产业月度数据都是从2006年2月开始的，数据时间跨度为2006年2月至2018年10月，取月度的面板数据。其中INAV包括工业增加值和服务业增加值在内的42个行业的149个部门。

核心自变量的货币政策分为M2和SHIBOR。因为本书SHIBOR数据是日度数据，为了与其他变量数据频率的统一，本书对利率数据进行了变频处理，计算出银行间同业拆借加权月度利率数据。

另一核心自变量为EPU。EPU是衡量世界各大经济体经济和政策不确定性的加权指数，由史蒂文·戴维斯（Steven Davis）、尼古拉斯·布鲁姆（Nicholas Bloom）和斯科特·贝克（Scott Baker）以新闻指数、税法法条失效指数和经济预测差值指数三个指数的加权之和编制而成，其中欧洲和中国的EPU指数是分别以欧洲和中国各大报社选取关键词的方式，进行统计和标准化得到的新闻指数。三位学者构建的中国的EPU指数在2000年以后出现了几个峰值（见图3-2）。

● 增加值，即附加值，经济主体的作用在产品价值中所占的比重，与经济主体作用于产品中的知识与技术的含量成正比。所谓高附加值产品，就是在生产经营过程中高知识与技术含量的产品。在价格反映价值的正常情况下，产品附加值高低与产品利润高低成正比。

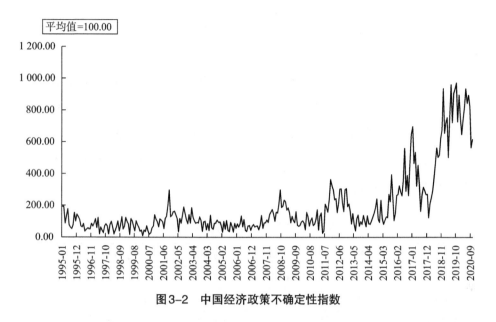

图3-2　中国经济政策不确定性指数

　　第一次是2001年，中国加入世贸组织，全球贸易关系的不确定性对我国经济政策造成一定冲击。第二次是2008—2009年，由美国次贷危机引发的国际金融危机冲击了我国出口规模，导致大批外贸企业破产，为对冲对经济的负面影响，中国实施了宽松的财政政策和货币政策，但政策刺激空间有限，出现了通胀压力和经济稳增长的政策权衡。第三次是2012年前后的波动。出现的原因一方面是党的十八大的召开，由政府领导班子的换届引起的执政风格的变化；另一方面由希腊债务危机引发的欧洲债务危机愈演愈烈，对中国宏观经济政策造成一定的外部冲击。第四次是2015年出现的波动。出现的原因是中国A股市场出现了断崖式暴跌，汇率市场也出现了异常波动，为守住不发生系统性金融风险的底线，强化了对经济政策不确定性的担忧。第五次中国经济政策不确定性波动发生在2018年，贸易摩擦主要发生在中国的制造业出口和技术进口等领域，干扰了国内经济政策。第六次是2020年全球新型冠状病毒感染暴发，全球出现了经济下滑和大规模失业，重创实体行业。为减缓疫情传播和刺激经济的复苏，各国出台了宽松的财政政策和货币政策刺激，各主要经济体间和经济体内部政策之间的宏观政策协调不确定性，提高了经济政策不确定性指数。

在控制变量方面，各行业的价格水平用CPI和PPI衡量。EXCR用美元兑人民币汇率数据衡量，汇率对一国进出口贸易有着直接的调节作用。财政政策（FISPO）用全国公共财政收入累计同比增速来衡量。财政政策是指政府变动税收和支出以便影响总需求进而影响就业和国民收入的政策。本节各变量的描述性统计信息见表3-11。

表3-11　各变量的描述性统计信息

变量	观测值	平均值	标准差	最小值	最大值
INAV	2295	10.864 260	6.416 680	−14.525 000	52.700 000
M2	2295	15.411 410	4.938 122	8.000 000	29.740 000
SHIBOR	2295	3.117 711	1.131 703	0.956 000	7.084 358
EPU	2295	2.290 814	1.298 612	0.645 367	7.209 806
CPI	2295	2.695 867	2.080 037	−1.800 000	8.700 000
PPI	2295	1.359 223	4.612 659	−8.200 000	10.060 000
EXCR	2295	6.737 447	0.535 242	6.114 300	8.049 300
FISPO	2295	15.978 440	11.083 200	−11.400 000	40.208 900

表3-11使用的数据来源于国家统计局数据库和Wind资讯数据库。为了更好地匹配样本数据，本书参考葛兰（Gulen）和伊翁·（Ion）将月度EPU指数以1为基准标准化，为了分析经济政策不确定性是否会影响货币政策的直接效应和网络效应，本书根据EPU的大小将样本分为两组子样本。根据表3-11可知，样本期EPU指数的几何平均数为2.290 814，因此本书将这个值作为经济政策不确定性高低的划分标准，EPU指数小于2.290 814的样本为低经济政策不确定性样本，EPU指数大于2.290 814的样本为高经济政策不确定性样本。从表3-11中可以看出，EPU指数的最大值大约是最小值的11倍，标准差高达1.298 612，说明2006年2月至2018年10月，中国为调控宏观经济运行，经济政策发生了较为

剧烈的调整，这为分析经济政策不确定性是否会影响货币政策的直接效应和网络效应提供了研究背景。

表3-12是所有解释变量的相关系数矩阵，可以看出各个解释变量之间的相关系数很小，互相之间不存在较强的共线性问题。

表3-12　各变量相关系数矩阵表

变量	INAV	M2	SHIBOR	EPU	CPI	PPI	EXCR	FISPO
INAV	1.000 0							
M2	0.333 2	1.000 0						
SHIBOR	−0.059 8	−0.467 7	1.000 0					
EPU	−0.345 0	−0.548 1	0.109 6	1.000 0				
CPI	0.239 2	−0.128 8	0.421 7	−0.163 6	1.000 0			
PPI	0.176 5	−0.188 0	0.216 1	0.115 8	0.649 8	1.000 0		
EXCR	0.317 3	0.369 8	−0.445 9	−0.279 4	0.074 4	0.352 9	1.000 0	
FISPO	0.379 8	0.135 6	0.122 5	−0.335 2	0.785 8	0.736 9	0.464 0	1.000 0

三、空间计量模型的设定

空间计量模型矩阵的设定采取本书第三章第一节的方法。根据上一节介绍可知，空间计量模型一般分为SAC、SAR、SEM、SDM。在SAR中，假设作为被解释变量的生产网络中各产业增加值均会通过产业间空间相互作用对其他产业增加值产生影响，影响程度要考虑两产业部门之间的技术联系。其一般形式为

$$y_{it} = \lambda W y_t + \beta_1 X_{it} + \beta_2 \text{Control}_{it} + u_i + \gamma_i + \varepsilon_{it} \qquad (3-8)$$

其中，y_{it} 为部门 i 在 t 时刻的因变量，本书为INAV，λ 为空间自回归系数；W 为空间权重矩阵，$W y_t$ 体现了生产网络中其他部门产业因变量对本部门产业因变量的影响，X_{it} 为部门 i 在 t 时刻的自变量，本书的核心自变量为M2、SHIBOR

和EPU，Control_{it}为部门i在t时刻的控制变量，本书的控制变量为CPI、PPI、EXCR、FISPO，u_i、γ_i和ε_{it}为个体效应、时间效应和随机扰动项（下同）。研究建立的SAR模型为

$$\text{INAV}_{it} = \lambda \boldsymbol{W}\text{INAV}_t + \beta_1\text{M2}_{it} + \beta_2\text{SHIBOR}_{it} + \beta_3\text{EPU}_{it} + \beta_4\text{CPI}_{it} + \beta_5\text{PPI}_{it} +$$
$$\beta_6\text{EXCR}_{it} + \beta_7\text{FISPO}_{it} + u_i + \gamma_i + \varepsilon_{it} \tag{3-9}$$

SEM认为，空间效应来自其他地区的随机扰动项，一般形式为

$$y_{it} = \beta_1 X_{it} + \beta_2\text{Control}_{it} + u_i + \gamma_i + \varepsilon_{it}$$
$$\varepsilon_{it} = \rho \boldsymbol{M}\varepsilon_t + v_t \tag{3-10}$$

其中，ρ为空间滞后变量的回归系数，$\boldsymbol{M}$为投入产出直接消耗系数矩阵，v_t为扰动项，ε_{it}满足同方差假定，$\boldsymbol{W}\varepsilon_t$体现了其他产业部门随机扰动项对本部门因变量的影响。研究建立的SEM为

$$\text{INAC}_{it} = \beta_1\text{M2}_{it} + \beta_2\text{SHIBOR}_{it} + \beta_3\text{EPU}_{it} + \beta_4\text{CPI}_{it} + \beta_5\text{PPI}_{it} + \beta_6\text{EXCR}_{it} +$$
$$\beta_7\text{FISPO}_{it} + u_i + \gamma_i + \varepsilon_{it} \tag{3-11}$$
$$\varepsilon_{it} = \rho \boldsymbol{W}\varepsilon_t + v_t$$

SAC包含了SEM和SAR，其中SAC为带空间自回归误差项的SAR，一般形式为

$$y_{it} = \lambda \boldsymbol{W}y_t + \beta_1 X_{it} + \beta_2\text{Control}_{it} + u_i + \gamma_i + \varepsilon_{it} \tag{3-12}$$
$$\varepsilon_{it} = \rho \boldsymbol{M}\varepsilon_t + v_t$$

其中，$\boldsymbol{W}$和$\boldsymbol{M}$分别为被解释变量y和扰动项ε_{it}的空间权重矩阵，二者可以相等。SAR和SEM，都是SAC的特殊形式，分别对应于$\rho = 0$与$\lambda = 0$的情形。研究建立的SEM为

$$\text{INAV}_{it} = \lambda \boldsymbol{W}\text{INAV}_t + \beta_1\text{M2}_{it} + \beta_2\text{SHIBOR}_{it} + \beta_3\text{EPU}_{it} + \beta_4\text{CPI}_{it} + \beta_5\text{PPI}_{it} +$$
$$\beta_6\text{EXCR}_{it} + \beta_7\text{FISPO}_{it} + u_i + \gamma_i + \varepsilon_{it} \tag{3-13}$$
$$\varepsilon_{it} = \rho \boldsymbol{M}\varepsilon_t + v_t$$

SDM考虑了其他自变量和因变量对本部门因变量的影响，一般形式为

$$y_{it} = \lambda \boldsymbol{W}y_t + \beta_1 X_{it} + \beta_2\text{Control}_{it} + \boldsymbol{W}X_t\boldsymbol{\delta} + u_i + \gamma_i + \varepsilon_{it} \tag{3-14}$$

其中，$\lambda\boldsymbol{W}y_t$项代表了因变量的空间效应，δ代表相应的系数向量，$\boldsymbol{WX}_t\delta$项体现了自变量的空间效应。本书自变量的空间效应可以分解为直接效应、网络效应与总效应。因此本书建立的SDM为

$$\text{INAV}_{it} = \lambda\boldsymbol{W}\text{INAV}_t + \beta_1\text{M2}_{it} + \beta_2\text{SHIBOR}_{it} + \beta_3\text{EPU}_{it} + \beta_4\text{CPI}_{it} + \beta_5\text{PPI}_{it} +$$
$$\beta_6\text{EXCR}_{it} + \beta_7\text{FISPO}_{it} + \delta_1\boldsymbol{W}\text{M2}_{it} + \delta_2\boldsymbol{W}\text{SHIBOR}_{it} + \delta_3\boldsymbol{W}\text{EPU}_{it} + \delta_4\boldsymbol{W}\text{CPI}_{it} +$$
$$\delta_5\boldsymbol{W}\text{PPI}_{it} + \delta_6\boldsymbol{W}\text{EXCR}_{it} + \delta_7\boldsymbol{W}\text{FISPO}_{it} + u_i + \gamma_i + \varepsilon_{it} \qquad (3\text{-}15)$$

实证部分将对4个相关模型进行检验，并选择最佳的模型研究货币政策对经济增长（产业增加值）影响的间接网络效应。

四、实证估计结果与分析

（一）各模型回归的拟合结果及模型的选取

不同模型的空间效应产生的原因及解释能力不同，因此需要通过检验选取最佳的模型，检验步骤如图3-3所示。

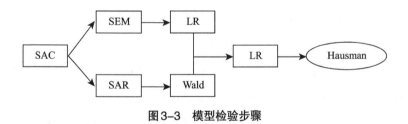

图3-3　模型检验步骤

首先对模型进行似然比检验（LR检验），通过检验自变量空间滞后项及空间效应是否显著来判断是否为SEM。其原假设为

$$H_0{:}\theta = -\beta\rho$$

然后对模型进行Wald检验。Wald检验的原理为通过检验自变量空间滞后项是否为0来判断SDM是否退化为SAR，其原假设为

$$H_0{:}\theta = 0$$

　　SDM还需要通过Hausman检验在随机效应模型与固定效应模型间进行选择，Hausman检验显示，应选取固定效应。3项检验的统计量见表3-13，SAC、SAR、SEM、SDM回归估计结果见表3-14和表3-15，其中模型（1）、模型（3）、模型（5）、模型（7）是核心变量的空间回归估计结果，模型（2）、模型（4）、模型（6）、模型（8）是控制了更多其他变量后的估计结果。

表3-13　各项检验相关统计量

检验名称	Chi²	自由度	P值
LR检验	27.74	7	0.000 2
Wald检验	27.62	7	0.000 3
Hausman检验	1.19	7	0.001 1

　　检验结果显示，SDM不能同等转换成SEM或SAR，同时选取固定效应模型更优，故选取SDM进行实证研究。从表3-14和表3-15的估计结果可以看出，以上4类空间计量模型的空间项系数均显著为正，表明生产网络中某一个行业的产业增加值会受到生产网络中其他行业的产业增加值的加权影响。在模型拟合效果上，SDM较之SAR、SEM和SAC具有回归系数显著个数最多的特点。结合表3-13、表3-14和表3-15，表明SDM具有最优的拟合效果。此外，SDM的回归系数并不能满足模型转化的原假设$H_0{:}\theta=-\beta\rho$和$H_0{:}\theta=0$，表明SDM并不能等价转换为SAR和SEM，也即SDM包含的两种空间网络传导机制对各个行业的产业增加值的作用不可忽略。基于此，本书选择SDM进行回归分析。

表3-14　空间面板计量回归结果［模型（1）~模型（4）］

变量	SAR		SEM	
	模型（1）	模型（2）	模型（3）	模型（4）
数量型货币政策（M2）	0.273 266*** (9.37)	0.328 034*** (10.83)	0.325 673*** (9.60)	0.307 685*** (11.49)
价格型货币政策（SHIBOR）	−0.383 708*** (−3.76)	−0.500 470*** (−4.02)	−0.447 828*** (−3.59)	−0.470 825*** (−4.04)

续表

变量	SAR		SEM	
	模型（1）	模型（2）	模型（3）	模型（4）
经济政策不确定性指数 （EPU）	−0.881 276 (−9.00)	−0.509 648 (−4.57)	−1.050 474 (−9.16)	−0.476 567 (−4.57)
消费者价格指数（CPI）	—	0.218 948** (2.22)	—	0.210 830** (2.26)
生产者价格指数（PPI）	—	0.055 904 (1.36)	—	0.056 057 (1.44)
汇率 （EXCR）	—	1.922 301*** (6.65)	—	1.808 591*** (6.78)
财政政策 （FISPO）	—	0.130 659*** (5.59)	—	0.122 017*** (5.61)
常数项❶	5.672 849*** (5.12)	−9.413 421*** (−4.07)	6.855 430*** (5.70)	−8.880 813*** (−4.07)
空间自回归系数（lambda）	—	—	0.344 834*** (7.09)	−0.086 820*** (3.19)
扰动项空间自回归系数 （rho）	0.264 395*** (5.92)	0.106 194** (1.98)	—	—
sigma2_e	22.5131*** (27.53)	22.8698*** (27.25)	21.6083*** (26.57)	22.7128*** (23.87)
R^2	0.1244	0.2438	0.1538	0.2441
Log−L	−6998.1968	−6832.0604	−6992.6420	−6833.3787

注:"/"表示此项为空。lambda指y的空间自回归系数,rho是扰动项的空间自回归系数。

表3−15 空间面板计量回归结果［模型（5）~模型（8）］

变量	SAC		SDM	
	模型（5）	模型（6）	模型（7）	模型（8）
数量型货币政策（M2）	0.404 885*** (7.98)	0.345 623*** (9.42)	0.359 453*** (7.63)	0.314 725*** (5.46)

❶ 空间面板SAR、SEM和SDM模型的拟合结果比较时,还没确定用固定还是随机,就使用了软件默认的随机效应,随机效应都是有常数项的。

续表

变量	SAC		SDM	
	模型（5）	模型（6）	模型（7）	模型（8）
价格型货币政策 （SHIBOR）	-0.539 902*** （-3.24）	-0.522 881*** （-3.85）	-0.475 177** （-2.55）	-0.473 556** （-2.10）
经济政策不确定性指数 （EPU）	-1.307 218 （-7.67）	-0.541 332* （-4.36）	-0.960 836* （-5.49）	-0.504 285** （-2.33）
消费者价格指数（CPI）	—	0.217 976** （2.05）	—	0.146 110 （0.74）
生产者价格指数（PPI）	—	0.050 892 （1.14）	—	0.181 138** （2.22）
汇率 （EXCR）	—	2.011 162*** （6.24）	—	1.832 501*** （4.84）
财政政策 （FISPO）	—	0.139 075*** （5.25）	—	0.153 379*** （3.25）
$W \times$ M2	—	—	0.162 776** （2.46）	0.009 574** （2.21）
$W \times$ SHIBOR	—	—	-0.182 671 （-0.71）	-0.024 322 （0.08）
$W \times$ EPU	—	—	0.203 227 （0.83）	0.009 173 （0.03）
$W \times$ CPI	—	—	—	0.580 408** （2.07）
$W \times$ PPI	—	—	—	0.380 221*** （3.32）
$W \times$ EXCR	—	—	—	0.073 597 （0.18）
$W \times$ FISPO	—	—	—	0.041 242 （0.61）
常数项	—	—	5.395 357*** （5.04）	-9.183 920*** （-3.98）
空间自回归系数（lambda）	0.706 769*** （5.89）	0.139 345*** （3.08）	—	—

续表

变量	SAC		SDM	
	模型（5）	模型（6）	模型（7）	模型（8）
扰动项空间自回归系数（rho）	0.581 128**	0.208 878**	0.332 702***	0.069 336***
	(2.27)	(1.97)	(6.82)	(2.97)
sigma2_e	22.3040***	22.4297***	21.7369***	22.2754***
	(23.21)	(24.69)	(26.51)	(23.97)
R^2	0.1404	0.2158	0.1475	0.2495
Log-L	−6947.7062	−6788.7831	−6743.9641	−6719.2255

注：①lambda指 y 的空间自回归系数，rho是扰动项的空间自回归系数。

②表中圆括号中的数据为相应统计量 t 值。

（二）SDM的估计结果

本书以EPU的平均值2.290 814为高频EPU和低频EPU的划分标准，当EPU大于该平均值为高频，EPU小于该平均值为低频。然后分别把高频EPU和低频EPU这两个子样本分别代入杜宾模型式（3-15）进行回归，分别比较全样本和两个子样本高频EPU和低频EPU的回归结果中M2、SHIBOR、$W×$M2、$W×$SHIBOR系数的大小和各变量的显著性差异，来判断EPU是否弱化宽松货币政策促进经济增长的直接效应和网络效应。根据表3-16的回归结果，得出如下分析。

第一，从全样本回归的系数估计结果中可以看出，M2供给增长率的系数为0.340 313，且在1%的置信水平下显著，$W×$M2为0.223 852显著为正。在低频EPU样本中，M2供给增长率的系数为0.702 746，且在1%的置信水平下显著，$W×$M2为0.237 220显著为正。在高频EPU样本中，M2供给增长率的系数为0.124 281，且在10%的置信水平下不显著，$W×$M2为0.200 144，在10%置信水平下不显著。根据以上结果，分别比较全样本和两个子样本高频EPU和低频EPU的回归结果中M2、$W×$M2系数的大小和各变量的显著性差异。高频EPU样本中，M2和 $W×$M2的系数分别为0.124 281和0.200 144，绝对值都最小，且不显著。在低频EPU样本中，M2和W×M2的系数分别为0.702 746和0.237 220，绝对值都最大，且都在1%的置信水平下显著。使假设H1得到验证，即高频经济政策不确定性背景下，会弱化数量型货币政策对经济冲击的直接效应和网络效应。

第二，从全样本回归的系数估计结果中可以看出，SHIBOR的系数为−0.302 209且在1%的置信水平下显著，W×SHIBOR的系数为−0.028 478但不显著。在低频EPU样本中，SHIBOR的系数为−0.450 165且在1%的置信水平下显著，W×SHIBOR的系数为−0.424 988但不显著。在高频EPU样本中，SHIBOR的系数为−0.028 179，且在10%的置信水平下不显著，W×SHIBOR的系数为−0.008 260但在10%置信水平不显著。根据以上结果，分别比较全样本和两个子样本高频EPU和低频EPU的回归结果中SHIBOR和W×SHIBOR系数的大小和各变量的显著性差异。高频EPU样本中，SHIBOR和W×SHIBOR的系数分别为−0.028 179和−0.008 260，绝对值都最小，且在10%的置信水平下都不显著。在低频EPU样本中，SHIBOR的系数分别为−0.450 165且在1%的置信水平下显著，绝对值最大，W×SHIBOR的系数为−0.424 988，绝对值最大但不显著。使假设H2得到验证，即高频经济政策不确定性背景下，会弱化价格型货币政策对经济冲击的直接效应，SHIOBR网络效应不显著。

第三，从全样本回归的系数估计结果中可以看出，EPU系数为−0.586 322且在5%的置信水平下显著为负。在低频EPU样本中，EPU系数为−0.013 420且在10%的置信水平下不显著。在高频EPU样本中，EPU系数为−0.066 473且在10%的置信水平下不显著。根据以上结果，分别比较全样本EPU和两个子样本高频EPU和低频EPU的回归结果中EPU系数的大小具有不确定性，但全样本EPU在5%的置信水平下显著为负，使假设H3得到验证，即经济政策不确定性会抑制实体经济增长，即两者呈负相关性。

第四，从全样本回归的系数估计结果中可以看出，W×EPU的系数为−0.143 450且在10%的置信水平下不显著。在低频EPU样本中，W×EPU的系数为−0.490 006

且在10%的置信水平下不显著。在高频EPU样本中，$W\times$EPU的系数为$-0.162\,454$
且在10%的置信水平下不显著。根据以上结果，分别比较全样本和两个子样本
高频EPU和低频EPU的回归结果中$W\times$EPU系数的大小和显著性差异。可知$W\times$
EPU在全样本EPU、高频EPU和低频EPU样本中系数大小具有不确定性且均在
10%的置信水平不显著。使假设H4不成立，即生产网络是否对扩大了经济政策
不确定性对经济增长的负向冲击，具有不确定性。

表3-16　经济政策不确定下货币政策有效性影响表

变量	（1）全样本	（2）低频EPU	（3）高频EPU
数量型货币政策（M2）	0.340 313***	0.702 746***	0.124 281
	(3.33)	(5.05)	(1.46)
价格型货币政策（SHIBOR）	−0.302 209***	−0.450 165***	−0.028 179
	(5.16)	(−4.77)	(−0.10)
经济政策不确定性指数（EPU）	−0.586 322**	−0.013 420	−0.066 473
	(−2.57)	(−0.02)	(−0.18)
消费者价格指数（CPI）	0.197 330	0.793 168*	0.306 439
	(0.97)	(1.89)	(1.33)
生产者价格指数（PPI）	0.207 948**	0.431 242***	0.652 853***
	(2.45)	(2.66)	(4.59)
汇率（EXCR）	1.344 296**	5.381 579**	2.723 059***
	(2.31)	(2.21)	(3.71)
财政政策（FISPO）	0.161 748***	0.007 618	−0.024 058
	(3.40)	(0.07)	(−0.37)
$W\times$M2	0.223 852***	0.237 220***	0.200 144
	(3.08)	(3.65)	(1.11)
$W\times$SHIBOR	−0.028 478	−0.424 988	−0.008 260
	(−0.33)	(−1.02)	(−0.01)
$W\times$EPU	−0.143 450	-0.490 006	−0.162 454
	(−0.44)	(−0.43)	(−0.31)
$W\times$CPI	0.662 119**	0.018 712**	0.831 935**
	(2.29)	(2.03)	(2.53)

续表

变量	(1) 全样本	(2) 低频EPU	(3) 高频EPU
W×PPI	0.423 235***	0.459 928**	0.819 081***
	(3.50)	(2.00)	(4.06)
W×EXCR	0.853 517	3.425 605	−0.033 972
	(1.01)	(0.99)	(−0.03)
W×FISPO	0.055 241	0.025 642	0.103 201
	(0.81)	(0.18)	(1.11)
扰动项空间自回归系数（rho）	0.065 352**	0.016 644*	0.183 439**
	(2.01)	(1.76)	(1.99)
sigma2_e	22.0642***	19.0888***	20.5312***
	(24.04)	(15.48)	(17.92)
R^2	0.1668	0.1647	0.1994
Log−L	−6775.7425	−5786.7304	−5786.7304

（三）直接效应和网络效应分解结果

本书空间权重矩阵是2017年投入产出直接消耗系数表，是内嵌在动态空间面板模型的静态矩阵，通过SDM分析，上一节中证明了货币政策冲击对各产业增加值的影响有直接效应和网络效应[1]。但EPU会弱化宽松货币政策促进经济增长的直接效应和网络效应。表3-17是EPU对货币政策直接效应和网络效应影响表。

表3-17　EPU对货币政策直接效应和网络效应影响

变量		(1) 全样本	(2) 低频EPU	(3) 高频EPU
直接效应	数量型货币政策（M2）	0.305 313***	0.656 346***	0.160 751***
		(6.95)	(6.23)	(2.90)
	价格型货币政策（SHIBOR）	−0.381 721***	−0.438 194***	−0.053 691
		(−4.11)	(−3.05)	(−0.26)

---

[1] 本书的网络效应具体指的是货币政策基于生产网络传导渠道的间接网络效应。

续表

变量		（1）全样本	（2）低频EPU	（3）高频EPU
直接效应	经济政策不确定性指数（EPU）	-0.530 347*** （-3.31）	-0.054 935 （-0.10）	-0.001 647 （-0.01）
	消费者价格指数（CPI）	0.059 671 （0.41）	0.131 117 （0.81）	0.784 061*** （3.64）
	生产者价格指数（PPI）	0.116 600* （1.75）	0.467 275*** （4.80）	0.335 746*** （3.76）
	汇率（EXCR）	1.512 006*** （3.59）	2.643 478*** （4.97）	4.688 623*** （4.65）
	财政政策（FISPO）	0.149 400*** （4.45）	0.002 664 （0.06）	0.014 748 （0.20）
网络效应	数量型货币政策（M2）	0.061 507*** （4.38）	0.100 110*** （3.18）	0.001 884 （0.05）
	价格型货币政策（SHIBOR）	-0.092 510 （-0.64）	-0.163 184 （-1.00）	-0.026 823 （-0.08）
	经济政策不确定性指数（EPU）	-0.060 478 （-0.46）	-0.196 131 （-0.44）	-0.043 872 （-0.20）
	消费者价格指数（CPI）	0.259 685** （2.22）	0.313 552** （2.42）	0.020 894 （0.09）
	生产者价格指数（PPI）	0.191 563*** （2.97）	0.334 376*** （4.27）	0.168 524 （0.51）
	汇率（EXCR）	0.285 126 （0.88）	1.467 615 （1.04）	0.210 930 （0.52）
	财政政策（FISPO）	0.025 943 （0.95）	0.038 629 （1.07）	0.010 135 （0.17）
总效应	数量型货币政策（M2）	0.366 820*** （12.25）	0.756 455*** （7.38）	0.162 635** （2.04）
	价格型货币政策（SHIBOR）	-0.474 231*** （-4.30）	-0.601 378* （-1.81）	-0.080 514* （-1.77）

	变量	（1）全样本	（2）低频EPU	（3）高频EPU
总效应	经济政策不确定性指数 （EPU）	-0.590 825*** （-4.73）	-0.251 066 （-0.76）	-0.045 519 （-0.25）
	消费者价格指数 （CPI）	0.319 356** （2.25）	0.444 668* （1.93）	0.804 955*** （4.15）
	生产者价格指数 （PPI）	0.308 162 （1.33）	0.801 650** （2.15）	0.504 270* （1.91）
	汇率 （EXCR）	1.797 132*** （6.89）	4.111 093*** （7.92）	4.899 553*** （2.91）
	财政政策 （FISPO）	0.175 343*** （5.93）	0.041 293 （1.32）	0.024 884 （0.56）

注：rho是扰动项的空间自回归系数。

从全样本回归的系数估计结果中可以看出，M2直接效应系数为0.305 313，且在1%的置信水平下显著；网络效应系数为0.061 507，且在1%的置信水平下显著。在低频EPU样本中，M2直接效应系数为0.656 346，且在1%的置信水平下显著；网络效应系数为0.100 110，且在1%的置信水平下显著。在高频EPU样本中，M2直接效应系数为0.160 751，在1%的置信水平下显著；但网络效应系数为0.001 884，在10%的置信水平下不显著。通过对比M2的直接效应和网络效应的系数大小和显著性变化可知：高频EPU样本中，M2的直接效应和网络效应的系数分别为0.160 751和0.001 884，绝对值都最小，且显著减弱。在低频EPU样本中，M2的直接效应和网络效应的系数分别为0.656 346和0.100 110，绝对值都最大，且在1%的置信水平下都显著为正。再一次验证了假设H1成立。

从全样本回归的系数估计结果中可以看出，SHIBOR直接效应系数为-0.381 721，且在1%的置信水平下显著；网络效应系数为-0.092 510，且在10%的置信水平下不显著。在低频EPU样本中，SHIBOR直接效应为-0.438 194，且在1%的置信水平下显著；网络效应系数为-0.163 184，且在10%的置信水平下不显著。在高频EPU样本中，SHIBOR直接效应为-0.053 691，网络效应系数为-0.026 823，且在10%的置信水平下都不显著。通过对比可知：高频EPU样本中，SHIBOR的直接效应和网络效应的系数分别为-0.053 691和-0.026 823，绝对值都最小，且都不显著。在低频EPU样本中，SHIBOR的直接效应和网络效应的系数分别为-0.438 194和-0.163 184，绝对值最大，且直接效应显著，网络效应不显著。再一次验证了假设H2成立。

从全样本回归的系数估计结果中可以看出，EPU直接效应系数为-0.530 347，在1%的置信水平下显著；网络效应系数为-0.060 478，且在10%的置信水平下不显著；总效应系数为-0.590 825，在1%的置信水平下显著，再一次验证了假设H3成立。在低频EPU样本中，EPU直接效应为-0.054 935，网络效应系数为-0.196 134，且都在10%的置信水平下不显著。在高频EPU样本中，EPU直接效应为-0.001 647，网络效应系数为-0.043 872，且都在10%的置信水平下不显著。通过对比可知：EPU的直接效应和网络效应在高频EPU和低频EPU样本中系数大小具有不确定性，且均在10%的置信水平不显著。再一次验证了假设H4不成立。

总体而言，结合表3-17和图3-4❶可知，高频EPU会弱化M2对经济冲击的直接效应和网络效应；高频EPU会弱化SHIBOR对经济冲击的直接效应；EPU会抑制实体经济增长，即两者呈负相关性。说明短期内生产网络中产业链暂时性的断裂，会在强有力的宏观金融调控下重新衔接，EPU通过生产网络传导效应对经济增长抑制的网络效应影响有限，经济增长具有较强的经济韧性，生产网络疏通也是解释经济韧性强弱的重要原因，宏观调控政策基于生产网络能更强有力地防范经济大起大伏。

---

❶ 图3-4数据时间是1995年12月—2020年10月，右轴纵坐标是货币政策，用M2同比增长率的月度数据衡量。右轴纵坐标的工业增加值用当月同比增长率数据衡量，分别验证在左轴纵坐标的高频和低频经济政策不确定性指数下，货币政策对经济增长的有效性影响。

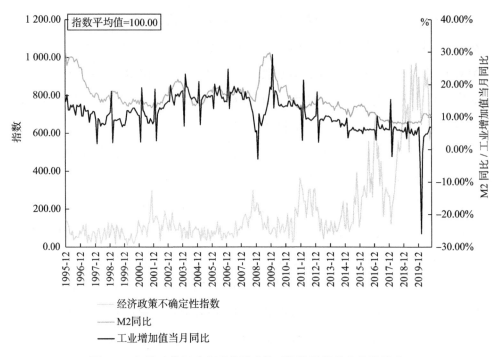

图3-4 经济政策不确定下货币政策对经济增长的有效性影响

图3-4数据来源显示❶，因为美国次贷危机的外部风险传导至国内，工业增加值当月同比数据从2008年9月的11.40%跌到2009年1月的-2.93%，减弱了宽松货币政策的有效性，但在2010年1月迅速反弹至29.2%；此外，因为新型冠状病毒感染，工业增加值当月同比数据从2019年12月的6.90%跌到2020年2月的-25.87%，减弱了宽松货币政策的有效性，但在2020年3月，工业增加值迅速反弹至-1.10%，展现了中国经济增长强有力的韧性。说明短期内我国生产网络有较强的传导韧性，在高频经济政策不确定性指数下，宽松货币政策基于重新衔接的生产网络传导效应，支持我国较强的经济韧性。

---

❶图3-4数据来源于wind数据库。

（四）稳健性检验：动态空间面板模型估计的进一步检验

根据传统经济增长理论，宏观调控的货币政策和经济增长之间存在着"路径依赖"的联系[1]。为此，引入产业增加值的滞后项（$INAV_{i,t-1}$），并在第一节模型基础的核心变量 $M2_{it}$ 和 $SHIBOR_{it}$ 上增加核心变量经济政策不确定性变量 EPU_{it}，建立动态空间杜宾模型[2]如下：

$$INAV_{it} = \lambda \boldsymbol{W}INAV_{i,t-1} + \beta_1 M2_{it} + \beta_2 SHIBOR_{it} + \beta_3 EPU_{it} + \beta_4 CPI_{it} + \beta_5 PPI_{it} +$$

$$\beta_6 EXCR_{it} + \beta_7 FISPO_{it} + \delta_1 \boldsymbol{W}M2_{it} + \delta_2 \boldsymbol{W}SHIBOR_{it} + \delta_3 \boldsymbol{W}EPU_{it} + \delta_4 \boldsymbol{W}CPI_{it} +$$

$$\delta_5 \boldsymbol{W}PPI_{it} + \delta_6 \boldsymbol{W}EXCR_{it} + \delta_7 \boldsymbol{W}FISPO_{it} + u_i + \gamma_i + \varepsilon_{it} \qquad (3\text{-}16)$$

其中，式（3-16）是在式（3-15）的空间项的被解释变量基础上增加了动态滞后因素成为产业增加值滞后项（$INAV_{i,t-1}$）。

本书以动态空间面板模型识别为基础，运用极大似然法和逐步回归的方式，以核心变量 M2、SHIBOR 和 EPU 为基准，逐步引入控制变量，并对模型中各变量的影响效应进行估计，估计结果见表3-18。具体的，模型（14）为基准模型估计结果，模型（15）、模型（16）、模型（17）和模型（18）为逐步引入控制变量后的估计结果。在模型（14）的基础上逐步引入全部控制变量后对比各模型中的变量可知，各模型变量的影响方向并未出现变化，因此，不存在多重共线性。其中控制变量 CPI、PPI、EXCR 和 FISPO 的直接效应和网络效应皆显著为正。综合而言，样本区间内，CPI、PPI、EXCR 和 FISPO 对经济增长的影响效应显著。PPI 和 CPI 与经济增长波动有紧密的内在联系，是经济活动的"晴雨表"之一。

从中可以看出，将静态空间面板模型改造成为动态空间面板模型后，模型总体上较为平稳，模型可信度、科学性及解释能力较好。

---

[1] 宏观货币政策与经济增长往往受到前一期经济增长水平的影响，所以存在"路径依赖"的联系。

[2] 所谓动态空间面板数据模型，是指通过在静态空间面板数据模型中引入滞后被解释变量以反映动态滞后效应的模型。

表3-18　动态空间面板模型估计结果

变量	杜宾模型				
	模型（14）	模型（15）	模型（16）	模型（17）	模型（18）
$INAV_{i,t-1}$	0.761 150***	0.747 960***	0.740 270***	0.740 400***	0.739 770***
	(5.36)	(5.41)	(4.51)	(4.92)	(4.48)
数量型货币政策（M2）	0.099 170***	0.111 730***	0.116 740***	0.114 390***	0.105 540***
	(3.69)	(3.02)	(3.17)	(3.06)	(3.79)
价格型货币政策（SHIBOR）	0.108 600***	0.097 000***	0.041 100***	0.018 100***	0.003 300***
	(−4.80)	(−3.67)	(−4.28)	(−3.11)	(−3.02)
经济政策不确定性指数（EPU）	−0.130 400	−0.030 700	−0.137 300	−0.126 400	−0.052 300*
	(−1.04)	(−0.24)	(−1.04)	(−0.92)	(−1.66)
消费者价格指数（CPI）	—	0.281 960	0.100 432*	0.101 865	0.030 100**
		(0.84)	(1.73)	(1.03)	(2.23)
生产者价格指数（PPI）	—	—	0.114 250***	0.107 477**	0.066 803**
			(2.83)	(2.28)	(2.23)
汇率（EXCR）	—	—	—	0.113 152**	−0.077 330**
				(2.32)	(−2.21)
财政政策（FISPO）	—	—	—	—	0.046 691**
					(2.53)
$W \times M2$	0.051 844	0.059 328	0.068 122	0.059 396	0.048 727
	(0.96)	(1.08)	(1.24)	(1.07)	(0.87)
$W \times SHIBOR$	−0.104 836	−0.114 473	−0.038 306	−0.113 972	−0.121 703
	(−0.54)	(−0.56)	(−0.19)	(−0.49)	(−0.52)
$W \times EPU$	−0.107 004	−0.012 509	−0.134 206	−0.145 990	−0.116 471
	(−0.59)	(−0.07)	(−0.70)	(−0.74)	(−0.56)
$W \times CPI$		0.286 078	0.043 240	0.005 955	0.039 610
		(1.61)	(0.31)	(0.04)	(0.21)
$W \times PPI$	—	—	0.155 100***	0.176 700***	0.168 410**
			(3.69)	(3.65)	(2.18)
$W \times EXCR$	—	—	—	0.390 967	0.488 747
				(0.76)	(0.90)
$W \times FISPO$	—	—	—	—	0.009 998
					(0.23)

续表

变量	杜宾模型				
	模型（14）	模型（15）	模型（16）	模型（17）	模型（18）
扰动项空间自回归系数（rho）	0.141 190***(3.86)	0.138 400***(3.23)	0.152 770***(3.46)	0.119 340***(3.50)	0.096 440***(2.94)
sigma2_e	9.0402***(29.89)	8.9796***(28.66)	8.8882***(28.36)	8.9991***(27.77)	9.0564***(27.48)
R^2	0.7489	0.7509	0.7493	0.7087	0.7014
Log-L	−5801.1144	−5792.0246	−5787.5817	−5784.9569	−5780.8210

注：表中圆括号中的数据为相应统计量 t 值。

第三节　本章小结

本章理论分析认为：①生产网络是货币政策向实体经济传导的重要机制，是解释货币政策促进经济增长重要原因。扩张性的货币政策可能会直接导致最接近消费者企业产品需求的上升，基于投入产出生产网络传导效应，当最靠近消费端口的下游企业面临消费者对其产品的需求增加时，该下游企业部门必然会增加对中间产品的购买，这样导致上游部门企业增加中间投入品的生产，以满足该下游部门企业对中间投入品需求的增加，以此类推，货币政策需求冲击的生产链从下游企业逐级向上游企业传导。②经济政策不确定性会弱化货币政策通过生产网络向实体经济传导的有效性。在经济政策不确定性下（新型冠状病毒感染），投入产出生产网络中某些企业部门将面临劳动力不足问题（隔离推迟复工等），会扰乱生产网络中的产业链体系和劳动分工体系，生产网络中的某些产业链会出现暂时性断裂。货币政策的需求冲击在通过生产链逐级向上游产业传导过程中，会出现暂时性断裂状况，进而会影响货币政策通过生产网络向实体经济传导的有效性。

本书的实证研究验证了本书理论分析得到的观点和提出的理论假设。基于生产网络中各产业增加值月度面板数据建立空间计量模型，并采用直接效应和网络效应分解技术，从各个产业增加值的微观数据结构的角度揭示货币政策的效果在何种程度上是通过生产网络的传导来实现的，并研究产业间空间溢出效应特征，研究发现如下。

第一，基于投入产出矩阵表联系的生产网络是货币政策向实体经济的重要传导机制，其中 M2 对产业增加值的影响显著为正，SHIBOR 对产业增加值的影响显著为负，整体而言，货币政策向实体经济传导机制是有效的。货币政策需求冲击会通过生产链从消费端的下游部门逐级向上游部门传导，最终释放了货币政策直接和间接的全部影响。

第二，M2 对各产业增加值的直接效应和网络效应均显著为正，SHIBOR 对各产业增加值的直接效应显著为负，但网络效应不显著。此外，货币政策的网络效应有 27.3% 左右来自生产网络的放大效应，M2 的直接效应占总效应的 72.7%，说明我国货币政策通过生产网络向实体经济传导的网络效应是显著为正的，并且货币政策的中介变量仍然是数量型为主，符合我国目前 M2 框架的现实。

第三，EPU 会抑制实体经济增长，即两者呈负相关性；高频 EPU 会弱化 M2 对经济冲击的直接效应和网络效应，会弱化 SHIBOR 对经济冲击的直接效应；生产网络是否扩大了 EPU 对经济增长的负向冲击影响具有不确定性，即 EPU 对抑制经济增长的网络效应具有不确定性。

第四章　货币政策的生产网络传导效应：基于物价稳定目标

物价稳定是中央银行货币政策的首要目标，而物价稳定的实质是币值的稳定。物价稳定是一个相对概念，就是要控制通货膨胀，使一般物价水平在短期内不发生急剧的波动。上一章，我们验证了生产网络是货币政策向实体经济传导的重要渠道，经济增长和物价稳定都是货币政策的目标之一，本章将在上一章节的基础上继续探索，研究生产网络是否是货币政策向各行业价格传导的机制，即生产网络是否会扩大货币政策对价格的影响。

第一节　货币政策的生产网络传导效应检验：基于物价稳定

前文我们证明了投入—产出矩阵表联系的生产网络是货币政策向实体经济传导的重要机制。基于生产网络渠道的货币政策传导机制，仍然以 M2 为主，M2 冲击对各产业增加值的影响，有 27.3% 左右来自生产网络的放大效应。经济增长和物价稳定都是货币政策的盯住目标之一，目前国内外文献都主要研究货币政策对通货膨胀的直接效应，通货膨胀主要的物价指标是 CPI，但是很少探索生产网络是否会扩大货币政策对产业物价的影响。通货膨胀和一般物价上涨的本质区别：一般物价上涨是指某个、某些商品因为供求失衡造成物价暂时、局部、可逆的上涨，不会造成货币贬值；通货膨胀则是能够造成一国货币贬值的该国国内主要商品的物价持续、普遍、不可逆的上涨。若一国基础货币发行的增长率高于本国有效经济总量的增长率，将直接导致该国流通的货币量大于其有效经济总量，从而出现通货膨胀的现象。本书通过用工业行业分的PPI和按消费行业分的CPI的同比增长率数据组成生产网络各行业价格指数。基于空间计量分解技术，研究货币政策对物价的直接效应（通货膨胀）和货币政策的网络效应（一般的物价上涨）有多大程度上是来自生产网络的扩大效应的。

一、理论机制与研究假设的提出

国内学术界较多关注货币政策对物价稳定的直接效应，物价稳定主要以通货膨胀来衡量，直接效应对物价的影响一般是持续、普遍、不可逆的变化。但少有文献关注货币政策对物价影响的网络效应，网络效应对物价的影响可能是暂时、局部、可逆的变化。各个国家生产网络中跨部门的产业联动会推动该国的通货膨胀（Auer et al., 2019），因此本书探究生产网络传导效应是否是货币政策冲击向物价传导的机制之一。

货币政策对物价影响的直接效应理论机制。一方面，货币量公式：$MV = PT$。其中 M 是货币的总量，V 是货币的流通速度，P 是物价水平也就是通货膨胀的量度，T 该经济体内的总产出。当该方程式左边货币总量增加并且货币的流通速度因此上升时，右边的两个参数相乘的积会增加。如果 P 增长的百分比比 T 更多，物价水平就比产出上升得快，从而产生通货膨胀。另一方面，最接近消费端的下游企业产品需求的上升，导致该下游企业增加中间产品的投入和购买。但因货币政策的外部滞后性，其上游企业短期内无法为该下游企业提供中间产品，从而需求和供给短暂失衡，导致行业物价的暂时、局部变动。

货币政策对物价影响的网络传导理论机制：在供给侧冲击下，物价传导机制是从上游逐级向下游传导的（Huneeus，2018）。因此本书借鉴以上机制，认为货币政策需求冲击下，物价是从下游逐级传导到上游的，即当扩张性的货币政策需求冲击时，会直接导致最接近消费端的下游 j 产品需求的上升，从而 j 产品的价格会上升，这种价格上涨会让作为 j 产品中间投入的所有行业产生正需求的冲击影响，因此对 j 的上游行业创造一个直接的影响，进而 j 上游的所有中间投入产品价格都会上升。这种初始直接效应冲击会通过生产网络的进一步传导，从下游逐级传导到上游，对上游行业的中间投入产品价格都产生网络间接的正向影响，以此类推，但价格波动会随着生产链逐级向上游价格传导。基于货币政策分为 M2 和 SHIBOR，因此本节提出以下研究假设：

假设 H1：M2 冲击对各行业价格水平（INPL）的影响有直接效应和网络效应。

假设 H2：SHIBOR 可以通过生产网络扩大对 INPL 的影响，即 SHIBOR 有直接效应和网络效应。

二、数据来源与指标说明

生产网络中的产业链上下游商品通常成本互相制约，价格环环相扣，这使得某一产业链中某一商品价格变动时，会同时带动某一个产业链的价格趋势，从而带动整个生产网络中各产业链的价格趋势。因此，分析 INPL 需要着眼于整个生产网络中各个产业链的各个环节，不能简单地分割上游工业品原材料的 PPI 与下游民生消费端的 CPI 之间的内在联系。

本书被解释变量为 INPL，用工业行业分的 PPI 和按消费行业分的 CPI 的同比增长率数据组成，为月度的面板数据。时间跨度为 2006 年 2 月至 2018 年 10

月。各个行业都与2017年中国投入产出表系数矩阵中的各个行业相对应❶。其中煤炭开采、石油和天燃气开采、黑色金属开采和有色金属开采用加权平均法，归纳成采掘业。

本书作为解释变量的货币政策工具分为M2和SHIBOR。因为本书SHIBOR数据是日度数据，为了与其他变量数据频率统一，本书变频处理了利率数据，计算出银行间同业拆借加权年月度利率数据。

在控制变量方面，EXCR用美元兑人民币汇率来衡量；FISPO用全国公共财政收入累计同比增速的年度数据来衡量。财政政策是指政府变动税收和支出以便影响总需求进而影响就业和国民收入的政策。投资水平（IVELE）用社会零售累计同比增速的年度数据来衡量。INAV用各产业增加值同比增速来衡量，指在一定时期内单位产值的增加值，时间跨度为2006年2月至2018年10月，为月度的面板数据。其中INAV包括工业增加值和服务业增加值在内的42个行业的149个部门。

本节所有使用的数据来源于历年的中国统计年鉴、国家统计局数据库、CE-IC中国经济数据库、Wind经济数据库。各变量的描述性统计信息见表4-1❷。

表4-1　各变量的描述性统计信息

变量	观测值	平均值	标准差	最小值	最大值
各行业价格水平（INPL）	2295	1.758 1	5.132 2	−21.3	31.2
数量型货币政策（M2）	2295	15.411 4	4.938 1	8.0	29.7

---

❶ 为了便于统计和实证分析，故将投入产出矩阵表的42个行业中149个部门，加权计算归纳为17个大行业。

❷ 本章第一节中表4-1的各变量描述性统计与本章第二节的一样。因此，本章第二节省略了数据来源与指标说明。

续表

变量	观测值	平均值	标准差	最小值	最大值
价格型货币政策 （SHIBOR）	2295	3.117 7	1.131 7	1.0	7.1
汇率 （EXCR）	2295	6.737 4	0.535 2	6.1	8.0
财政水平 （FISPO）	2295	15.978 4	11.083 2	−11.4	40.2
投资水平 （IVELE）	2295	20.109 6	8.158 5	5.3	33.6
产业增加值 （INAV）	2295	10.864 3	6.416 7	−14.5	52.7

表4-2是所有解释变量的相关系数矩阵，可以看出，各个解释变量之间的相关系数很小，互相之间不存在较强的共线性问题。

根据表4-1和表4-2的各变量描述性统计和相关系数矩阵可知，INPL同比增长最小值为−21.3，最大值为31.2，标准差达5.132 2，说明INPL波动剧烈，不仅仅有同质性通胀，异质性、结构性通胀的价格波动也可能存在。此外，在经济政策不确定性下，物价波动剧烈的原因来源于国外发达经济体实施宽松货币政策或宽松财政政策给中国造成的输入型通胀的压力。外国政府实施宽松政策，一方面，会导致国外发达经济体上游原材料的价格上涨，中国是世界上制造业大国，国外原材料价格上升会增加中国制造业的成本；另一方面，由于中国央行常年来实施稳健常规货币政策，面对国外央行大幅度宽松政策，会造成本币升值和外币贬值压力，国外热钱会逐步涌入中国大宗商品市场，造成中国原材料价格上涨，以上两方面的原因都会给中国造成输入型通胀的压力。此外，M2最大值29.7，最小值8.0，标准差4.938 1，SHIBOR最大值7.1，最小值1.0，标准差1.131 7，说明我国目前以M2为主，以SHIBOR为辅。总体而言2006年2月至2018年10月，货币政策的总效应除了有总体通货膨胀的原因，其网络效应可能也是物价结构性波动的原因之一。为了验证货币政策的直接效应和网络效应，本书采用空间计量分解技术的实证研究去证实。

表4-2　各变量相关系数矩阵表

变量	INPL	M2	SHIBOR	EXCR	FISPO	IVELE	INAV
INPL	1.000 0	—	—	—	—	—	—
M2	0.118 5	1.000 0	—	—	—	—	—
SHIBOR	−0.157 6	−0.467 7	1.000 0	—	—	—	—
EXCR	0.178 8	0.369 8	−0.445 9	1.000 0	—	—	—
FISPO	0.428 0	0.135 6	0.122 5	0.464 0	1.000 0	—	—
IVELE	0.038 8	0.843 4	−0.215 5	0.447 7	0.446 5	1.000 0	—
INAV	0.081 5	0.333 2	−0.059 8	0.317 3	0.379 8	0.458 4	1.000 0

三、空间计量模型的设定

空间计量模型一般分为 SAC、SAR、SEM、SDM。在 SAR 中，假设作为被解释变量的生产网络中 INPL 均会通过产业间空间相互作用对其他行业价格水平产生影响，影响程度要考虑两行业部门之间的技术联系。其一般形式为

$$y_{it} = \lambda W y_t + \beta_1 X_{it} + \beta_2 \text{Control}_{it} + u_i + \gamma_i + \varepsilon_{it} \tag{4-1}$$

其中，W 为空间权重矩阵，y_{it} 为部门 i 在 t 时刻的因变量，本书为 INPL，Wy_t 体现了其他部门因变量对本地区因变量的影响，X_{it} 代表部门 i 在 t 时刻的自变量，本书的自变量为 M2 和 SHIBOR，Control_{it} 代表部门 i 在 t 时刻的控制变量，本书的控制变量为 EXCR、FISPO、IVELE、INAV，u_i、γ_i 为个体效应和时间效应（下同）。本书建立的 SAR 为

$$\text{INPL}_{it} = \lambda W \text{INPL}_t + \beta_1 \text{M2}_{it} + \beta_2 \text{SHIBOR}_{it} + \beta_3 \text{EXCR}_{it} + \beta_4 \text{FISPO}_{it} + \beta_5 \text{IVELE}_{it} +$$
$$\beta_6 \text{INAV}_{it} + u_i + \gamma_i + \varepsilon_{it} \tag{4-2}$$

SEM 中，空间效应来自其他地区的随机扰动项，一般形式为

$$y_{it} = \beta_1 X_{it} + \beta_2 \text{Control}_{it} + u_i + \gamma_i + \varepsilon_{it}$$

$$\varepsilon_{it} = \rho M \varepsilon_t + \nu_t \tag{4-3}$$

其中，M 为投入产出直接消耗系数矩阵，ε_{it} 满足同方差假定，$M\varepsilon_t$ 体现了其他产业价格的随机扰动项对本产业部门价格因变量的影响。本书建立的 SEM 为

$$\text{INPL}_{it} = \beta_1 \text{M2}_{it} + \beta_2 \text{SHIBOR}_{it} + \beta_3 \text{EXCR}_{it} + \beta_4 \text{FISPO}_{it} + \beta_5 \text{IVELE}_{it} + \beta_6 \text{INAV}_{it} +$$
$$u_i + \gamma_i + \varepsilon_{it} \tag{4-4}$$

其中，$\varepsilon_{it} = \rho M \varepsilon_t + \nu_t$，SAC 包含了 SEM 和 SAR，其中 SAC 为带空间自回归误差项的 SAR，一般形式为

$$y_{it} = \lambda W y_t + \beta_1 X_{it} + \beta_2 \text{Control}_{it} + u_i + \gamma_i + \varepsilon_{it}$$
$$\varepsilon_{it} = \rho M \varepsilon_t + \nu_t \tag{4-5}$$

其中，W 和 M 分别为被解释变量 y 和扰动项 ε_{it} 的空间权重矩阵，二者可以相等。SAR 和 SEM，都是 SAC 的特殊形式，分别对应于 $\rho = 0$ 与 $\lambda = 0$ 的情形。研究建立的 SEM 为

$$\text{INPL}_{it} = \lambda W \text{INPL}_t + \beta_1 \text{M2}_{it} + \beta_2 \text{SHIBOR}_{it} + \beta_3 \text{EXCR}_{it} + \beta_4 \text{FISPO}_{it} + \beta_5 \text{IVELE}_{it} +$$
$$\beta_6 \text{INAV}_{it} + u_i + \gamma_i + \varepsilon_{it} \tag{4-6}$$

其中，$\varepsilon_{it} = \rho M \varepsilon_t + \nu_t$，SDM 考虑了其他自变量和因变量对本部门因变量的影响，一般形式为

$$y_{it} = \lambda W y_t + \beta_1 X_{it} + \beta_2 \text{Control}_{it} + W X_t \delta + u_i + \gamma_i + \varepsilon_{it} \tag{4-7}$$

其中，$\lambda W y_t$ 项代表了因变量的空间效应，$W X_t \delta$ 项体现了自变量的空间效应。自变量的空间效应可以分解为直接效应、网络效应与总效应。因此本书建立的 SDM 为

$$\text{INPL}_{it} = \lambda W \text{INPL}_t + \beta_1 \text{M2}_{it} + \beta_2 \text{SHIBOR}_{it} + \beta_3 \text{EXCR}_{it} + \beta_4 \text{FISPO}_{it} + \beta_5 \text{IVELE}_{it} +$$
$$\beta_6 \text{INAV}_{it} + \delta_1 W \text{M2}_{it} + \delta_2 W \text{SHIBOR}_{it} + \delta_3 W \text{EXPLE}_{it} + \delta_4 W \text{FISPO}_{it} + \delta_5 W \text{IVELE}_{it} +$$
$$\delta_6 W \text{INAV}_{it} + u_i + \gamma_i + \varepsilon_{it} \tag{4-8}$$

实证部分将对 4 个相关模型进行检验，并选择最佳的模型研究货币政策对

价格水平影响的间接网络效应。此外，本章节空间权重矩阵采取第二章所介绍的方法。

四、实证估计结果与分析

（一）空间自相关性分析

前面完成空间矩阵的设定后，需要对因变量是否具有空间相关性进行检验，本书采用通过 Moran's I 指数进行全局空间自相关性检验，对生产网络中 INPL 的空间相关性进行检验的计算公式如下[❶]：

$$\text{Moran's I} = \frac{\sum_{i=1}^{n}\sum_{j=1}^{n} W_{ij}\left(Y_i - \bar{Y}\right)\left(Y_j - \bar{Y}\right)}{S^2 \sum_{i=1}^{n}\sum_{j=1}^{n} W_{ij}} \tag{4-9}$$

其中，$S^2 = \dfrac{1}{n}\sum_{i=1}^{n}\left(Y_i - \bar{Y}\right)^2$，$\bar{Y} = \dfrac{1}{n}\sum_{i=1}^{n} Y_i$，$Y_i$ 和 Y_j 分别表示第 i 和 j 部门平均收入的观测值；n 为生产网络中部门的总数；W_{ij} 为空间权重矩阵的 (i,j) 元素，即生产网络投入产出矩阵。Moran's I 统计量的取值一般在 $[-1,1]$，小于 0 表示负相关，等于 0 表示不相关，大于 0 表示正相关。越接近 -1 表示单元间的差异越大或分布越不集中；越接近 1 表示单元间的关系越密切，性质类似越相似（高值集聚或者低值集聚）；接近 0 则表示单元间不相关。本书使用标准统计量 Z 来检验 Moran's I 指数的显著性水平，其计算公式为

$$Z(\text{Moran's I}) = \frac{\text{Moran's I} - E(\text{Moran's I})}{\sqrt{\text{VAR}(\text{Moran's I})}} \tag{4-10}$$

$$E(\text{Moran's I}) = -\frac{1}{n-1} \tag{4-11}$$

[❶] 主流方法是通过 Moran's I 指数、Geary's C 指数和 Getis & Ord's G 指数来反映全局空间自相关性。

本书利用Matlab软件计算的Moran's I指数见表4-3❶。表4-3报告了以INPL为指标的Moran's I检验结果。由于本书的月度数据是面板数据，不是截面数据，出于篇幅和统计考虑，本书选择从样本挑选每年的第12月份数据来衡量做检测。除个别年份外，2006—2018年我国投入产出表归纳17个行业具有较强的空间正自相关性，即生产网络各个行业物价的空间网络联系并非完全随机，而存在明显的空间集聚性。因此，也为本书选择空间计量模型研究货币政策对INPL的网络效应冲击提供理论支撑，即货币政策的冲击是在多大程度上通过生产网络来传导给INPL的。

表4-3　我国生产网络中INPL的Moran's I指数检验结果

年份	Moran's I	期望	标准差	统计量 Z	P值
2006	0.380***	−0.063	0.128	3.471	0.001
2007	0.239**	−0.063	0.123	2.444	0.005
2008	0.284***	−0.063	0.127	2.716	0.007
2009	0.325***	−0.063	0.116	3.357	0.001
2010	0.383***	−0.063	0.132	3.377	0.001
2011	0.273***	−0.063	0.123	2.734	0.006
2012	0.470***	−0.063	0.130	4.111	0.000
2013	0.402***	−0.063	0.131	3.552	0.000
2014	0.377***	−0.063	0.119	3.703	0.000
2015	0.471***	−0.063	0.122	4.382	0.000
2016	0.438***	−0.063	0.117	4.287	0.000
2017	0.514***	−0.063	0.133	4.342	0.000
2018	0.415***	−0.063	0.128	3.736	0.000

注：***、**、*分别表示在1%、5%和10%的水平下显著，下同。

---

❶ 本章第一节中空间计量模型的被解释变量与本章第二节的一样，都是INPL。因此，表4-3中我国生产网络中INPL的Moran's I指数检验结果是本章第一节空间自相关分析的结果，也是本章第二节中空间自相关分析的结果，第二节会省略不重复。

（二）各模型回归的拟合结果及模型的选取

根据以上 Moran's I 指数的统计结果可知，我国生产网络中 INPL 间存在技术联系的空间相关性。为此，本书按照安瑟林等（2004）提出的模型选择方法，选用自然对数值（Log-L）、Wald 检验和 LR 检验，分别对空间计量模型 SAR、SEM、SAC 和 SDM 进行拟合结果分析[1]，并且对是选择随机效应模型还是固定效应模型进行 Hausman 检验，选出其中最优拟合效果的空间计量模型进行实证分析。

根据表 4-5 和表 4-6 可知，SDM 相比其他空间计量模型（SAR、SEM、SAC），增加了 $W×M2$、$W×SHIBOR$、$W×EXCR$、$W×FISPO$、$W×IVELE$ 和 $W×IN$-AV 6 个空间变量，具有回归系数显著个数最多的特点，因此，选择 SDM 具有更好的拟合效果。为了进一步提高模型选择的准确性，本书按照安瑟林等（2004）提出的判断方法，对模型（1）~模型（8）均做了 Wald 检验、LR 检验和豪斯曼检验。具体地，根据表 4-4 各项检验相关统计量可知，Wald 检验统计量是 12.96，对应的 P 值为 0.0237；LR 检验统计量是 78.48，对应的 P 值为 0.0000；Hausman 检验统计量是 4.75，对应的 P 值为 0.0765。因此，SDM 具有最优的拟合效果，且拒绝接受随机效应的原假设，选择空间计量模型均选用固定效应的 SDM。

表4-4　各项检验相关统计量

检验名称	Chi²	自由度	P值
LR检验	78.48	6	0.0000
Wald检验	12.96	5	0.0237
Hausman 检验	4.75	6	0.0765

---

[1] 空间计量模型 SAR、SEM、SAC 和 SDM 分别为空间自回归模型、空间误差模型、空间交叉模型和空间杜宾模型。

此外，从表4-5和表4-6中可以看出，空间计量模型SAR、SEM、SAC和SDM中，模型（1）~模型（8）中的空间相关系数均为显著为正，表明生产网络中某一个行业的平均价格水平会受到生产网络中其他行业价格通过产业链传导冲击的加权影响。此外，SDM不能转换成SAR或者SEM，因为其中的回归系数不满足原假设$H_0:\theta_i = -\delta a_i$和$\delta = 0$。因此，本书SDM满足了因变量的滞后项、随机误差项和空间交互作用的条件，即在生产网络中的INPL不仅受本部门行业的自变量影响，还会受到其他部门行业价格水平和自变量的影响。此外，从模型（1）、模型（2）、模型（3）、模型（4）、模型（5）、模型（6）和模型（8）的回归结果可知，核心变量M2和SHIBOR对INPL的影响分别显著为正和负，其中，模型（8）核心变量的空间因素$W\times$M2显著为正，$W\times$SHIBOR系数为负数，但不显著。

表4-5 空间面板计量回归结果［模型（1）~模型（4）］

变量	SAR		SEM	
	模型（1）	模型（2）	模型（3）	模型（4）
数量型货币政策（M2）	0.012 288*** (2.83)	0.028 311*** (2.85)	0.050 796*** (3.69)	0.157 343*** (3.41)
价格型货币政策（SHIBOR）	−0.213 155*** (−3.30)	−0.174 678** (−2.11)	−0.389 594*** (−2.97)	−0.161 574** (−2.01)
汇率（EXCR）	—	0.351 603** (2.02)	—	0.224 730** (2.36)
财政政策（FISPO）	—	0.090 653*** (9.63)	—	0.109 062*** (6.22)
投资水平（IVELE）	—	0.029 363** (2.40)	—	0.030 389** (2.24)
产业增加值（INAV）	—	−0.007 112** (−2.31)	—	−0.010 941** (−2.16)
常数项	0.142 812* (1.71)	−2.455 906* (−1.84)	1.341 216* (1.69)	−0.058 026* (−1.82)

续表

变量	SAR		SEM	
	模型（1）	模型（2）	模型（3）	模型（4）
空间自回归系数（lambda）	—	—	1.103 291*** (44.99)	1.011 908*** (28.92)
扰动项空间自回归系数（rho）	1.087 430*** (44.03)	0.911 892*** (28.55)	—	—
sigma2_e	9.4253*** (28.55)	9.8701*** (27.60)	9.2981*** (28.55)	9.5722*** (26.02)
R^2	0.2138	0.2452	0.2273	0.2538
Log-L	−5780.8210	−5780.8210	−5780.8210	−5780.8210

注：lambda 是 y 的空间自回归系数，rho 是扰动项的空间自回归系数。

表4-6 空间面板计量回归结果［模型（5）~模型（8）］

变量	SAC		SDM	
	模型（5）	模型（6）	模型（7）	模型（8）
数量型货币政策（M2）	0.059 025*** (2.79)	0.017 857*** (3.61)	0.019 089*** (3.79)	0.153 260*** (3.29)
价格型货币政策（SHIBOR）	−0.370 531*** (−2.87)	−0.154 170** (−2.13)	−0.482 893*** (−4.46)	−0.289 436** (−2.11)
汇率（EXCR）	—	0.314 488** (2.07)	—	0.592 851** (2.40)
财政政策（FISPO）	—	0.078 596** (2.17)	—	0.053 614** (2.09)
投资水平（IVELE）	—	0.028 804** (2.29)	—	0.042 521** (2.01)
产业增加值（INAV）	—	0.006 364** (2.26)	—	0.008 311** (2.46)
$W \times M2$	—	—	0.011 725 (0.38)	0.202 368** (2.45)

续表

变量	SAC		SDM	
	模型（5）	模型（6）	模型（7）	模型（8）
$W×$SHIBOR	—	—	0.441 200 (−0.92)	0.166 031 (−1.16)
$W×$EXCR	—	—	—	0.306 793* (1.78)
$W×$FISPO	—	—	—	0.067 286** (2.45)
$W×$IVELE	—	—	—	0.100 598 (1.64)
$W×$INAV	—	—	—	0.082 936 (1.41)
常数项	—	—	−0.136 055** (−2.31)	−2.706 304** (−2.02)
空间自回归系数 （lambda）	1.260 099*** (44.94)	0.292 070*** (36.75)	—	—
扰动项空间自回归 系数（rho）	0.778 350*** (4.32)	1.005 557*** (19.61)	1.098 135*** (44.56)	0.905 617*** (24.88)
sigma2_e	10.8142*** (19.46)	10.4001*** (20.51)	9.3312*** (28.52)	9.8721*** (26.43)
R^2	0.2233	0.2012	0.2232	0.2685
Log−L	−5780.8210	−5780.8210	−5780.8210	−5780.8210

注：①lambda是y的空间自回归系数，rho是扰动项的空间自回归系数。

②表中圆括号中的数据为相应统计量t值。

（三）SDM的估计结果

本书SDM分析了货币政策是否可以通过生产网络扩大对INPL的影响，结果见表4-7。

该模型扰动项空间回归系数为0.903 437，在1%置信水平下显著为正，说明INPL的空间网络联系并非完全随机，而存在明显的空间集聚性。

从核心变量来看，M2的系数为0.197 739，且对INPL在1%的显著水平上显著，SHIBOR系数为-0.061 678，且对INPL在1%的显著水平上显著。说明总体而言，货币政策对INPL显著为正。如果关注价格水平，那么数量型工具为主、价格型工具为辅是目前货币政策以盯住物价为目标的主要现状。

从核心变量的空间变量可以看出，$W×M2$的系数为0.203 219，在1%的显著性水平上显著，说明M2冲击对INPL的影响有直接效应和网络效应，所以假设H1成立；$W×SHIBOR$的冲击系数为0.274 022，对INPL在10%置信水平上不显著，表明我国INPL对SHIBOR的正向冲击（宽松）反应具有不确定性，验证了假设H2不成立。主要原因可能是利率仍然没有完全市场化，我国直到2015年才放宽存款利率上限，而且到目前为止存贷款基准利率和市场利率仍存在"利率双轨"问题。

从控制变量层面来看，EXCR的系数为0.033 867，在10%的置信水平上显著。说明EXCR是物价上升的推动因子之一，在特殊的情况下，EXCR也可以衡量SHIBOR，本书EXCR以美元兑人民币汇率水平衡量，当EXCR上升时，相当于人民币贬值，促进出口、拉动外需，当需求大于国内供给时，国外物价水平会上升。FISPO的系数为0.063 290，在1%的置信水平上显著，说明财政政策也是影响物价上升的重要宏观变量。在经济萧条时期，为缓解通货紧缩影响，政府通过增加支出、减少收入政策来增加投资和消费需求，增加社会有效需求，从而刺激物价上升和经济增长；反之，经济繁荣时期，为抑制物价上升，政府通过财政增加收入、减少政府购买等支出政策来抑制和减少社会过剩需求，稳定经济波动。所以央行在积极货币政策的实施过程中，需要特别重视与货币政策协同配合，注重发挥宏观调控政策的合力。IVELE的系数为0.066 771，在10%的置信水平上显著。本书IVELE用固定资产投资数据衡量，固定资产投资是以货币形式表现的、企业在一定时期内建造和购置固定资产的工作量及与此有关的费用变化情况，包括房产、建筑物、机器、机械、运输工具。企业基本建设、更新改造、大修理和其他固定资产投资等，都会增加需求导致物价上升。
INAV 的系数为 0.008 980，在 5% 置信水平上显著为正，说明高质量的产业增加
值增长会促进与之对应的行业物价温和上升。

表4-7　SAR估计结果

变量	系数	标准差	T检验	P值	95%置信区间	
数量型货币政策 （M2）	0.197 739***	0.061 030	3.24	0.002	0.277 492	0.400 848
价格型货币政策 （SHIBOR）	-0.061 678***	0.021 718	-2.84	0.005	-0.334 425	-0.061 053
汇率 （EXCR）	0.033 867*	0.018 014	1.88	0.090	-0.742 633	0.674 899
财政政策 （FISPO）	0.063 290***	0.017 831	3.55	0.000	0.028 342	0.098 238
投资水平 （IVELE）	0.066 771*	0.038 820	1.72	0.056	-0.018 651	0.152 192
产业增加值 （INAV）	0.008 980**	0.003 974	2.26	0.028	-0.027 393	0.045 354
$W \times$M2	0.203 219***	0.073 364	2.77	0.003	0.079 883	0.468 161
$W \times$SHIBOR	0.274 022	0.187 686	1.46	0.126	-0.280 738	0.687 176
$W \times$EXCR	0.710 861*	0.388 449	1.83	0.073	-0.310 736	1.732 458
$W \times$FISPO	0.052 470*	0.027 910	1.88	0.060	-0.002 302	0.107 242
$W \times$IVELE	0.138 977**	0.063 378	2.19	0.028	-0.263 194	-0.014 759
$W \times$INAV	0.087 367**	0.036 709	2.38	0.042	-0.204 112	0.029 379
扰动项空间 自回归系（rho）	0.903 437***	0.036 492	24.76	0.000	0.831 914	0.974 959
sigma2_e	9.794 122***	0.369 326	26.52	0.000	9.070 257	10.517 990

注：①lambda 是 y 的空间自回归系数，rho 是扰动项的空间自回归系数。

②表中圆括号中的数据为相应统计量 t 值，下同。

（四）直接效应和网络效应分解结果

本书空间权重矩阵是2017年投入产出直接消耗系数表，是内嵌在动态空间面板模型的静态矩阵，通过SDM分析，货币政策冲击对各行业物价水平的影响有直接效应和网络效应。各变量的直接效应和网络效应分解结果见表4-8。

表4-8 SAR估计结果

变量		系数	标准差	T检验	P值	95%置信区间	
空间相关系数	扰动项空间自回归系数（rho）	0.903 437	0.036 492	24.76	0.000	0.831 914	0.974 959
直接效应	数量型货币政策（M2）	0.140 958	0.154 555	0.91	0.002	0.443 880	0.161 964
	价格型货币政策（SHIBOR）	−0.164 624	0.066 352	−2.48	0.013	−0.034 578	−0.294 671
	汇率（EXCR）	0.211 504	0.314 475	0.67	0.005	−0.404 857	0.827 864
	财政政策（FISPO）	0.098 525	0.015 347	6.42	0.000	0.068 445	0.128 605
	投资水平（IVELE）	0.039 520	0.039 226	1.01	0.064	−0.037 362	0.116 402
	产业增加值（INAV）	0.015 518	0.019 051	0.81	0.045	−0.052 858	0.021 822
网络效应	数量型货币政策（M2）	0.283 100	0.148 069	1.91	0.000	0.007 110	0.573 309
	价格型货币政策（SHIBOR）	−0.105 054	0.059 595	−1.76	0.178	−0.011 751	−0.221 858
	汇率（EXCR）	0.756 516	0.304 431	2.49	0.013	0.159 842	1.353 189
	财政政策（FISPO）	0.121 382	0.015 486	7.84	0.000	0.091 031	0.151 733
	投资水平（IVELE）	0.087 090	0.039 157	2.22	0.026	0.010 344	0.163 835

变量		系数	标准差	T检验	P值	95%置信区间	
网络效应	产业增加值（INAV）	0.086 684	0.054 014	1.60	0.109	0.019 181	0.192 549
总效应	数量型货币政策（M2）	0.424 058	0.194 419	2.18	0.002	0.043 004	0.805 112
	价格型货币政策（SHIBOR）	−0.269 678	0.080 917	−0.74	0.029	−0.099 024	−0.218 166
	汇率（EXCR）	0.968 019	0.390 028	2.48	0.013	0.203 579	1.732 460
	财政政策（FISPO）	0.219 907	0.019 407	11.33	0.000	0.181 870	0.257 944
	投资水平（IVELE）	0.047 569	0.050 509	0.94	0.346	−0.146 565	0.051 426
	产业增加值（INAV）	0.102 202	0.064 699	1.58	0.114	−0.229 009	0.024 605

注：rho是扰动项的空间自回归系数。

由结果可知，该模型空间回归系数为0.903 437，在1%置信水平上显著为正。M2冲击对行业物价水平影响的直接效应、网络效应和总效应在统计上显著为正，其中网络效应系数0.283 100，总效应系数为0.424 058，在1%置信水平上显著，网络效应占总效应比例达到66.8%。所以再次验证假设H1成立。SHIBOR冲击对行业物价水平影响的直接效应系数和网络效应系数分别−0.164 624和−0.105 054，且网络效应在10%置信水平上不显著。说明SHIBOR可以通过生产网络扩大对各行业价格水平的影响，具有不确定性，所以再次验证假设H2不成立。

此外，M2对物价冲击的网络效应占总效应比例达到66.8%，说明货币政策对物价冲击的网络效应是总效应中非常重要的环节，货币政策直接效应对物价的影响一般是持续、普遍、不可逆的变化，主要以同质性通货膨胀作为衡量指标，但物价上涨不能简单等同于通货膨胀，某些商品物价可能会因为供求失衡造成暂时、局部、可逆的上涨。货币政策网络效应是解释物价暂时、局部、可逆变化的有力证据，即生产网络扩大货币政策对各行业价格水平的影响，也是解释结构性通货膨胀的原因之一。

结构性通货膨胀指物价上涨是在总需求并不过多的情况下，对某些部门的产品需求过多造成部分产品的价格上涨现象，如钢铁、猪肉、楼市、食用油等。如果结构性通货膨胀没能得到有效抑制，就会变成成本推动型通货膨胀，进而造成全面通货膨胀。货币政策需求冲击的生产链从下游企业逐级向上游企业传导，最终释放货币政策网络效应的全部，即：最接近消费者的下游终端企业→中间产品企业生产→最上游企业生产者。生产链的每一次传导，都会使得生产网络中的各个行业产品需求和供给短暂失衡，从而导致从下游产品物价到上游产品物价出现结构性通货膨胀波动。总体而言，目前货币政策盯住价格目标以SHIBOR为主，M2为辅助，符合目前货币政策现状。

（五）稳健性检验：动态空间面板模型估计的进一步检验

按照价格预期理论，厂商或消费者根据当前价格变动而对未来价格变动态势所作出预计。物价上涨和货币政策往往受到前一期各行业物价水平的影响，也就是存在著名的"路径依赖"特征。为此，引入各行业物价水平的滞后项（INPL$_{it}$）建立动态空间杜宾模型[1]如下：

$$INPL_{it} = \lambda WINPL_{i,t-1} + \beta_1 M2_{it} + \beta_2 SHIBOR_{it} + \beta_3 EXCR_{it} + \beta_4 FISPO_{it} +$$
$$\beta_5 IVELE_{it} + \beta_6 INAV_{it} + \delta_1 WM2_{it} + \delta_2 WSHIBOR_{it} + \delta_3 WEXPLE_{it} +$$
$$\delta_4 WFISPO_{it} + \delta_5 WIVELE_{it} + \delta_6 WINAV_{it} + u_i + \gamma_i + \varepsilon_{it} \quad (4-12)$$

本书运用极大似然法和逐步回归的方式，以核心变量M2、SHIBOR为基准，逐步引入控制变量。从表4-9来看，当模型（13）引入全部变量后，各模型中

---

[1] 所谓动态空间杜宾模型，是指通过在静态空间面板数据模型中引入滞后被解释变量以反映动态滞后效应的模型。

的变量的影响方向并未出现变化，不存在多重共线性。以动态空间面板模型形态识别结果为基础，进一步对各模型下的变量影响效应进行估计。其中，模型（9）为基准模型估计结果；模型（10）~模型（13）为引入控制变量后的估计结果。其中，核心变量M2对行业物价的直接效应和网络效应显著为正，SHIBOR对行业物价的直接效应显著为负，网络效应不显著；控制变量EXCR、FISPO、IVELE和INAV对物价水平影响的直接效应和网络效应皆显著为正。

从中可以看出，将静态空间面板模型改造成为动态空间面板模型后，模型总体上较为平稳，模型可信度、科学性及解释能力较好。

表4-9　动态空间杜宾模型估计结果

变量	杜宾模型				
	模型（9）	模型（10）	模型（11）	模型（12）	模型（13）
INPL$_{i,t-1}$	0.959 16*** (13.75)	1.036 21*** (10.75)	0.982 96*** (13.14)	1.037 29*** (12.16)	1.035 26*** (12.82)
数量型货币政策（M2）	0.084 44*** (6.77)	0.020 56*** (3.61)	0.054 07*** (4.21)	0.231 84*** (8.81)	0.236 35*** (9.04)
价格型货币政策（SHIBOR）	-0.500 61** (-9.15)	-0.821 40*** (-14.18)	-1.188 30*** (-18.67)	-1.517 00*** (-23.26)	-1.516 80*** (-23.43)
汇率（EXCR）		2.181 87*** (-18.35)	3.249 00*** (-22.77)	3.835 97*** (-27.72)	-3.846 90*** (-27.98)
财政政策（FISPO）			0.096 25 (15.52)	0.075 06*** (11.22)	0.070 92*** (10.54)
投资水平（IVELE）				0.126 41*** (7.78)	0.122 82*** (7.53)
产业增加值（INAV）					0.018 71*** (4.65)
W×M2	0.280 73*** (15.83)	0.041 02*** (6.25)	0.151 29*** (8.14)	1.066 52*** (28.62)	1.074 27*** (28.99)
W×SHIBOR	1.564 79 (0.07)	2.896 53 (0.51)	3.636 79 (0.17)	5.034 14 (0.13)	5.061 34 (0.69)

变量	杜宾模型				
	模型（9）	模型（10）	模型（11）	模型（12）	模型（13）
$W{\times}$EXCR		8.040 64***	10.164 50***	12.402 90***	12.537 20***
		(45.39)	(49.96)	(62.73)	(63.30)
$W{\times}$FISPO		0.246 57***	0.124 22***	0.103 25***	
		(25.98)	(12.09)	(9.60)	
$W{\times}$IVELE				0.650 18***	0.612 96***
				(28.10)	(25.79)
$W{\times}$INAV					0.144 50***
					(6.33)
扰动项空间自回归系数（rho）	0.054 02**	0.420 26***	0.103 64***	0.284 32***	0.288 37***
	(2.39)	(20.71)	(4.47)	(12.55)	(12.79)
sigma2_e	2.8720***	3.0176***	2.7863***	2.7419***	2.7066***
	(60.94)	(63.74)	(58.44)	(63.16)	(63.33)
R^2	0.6584	0.5648	0.6325	0.6231	0.7230
Log-L	−4154.3638	−4947.9689	−5251.9126	−5713.8696	−5746.1536

注：① rho是扰动项的空间自回归系数。

②表中圆括号中的数据为相应统计量 t 值。

第二节　经济政策不确定性下货币政策的生产网络传导效应检验：基于物价稳定

第一节我们证明了生产网络是货币政策向各行业物价水平传导的重要机制，目前货币政策盯住价格目标以 M2 为主，SHIBOR 为辅。M2 对物价冲击的网络效应占总效应比例达到66.8%，是解释结构性通货膨胀的有利证据。但当经济政策不确定性背景下，货币政策还可以通过生产网络扩大对各行业价格水平的影响吗？

一、理论机制与研究假设的提出

EPU对货币政策直接效应和网络效应影响的理论机制：基于中间产品模型，宽松货币政策需求冲击会通过生产链逐级向上游产业传导，最终释放货币政策直接和间接的全部影响。但是在经济政策不确定性情况下，货币政策的需求冲击在通过生产链逐级向上游产业传导过程中，会出现暂时性断裂状况，进而会影响货币政策通过生产网络向各行业物价传导的有效性。例如，当宽松货币政策需求冲击时，会直接导致最接近消费端的下游企业产品需求上升，该下游企业必然会增加中间产品的投入和购买来增加产出，但当产业链某一环节出现断裂，上游企业无法为下游企业产品提供中间产品（原材料），从而产生连锁反应，最终上游原材料企业供给会大于需求，价格下降，下游产品的需求会大于供给，价格上升。但长期来说各行业物价都会熨平波动，最终趋于平稳。

假设H1：高频EPU会弱化M2对物价水平冲击的直接效应和网络效应。

假设H2：高频EPU会弱化SHIBOR对物价水平冲击的直接效应；网络效应不显著。

EPU抑制物价变动的直接效应机制：央行实施宽松货币政策时，中小商业银行因为宏观环境经济政策不确定性高，会出现惜贷现象。因为EPU高，各中小企业由此可能产生的资金链断裂与资产质量恶化现象，会导致大量的债务违约和不良贷款，影响央行货币政策的实施效果，总的来说，货币政策最终要通过微观的企业和银行来实现其作用，但经济不确定性会降低银行的信贷供给，也降低企业的信贷需求，从而货币量供给变动，影响物价变动。因此本节提出以下研究假设。

假设H3：EPU会抑制物价变动，即两者呈负相关。

EPU抑制物价变动的网络效应机制：EPU会直接导致最接近消费端的下游企业中间产品需求向上游企业逐级传导过程中，出现产业链中的某一环节暂时性断裂状况，进而产生连锁反应，使产业链由下游向上游传导逐级中会出现短暂性断裂，这在短期内使某一产业商品需求大于供给，局部物价上涨。

假设 H4：生产网络扩大了 EPU 对物价的负向冲击，也是物价异质性波动的原因之一。

二、空间计量模型的设定

本书矩阵的设定采取第三章的方法。SAR 认为一地区的因变量不仅受本地区自变量影响，还受其他地区因变量影响，影响程度要考虑两地区间的距离。其一般形式为

$$y_{it} = \lambda \boldsymbol{W} y_t + \beta_1 X_{it} + \beta_2 \text{Control}_{it} + u_i + \gamma_i + \varepsilon_{it} \tag{4-13}$$

其中，$\boldsymbol{W}$ 为空间权重矩阵，y_{it} 为部门 i 在 t 时刻的因变量，本书为 INPL，$\boldsymbol{W} y_t$ 体现了其他部门因变量对本地区因变量的影响，X_{it} 代表部门 i 在 t 时刻的自变量，本书的自变量为 M2、SHIBOR 和 EPU，Control_{it} 代表部门 i 在 t 时刻的控制变量，本书的控制变量为 EXCR、FISPO、IVELE、INAV，u_i、γ_i 为个体效应和时间效应（下同）。研究建立的 SAR 为

$$\text{INPL}_{it} = \lambda \boldsymbol{W} \text{INPL}_t + \beta_1 \text{M2}_{it} + \beta_2 \text{SHIBOR}_{it} + \beta_3 \text{EPU}_{it} + \beta_4 \text{EXCR}_{it} + \beta_5 \text{FISPO}_{it} +$$
$$\beta_6 \text{IVELE}_{it} + \beta_7 \text{INAV}_{it} + u_i + \gamma_i + \varepsilon_{it} \tag{4-14}$$

SEM 认为，空间效应来自其他地区的随机扰动项，一般形式为

$$y_{it} = \beta_1 X_{it} + \beta_2 \text{Control}_{it} + u_i + \gamma_i + \varepsilon_{it}$$
$$\varepsilon_{it} = \rho \boldsymbol{M} \varepsilon_t + \nu_t \tag{4-15}$$

其中，$\boldsymbol{M}$ 为投入产出直接消耗系数矩阵，ε_{it} 满足同方差假定，$\boldsymbol{M} \varepsilon_t$ 体现了其他产业价格的随机扰动项对本产业部门价格因变量的影响。研究建立的 SEM 为

$$\text{INPL}_{it} = \beta_1 \text{M2}_{it} + \beta_2 \text{SHIBOR}_{it} + \beta_3 \text{EPU}_{it} + \beta_4 \text{EXCR}_{it} + \beta_5 \text{FISPO}_{it} + \beta_6 \text{IVELE}_{it} +$$
$$\beta_7 \text{INAV}_{it} + u_i + \gamma_i + \varepsilon_{it} \tag{4-16}$$
$$\varepsilon_{it} = \rho \boldsymbol{M} \varepsilon_t + \nu_t$$

SAC包含了SEM和SAR，其中SAC为带空间自回归误差项的SAR，一般形式为

$$y_{it} = \lambda \boldsymbol{W} y_t + \beta_1 X_{it} + \beta_2 \text{Control}_{it} + u_i + \gamma_i + \varepsilon_{it}$$
$$\varepsilon_{it} = \rho \boldsymbol{M} \varepsilon_t + \nu_t \tag{4-17}$$

其中，$\boldsymbol{W}$和$\boldsymbol{M}$分别为被解释变量y和扰动项ε_{it}的空间权重矩阵，二者可以相等。SAR和SEM，都是SAC的特别，分别对应于$\rho = 0$与$\lambda = 0$的情形。研究建立的SEM为

$$\text{INPL}_{it} = \lambda \boldsymbol{W} \text{INPL}_t + \beta_1 \text{M2}_{it} + \beta_2 \text{SHIBOR}_{it} + \beta_3 \text{EPU}_{it} + \beta_4 \text{EXCR}_{it} + \beta_5 \text{FISPO}_{it} +$$
$$\beta_6 \text{IVELE}_{it} + \beta_7 \text{INAV}_{it} + u_i + \gamma_i + \varepsilon_{it} \tag{4-18}$$
$$\varepsilon_{it} = \rho \boldsymbol{M} \varepsilon_t + \nu_t$$

SDM考虑了其他自变量和因变量对本部门因变量的影响，一般形式为

$$y_{it} = \lambda \boldsymbol{W} y_t + \beta_1 X_{it} + \beta_2 \text{Control}_{it} + \boldsymbol{W} X_t \delta + u_i + \gamma_i + \varepsilon_{it} \tag{4-19}$$

其中，$\lambda \boldsymbol{W} y_t$项代表了因变量的空间效应，$\boldsymbol{W} X_t \delta$项体现了自变量的空间效应。自变量的空间效应可以分解为直接效应、网络效应与总效应。因此本书建立的SDM为

$$\text{INPL}_{it} = \lambda \boldsymbol{W} \text{INPL}_t + \beta_1 \text{M2}_{it} + \beta_2 \text{SHIBOR}_{it} + \beta_3 \text{EPU}_{it} + \beta_4 \text{EXCR}_{it} + \beta_5 \text{FISPO}_{it} +$$
$$\beta_6 \text{IVELE}_{it} + \beta_7 \text{INAV}_{it} + \delta_1 \boldsymbol{W} \text{M2}_{it} + \delta_2 \boldsymbol{W} \text{SHIBOR}_{it} + \delta_3 \boldsymbol{W} \text{EPU}_{it} + \delta_4 \boldsymbol{W} \text{EXPLE}_{it} +$$
$$\delta_5 \boldsymbol{W} \text{FISPO}_{it} + \delta_6 \boldsymbol{W} \text{IVELE}_{it} + \delta_7 \boldsymbol{W} \text{INAV}_{it} + u_i + \gamma_i + \varepsilon_{it} \tag{4-20}$$

实证部分将对4个相关模型进行检验，并选择最佳的模型研究货币政策对物价水平影响的间接网络效应。此外空间权重矩阵采取第三章所介绍的方法。

三、实证估计结果与分析

（一）各模型回归的拟合结果及模型的选取

不同模型的空间效应产生的原因及解释能力不同，因此需要通过检验选取最佳的模型，检验步骤如图4-1所示。

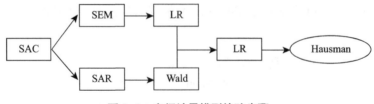

图4-1 空间计量模型检验步骤

首先对模型进行似然比检验，通过检验自变量空间滞后项及空间效应是否显著来判断是否为SEM。其原假设为

$$H_0{:}\theta = -\beta\rho$$

然后对模型进行Wald检验。Wald检验的原理为检验自变量空间滞后项是否为0来判断SDM是否退化为SAR，其原假设为

$$H_0{:}\theta = 0$$

SDM还需要通过Hausman检验在随机效应模型与固定效应模型间进行选择，Hausman检验显示，应选取固定效应。3项检验的统计量见表4-10，SAC、SAR、SEM、SDM回归估计结果见表4-11和表4-12，其中模型（1）、模型（3）、模型（5）、模型（7）是核心变量的空间回归估计结果，模型（2）、模型（4）、模型（6）、模型（8）是控制了更多其他变量后的估计结果。

表4-10 各项检验相关统计量

检验名称	Chi²	自由度	P值
LR检验	78.68	7	0.000 0
Wald检验	20.78	6	0.002 0
Hausman检验	2.56	7	0.002 2

表4-11 空间面板计量回归结果［模型（1）～模型（4）］

变量	SAR		SEM	
	模型（1）	模型（2）	模型（3）	模型（4）
数量型货币政策（M2）	0.217 692***	0.185 321**	0.441 855***	0.170 984***
	(3.30)	(2.22)	(3.31)	(3.06)

续表

变量	SAR		SEM	
	模型（1）	模型（2）	模型（3）	模型（4）
价格型货币政策	−0.008 891***	−0.030 406***	−0.009 572***	−0.157 122***
（SHIBOR）	（−4.50）	（−4.91）	（−3.26）	（−3.43）
经济政策不确定性指数	−0.020 408	−0.354 759***	−0.246 745**	−0.725 211***
（EPU）	（−0.34）	（−5.00）	（−2.00）	（−5.48）
汇率	—	0.334 049*		0.161 172
（EXCR）		（1.31）		（0.48）
财政政策	—	0.096 703***		0.114 978***
（FISPO）		（10.09）		（6.54）
投资水平	—	0.005 948		0.106 361**
（IVELE）		（0.27）		（2.47）
产业增加值	—	0.003 998		0.010 990
（INAV）		（0.28）		（0.67）
常数项	0.029 982	−3.956 950***	−0.022 194	−2.946 019
	（0.05）	（−2.88）	（−0.02）	（−1.13）
空间自回归系数	—	—	1.106 037***	1.004 399***
（lambda）			（45.10）	（27.01）
扰动项空间自回归系数	1.087 041***	0.878 661***	—	—
（rho）	（43.95）	（26.32）		
sigma2_e	9.427 553***	9.971 898***	—	9.497 519***
	（28.54）	（27.41）		（25.43）
R^2	0.2141	0.2707	0.2269	0.2345
Log–L	−5746.1536	−5746.1536	−5746.1536	−5746.1536

注：lambda 指 y 的空间自回归系数，rho 是扰动项的空间自回归系数。

表4-12　空间面板计量回归结果［模型（5）~模型（8）］

变量	SAC		SDM	
	模型（5）	模型（6）	模型（7）	模型（8）
数量型货币政策	0.435 292***	0.170 592**	0.400 418***	0.228 884*
（M2）	（2.97）	（2.24）	（3.61）	（1.65）

续表

变量	SAC		SDM	
	模型（5）	模型（6）	模型（7）	模型（8）
价格型货币政策（SHIBOR）	−0.008 340*** (−3.21)	−0.022 862*** (−0.75)	−0.006 504*** (−0.25)	−0.166 964** (−2.50)
经济政策不确定性指数（EPU）	0.303 708** (2.24)	0.310 959*** (4.36)	0.280 613*** (2.63)	0.739 770*** (5.24)
汇率（EXCR）	—	0.312 375** (1.96)	—	0.335 162 (1.50)
财政政策（FISPO）	—	0.087 992*** (8.14)	—	0.060 990*** (3.50)
投资水平（IVELE）	—	0.001 504 (0.07)	—	0.129 061*** (2.84)
产业增加值（INAV）	—	−0.003 222 (−0.23)	—	0.007 167 (0.39)
$W×M2$	—	—	−0.003 280 (−0.11)	0.222 154** (2.37)
$W×SHIBOR$	—	—	−0.303 993** (−2.08)	−0.059 897 (−0.34)
$W×EPU$	—	—	−0.422 760*** (−2.97)	−0.645 156*** (−3.18)
$W×EXCR$	—	—	—	0.057 297 (0.25)
$W×FISPO$	—	—	—	0.061 090** (2.20)
$W×IVELE$	—	—	—	−0.186 543*** (−2.85)
$W×INAV$	—	—	—	−0.068 881 (−1.16)
常数项	—	—	0.030 589 (0.06)	−4.053 840*** (−2.96)

续表

变量	SAC		SDM	
	模型（5）	模型（6）	模型（7）	模型（8）
空间自回归系数 （lambda）	1.262 925*** (45.79)	0.190 928*** (3.18)	—	—
扰动项空间自回归系数 （rho）	−0.786 833*** (−4.41)	0.946 269*** (16.90)	1.102 239*** (44.86)	0.888 070*** (23.06)
sigma2_e	10.792 750*** (19.53)	10.306 310*** (20.71)	9.270 302*** (28.52)	9.832 666*** (25.98)
R^2	0.2185	0.2846	0.2277	0.2920
Log-L	−5746.1536	−5746.1536	−5746.1536	−5746.1536

注：① lambda 指 y 的空间自回归系数，rho 是扰动项的空间自回归系数。

②表中圆括号中的数据为相应统计量 t 值。

检验结果显示，SDM 并未退化为 SEM 或 SAR，同时选取固定效应模型更优，故选取 SDM 进行实证研究。从表 4-11 和表 4-12 的估计结果可以看出，以上 4 类空间计量模型的空间项系数均显著为正，表明生产网络中某一个行业物价水平会受到生产网络中其他行业物价水平的加权影响。在模型拟合效果上，SDM 较之 SAR、SEM 和 SAC 具有回归系数显著个数最多的特点。结合表 4-10、表 4-11 和表 4-12，表明 SDM 具有最优的拟合效果。此外，SDM 的回归系数并不能满足模型转化的原假设 $H_0:\theta = -\beta\rho$ 和 $H_0:\theta = 0$，表明 SDM 并不能等价转换为 SAR 和 SEM，也即 SDM 包含的两种空间网络传导机制对行业物价水平的作用不可忽略。基于此，本书选择 SDM 进行回归分析。

（二）SDM 的估计结果

由表 4-13 结果可知，该模型全样本、子样本空间回归系数均在 1% 置信水平上显著为正。说明在经济政策不确定性背景下，行业物价水平的空间网络联系并非完全随机，而存在明显的空间集聚性。本书以EPU的平均值2.290 814为高频EPU和低频EPU的划分标准，EPU大于该平均值为高频，EPU小于该平均值为低频。然后分别把高频EPU和低频EPU这两个子样本分别代入模型（4）~模型（17）进行回归，分别比较全样本和两个子样本高频EPU和低频EPU的回归结果，根据表4-13的回归结果，得出如下分析。

在低频EPU样本中，M2和$W×$M2的系数分别为0.441 330和0.398 714，且都在1%置信水平上显著。在高频EPU样本中，M2和$W×$M2的系数分别为0.198 340和0.211 223，且都在10%置信水平上不显著，且系数大小明显都比低频EPU中的样本系数小。通过对比表4-13高频EPU和低频EPU样本中M2、$W×$M2系数的大小和各变量的显著性差异，得出高频EPU会弱化M2对物价水平冲击的直接效应和网络效应，假设H1成立。

在低频EPU样本中，SHIBOR的系数为-0.184 821，在1%置信水平上显著；$W×$SHIBOR的系数为-0.430 477，且在10%置信水平上不显著。在高频EPU样本中，SHIBOR和$W×$SHIBOR的系数分别为-0.053 557和-0.114 344，都在10%置信水平上不显著，且系数大小明显都比低频EPU中的样本系数小。通过对比表4-13高频EPU和低频EPU样本中SHIBOR、$W×$SHIBOR系数的大小和各变量的显著性差异，得出高频EPU，会弱化SHIBOR对物价水平冲击的直接效应，且网络效应不显著，假设H2成立。

在低频EPU样本中，EPU和$W×$EPU的系数分别为-0.076 632和-0.087 591，且都不显著。在高频EPU样本中，EPU和$W×$EPU的系数分别为-0.701 419和-0.580 382，都在1%置信水平上显著，且系数绝对值大小明显都比低频EPU中的样本系数高。所以通过对比表4-13高频EPU和低频EPU样本中EPU、$W×$EPU系数的大小和各变量的显著性差异，研究得出高频EPU会抑制物价变动，即两者呈负相关性；生产网络扩大了EPU对物价的负向冲击，也是物价异质性波动的原因之一。所以假设H3和假设H4成立。

在低频EPU样本中，FISPO的系数为0.067 639，$W×$FISPO的系数为0.096 074，

且都在1%置信水平上显著为正。在高频EPU样本中,FISPO的系数为0.051 346、
W×FISPO的系数0.012 348,且系数大小明显都比低频EPU中的样本系数小。通
过对比表4-13高频EPU和低频EPU样本中FISPO、**W**×FISPO系数的大小和各变
量的显著性差异,研究得出高频EPU会弱化财政政策对物价水平冲击的直接效
应和网络效应。此外,对比货币政策和财政政策,在高频EPU样本中,货币政
策不显著,财政政策在5%置信水平上显著,说明在经济不确定性背景下,财
政政策也是影响物价变化的重要宏观变量。

表4-13 经济政策不确定性对货币政策有效性影响

变量	(1) 全样本	(2) 低频EPU	(3) 高频EPU
数量型货币政策 (M2)	0.259 469*** (2.67)	0.441 330*** (2.73)	0.198 340 (0.85)
价格型货币政策 (SHIBOR)	−0.067 301*** (−3.39)	−0.184 821*** (−3.50)	−0.053 557 (−0.25)
经济政策不确定性指数 (EPU)	−0.475 755*** (−2.86)	−0.076 632 (−0.31)	−0.701 419*** (−4.91)
汇率 (EXCR)	1.336 610** (2.21)	3.922 922*** (3.51)	0.104 508 (0.29)
财政政策 (FISPO)	0.058 815*** (3.01)	0.067 639*** (3.79)	0.051 346** (2.18)
投资水平 (IVELE)	0.171 714 (1.85)	0.286 091*** (3.46)	0.142 306 (1.09)
产业增加值 (INAV)	0.007 142 (0.39)	0.029 618 (1.12)	0.001 848 (0.06)
W×M2	0.272 512*** (2.75)	0.398 714*** (2.71)	0.211 223 (1.52)
W×SHIBOR	−0.201 973 (−0.82)	−0.430 477 (−0.81)	−0.114 344 (−0.38)
W×EPU	−0.272 773** (−2.35)	−0.087 591 (−0.25)	−0.580 382*** (−2.80)
W×EXCR	0.769 063 (1.48)	1.978 158** (2.17)	0.732 306 (0.84)

续表

变量	（1）全样本	（2）低频EPU	（3）高频EPU
W×FISPO	0.050 971*	0.096 074***	0.012 348
	(1.81)	(2.77)	(0.15)
W×IVELE	0.207 958***	0.236 032***	0.161 204
	(3.13)	(2.94)	(1.21)
W×INAV	0.082 519	0.169 525	0.068 457
	(0.91)	(0.98)	(1.14)
扰动项空间自回归系数 （rho）	0.884 895***	0.671 103***	0.926 242***
	(22.80)	(9.80)	(14.81)
sigma2_e	9.769 827***	10.227 120***	9.112 741***
	(26.01)	(18.61)	(16.03)
R^2	0.2522	0.2785	0.2128
Log–L	−5746.1536	−2276.2436	−5890.1848

注：① rho是扰动项的空间自回归系数。

②表中圆括号中的数据为相应统计量 t 值。

（三）直接效应和网络效应分解结果

本书在全样本、高频EPU和低频EPU对比下，各变量的直接效应和网络效应变化见表4-14。也进一步证明经济政策不确定性背景下，货币政策对物价冲击的直接效应和网络效应影响有变化。

表4-14　经济政策不确定性对货币政策直接效应和网络效应影响

	变量	（1）全样本	（2）低频EPU	（3）高频EPU
直接效应	数量型货币政策 （M2）	0.246 264***	0.439 773***	0.165 628***
		(2.91)	(2.90)	(2.58)
	价格型货币政策 （SHIBOR）	−0.149 417	−0.377 137	−0.032 131
		(−0.99)	(−1.16)	(−0.18)
	经济政策不确定性指数 （EPU）	−0.536 560***	−0.096 810	−0.727 546***
		(−3.20)	(−0.44)	(−5.95)

	变量	（1）全样本	（2）低频EPU	（3）高频EPU
直接效应	汇率（EXCR）	0.101 419 (0.33)	1.358 499*** (2.71)	4.394 334*** (4.48)
	财政政策（FISPO）	0.097 215*** (6.08)	0.103 507*** (6.56)	0.072 946** (2.36)
	投资水平（IVELE）	0.117 123*** (2.82)	0.271 932*** (3.92)	0.170 971 (1.99)
	产业增加值（INAV）	0.057 363*** (2.79)	0.058 451*** (3.34)	0.012 210 (0.63)
网络效应	数量型货币政策（M2）	0.287 188*** (3.07)	0.710 156*** (3.30)	0.068 956 (0.47)
	价格型货币政策（SHIBOR）	−0.027 211 (−0.40)	−0.101 686 (−1.80)	−0.015 226 (−0.11)
	经济政策不确定性指数（EPU）	−0.027 145*** (−3.12)	−0.026 677 (−0.07)	−0.038 480*** (−3.32)
	汇率（EXCR）	0.730 349*** (3.44)	0.128 201 (0.30)	1.910 560*** (3.97)
	财政政策（FISPO）	0.106 288*** (6.88)	0.118 333*** (7.26)	0.066 869** (2.29)
	投资水平（IVELE）	0.035 097*** (3.58)	0.088 302** (2.27)	0.002 298 (0.03)
	产业增加值（INAV）	0.063 930** (2.14)	0.083 506*** (2.27)	0.193 290 (1.22)

注：① rho是扰动项的空间自回归系数。

②表中圆括号中的数据为相应统计量 t 值。

对于核心变量，在低频EPU样本中，M2的直接效应和网络效应的系数分别为0.439 773和0.710 156，且都在1%置信水平上显著。在高频EPU样本中，M2的直接效应和网络效应系数分别为0.165 628和0.068 956，前者在1%置信水平上显著，后者在10%置信水平上不显著，且系数大小明显都比低频EPU中的样本系数小。通过对比表4-14高频EPU和低频EPU样本中M2的直接效应和网络效应系数的大小和显著性差异，得出高频EPU会弱化M2对物价水平冲击的直接效应和网络效应，再次验证了假设H1成立。

在低频EPU样本中，SHIBOR的直接效应系数为-0.377 137，在1%置信水平上显著；SHIBOR的网络效应系数为-0.101 686，在10%置信水平上不显著。分别验证了上一节中SHIBOR对物价冲击的直接效应显著，网络效应不显著。在高频EPU样本中，SHIBOR的直接效应系数和网络效应系数分别为-0.032 131和-0.015 226，都在10%置信水平上不显著，且系数大小明显都比低频EPU中的样本系数小。通过对比表4-14高频EPU和低频EPU样本中SHIBOR直接效应和网络效应系数的大小和显著性差异，得出高频EPU，会弱化SHIBOR对物价水平冲击的直接效应，且无论是高频EPU还是低频EPU，SHIBOR网络效应都不显著，再次验证假设H2成立。

在低频EPU样本中，EPU的直接效应系数和网络效应系数分别为-0.096 810和-0.026 677，且都在10%置信水平上不显著；在高频EPU样本中，EPU的直接效应系数和网络效应系数分别为-0.727 546和-0.038 480，都在1%置信水平上显著，且系数绝对值大小明显都比低频EPU中的样本系数高。通过对比表4-14高频EPU和低频EPU样本中EPU直接效应和网络效应系数的大小和显著性差异，得出高频EPU会抑制物价变动，即两者呈负相关；生产网络扩大了EPU对物价的负向冲击，也是物价异质性波动的原因之一。所以再次验证假设H3和假设H4成立。

对于控制变量，在低频EPU样本中，FISPO的直接效应系数和间接效应系数分别为0.103 507和0.118 333，且都在1%置信水平上显著。在高频EPU样本中，FISPO的直接效应系数和网络效应系数分别为0.072 946和0.066 869，都在5%置信水平上显著，且系数大小明显都比低频EPU中的样本系数小。通过对比表4-14高频EPU和低频EPU样本中FISPO直接效应和网络效应系数的大小和显著性差异，得出高频EPU会弱化FISPO对物价水平冲击的直接效应和网络效应，但无论是高频EPU还是低频EPU，FISPO的直接效应和网络效应都显著，而货币政策在高频EPU下不显著,再次验证FISPO和货币政策协同配合,发挥宏观经济政策合力的作用。此外,经济不确定性背景下,通过对比EXCR、IVELE和INAV在低频EPU和高频EPU的系数和显著性变化,发现都存在不同程度的削弱作用,表明EPU在高低频波动时,会削弱汇率、投资和产业增加值对物价水平的影响程度,且这种削弱作用在高频EPU样本中更加明显。

第三节　本章小结

本章理论分析认为:

①生产网络是货币政策向物价传导的重要机制是解释货币政策结构性通货膨胀的原因之一,即当扩张性的货币政策需求冲击时,会直接导致最接近消费端的下游j产品需求的上升,从而j产品的价格会上升,这种价格上涨会让作为j产品中间投入的所有行业产生正向需求的冲击影响,因此对j的上游行业创造一个直接的影响,进而j上游的所有中间投入产品价格都会上升。这种初始直接效应冲击会通过生产网络的进一步传导,从下游逐级传导到上游,对上游行业的中间投入产品价格都产生网络间接的正向影响,以此类推,价格波动会随着生产链逐级向上游价格传导。生产网络是解释货币政策结构性通货膨胀的原因之一。

②经济政策不确定性会弱化货币政策通过生产网络向物价传导的有效性。在经济政策不确定性情况下,一方面,各中小企业由此可能产生的资金链断裂与资产质量恶化现象,会导致大量的债务违约和不良贷款,影响央行货币政策的实施效果。货币政策最终要通过微观的企业和商业银行来实现其作用,但经济不确定性会降低商业银行的信贷供给,会使生产网络所有小微企业都面临较高的融资成本和门槛,这将降低生产网络中各小微企业的生产效率,会影响下游j产品需求,进而影响货币政策通过生产网络向各行业物价传导的有效性。另

一方面，货币政策的需求冲击在通过生产链逐级向上游产业传导过程中，会出现暂时性断裂状况，进而会影响货币政策通过生产网络向各行业物价传导的有效性。

本书的实证研究验证了本书理论分析得到的观点和提出的理论假设。

第一，基于投入产出矩阵表联系的生产网络是货币政策向物价的重要传导机制，其中 M2 对产业物价的总效应影响显著为正，SHIBOR 对产业物价的总效应影响显著为负，整体而言，货币政策向产业物价传导机制是有效的。货币政策需求冲击会通过生产链从消费端的下游部门逐级向上游部门传导，最终释放了货币政策直接和间接的全部影响，是解释货币政策结构性通货膨胀的原因之一。

第二，M2 冲击通过生产网络的传导机制对各行业价格水平的影响有直接效应和网络效应；SHIBOR 通过生产网络传导效应对物价冲击的直接效应显著为负，但是通过生产网络扩大对 INPL 的影响具有不确定性，即网络效应不显著。

第三，EPU 会抑制物价变动，即两者呈负相关。生产网络扩大了 EPU 对物价的负向冲击，也是物价异质性波动的原因之一。高频 EPU 会弱化 M2 对物价水平冲击的直接效应和网络效应，也会弱化 SHIBOR 对物价水平冲击的直接效应。

第五章　货币政策的生产网络传导效应：
基于收入分配目标

本章节第一节先是使用SVAR，对我国1978—2018年时间序列的年度数据进行回归，从货币政策传统的直接效应冲击角度研究对收入不平等的影响。本章第二节运用基于生产网络中2003—2019年我国各行业平均收入年度面板数据建立的空间计量模型，并采用直接效应和网络效应分解技术，从各个产业收入的微观数据结构的角度揭示货币政策向城镇平均收入传导的效果在何种程度上是通过生产网络来实现的，并验证了生产网络是解释货币政策的收入分配功能的原因之一。

第一节　货币政策的收入分配效应检验：
基于城乡收入不平等

城乡收入不平等现象是理论界和管理层关注的重点问题。本节基于收入不平等数学理论模型，从储蓄渠道、收入构成渠道、工资异质性渠道和资产渠道四个可能渠道阐述货币政策对城乡收入不平等的影响机制，并在此理论机制和研究假设提出的基础上进行实证检验，对我国1978—2018年时间序列的年度数据进行回归分析，从货币政策传统的直接效应冲击角度研究对收入不平等的影响，最终验证中国货币政策变动、城乡收入差距、城乡消费差距之间是否存在长期稳定的协整关系，判断货币政策是否是收入差距的格兰杰原因，即货币政策的直接效应是否有收入分配的作用。

一、引言

党的十九届五中全会确定了"高质量发展"和"内循环+双循环"新发展格局。在"高质量经济增长双循环"下，我们由过去的出口和投资双引擎驱动转向消费驱动，减少对外需的依赖。消费驱动就需要提高消费在经济中的占比，那么就需要提高居民收入在国民收入中的比重来改变收入分配的格局，才能打通双循环消费"堵点"。此外，党的二十大报告提出，要完善分配制度，坚持按劳分配为主体、多种分配方式并存，坚持多劳多得，鼓励勤劳致富，促进机会公平，增加低收入者收入，扩大中等收入群体，规范收入分配秩序，规范财富积累机制。

在党中央的不懈努力下，全国居民收入基尼系数在近年来有所降低，但仍处在高位徘徊状态。2013年年初，国家统计局一次性公布了近十年的基尼系数，2003—2012年分别是0.479、0.473、0.485、0.487、0.484、0.491、0.490、0.481、0.477和0.474；2013—2017年分别是0.473、0.469、0.462、0.465、0.467。基尼系数在0.47至0.50之间波动，其中基尼系数最大值是2008年，达到0.491，如图5-1所示。根据国际惯例，一般认为，当基尼系数小于0.2时表示高度平均，0.2~0.3表示相对平均，0.3~0.4表示比较合理水平，0.4~0.6表示不平均，0.6以上表示高度不平均。国际上通常把0.4作为贫富差距的警戒线，认为超过这条警戒线，就容易产生社会动荡，可以看出我国目前不平等程度仍较为严重。

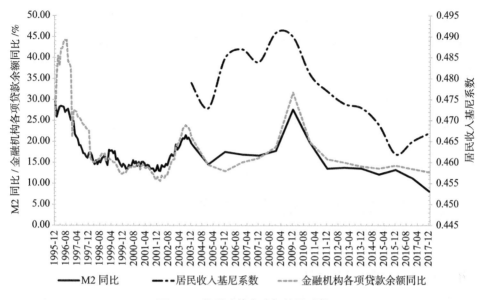

图5-1 货币政策变动与基尼系数

目前我国收入分配差距过大，主要是因为我国存在的城乡、地区和行业间收入差距过大。针对城乡收入分配差距对经济社会发展的不利影响，党中央对收入分配问题高度重视，并出台了一系列调节收入分配的政策。2006年，中央政治局会议专门研究了改革收入分配制度和规范收入分配秩序问题，并提出了构建科学合理、公平公正的社会收入分配体系的改革目标。2009年，中国政府相继出台了一系列调节收入分配的政策，如《关于2009年深化经济体制改革工作的意见》对其进行了全面概括，2013年《中共中央关于全面深化改革若干重大问题的决定》规范收入分配秩序，完善收入分配调控体制机制和政策体系，充分表明了党和政府在发展经济的同时对积极推进社会公平的重视。就经济政策而言，政府拥有的政策工具不外乎财政政策和货币政策两类。保持对资本所得的适度税收政策能有效缓解收入不平等，但过高的税负会使资本外流，劳动者会因此降低收入，反而扩大不平等（刘穷志，2017），也会挫伤高收入群体的工作积极性，造成一定的效率损失。因此，相比之下，作为宏观调控手段的货币政策，是否可以在促进经济增长的同时，实现缓解经济不平问题，为助力形成双循环新格局，优化城乡收入分配也成为货币政策效果的考量因素❶。在此情况下，本节从货币政策变化的角度研究中国城乡发展失衡，即研究货币政策信贷余额、城乡收入分配、城乡消费差距和经济增长之间的内在机理，对解决消费不足和达到"国内国际双循环相互促进的新发展格局"具有较强的现实意义及研究价值。

二、理论机制与研究假设的提出

为了用理论模型阐述货币政策对收入不平等的影响机制，本书假设一个只含有两种不同类型家庭的经济体。

第一种家庭为高收入家庭，每个高收入家庭每期持有现金 C^H 用于购买商品，拥有存款 D^H，获得收入 $Y^H = (Y_1^H, Y_2^H, Y_3^H, Y_4^H)$，其中，$Y_1^H, Y_2^H, Y_3^H, Y_4^H$ 分别为工资性收入、经营性收入、财产性收入和转移性收入。根据凯恩斯消费理论，为了便于下文数理推导，假设收入和消费之间存在线性关系，设定消费函数为 $E^H = A_1 + B_1 Y^H$，其中 $A_1 > 0$，因为根据实际情况，任何消费者都有必不可少的自发消费，即使收入为零时举债或动用过去的储蓄也必须要有的基本生活消费。

第二种家庭为低收入家庭，每个家庭每期持有现金 C^L 用于购买商品，拥有存款 D^L，获得收入 $Y^L = (Y_1^L, Y_2^L, Y_3^L, Y_4^L)$，其中，$Y_1^L$、$Y_2^L$、$Y_3^L$、$Y_4^L$ 分别为工资性收入、经营性收入、财产性收入和转移性收入。同上，设定消费函数为 $E^L = A_2 + B_2 Y^L$，其中 $A_2 > 0$。

家庭总收入为 $|Y^K| = \sum_{i=1}^{4} Y_i^k, i = 1,2,3,4, K = H,L$；不同类型收入占总收入比为

---

❶ 参考图5-1，货币政策变动与基尼系数正相关。

$$T_i^k = \frac{Y_i^k}{|Y^K|}, \quad i = 1, 2, 3, 4, \quad K = H, L;$$ r 为实际利率，Y_N^H、Y_N^L 分别表示货币政策

变化后的高收入家庭总收入和低收入家庭总收入，π 表示通货膨胀，收入差距

$G^Y = \dfrac{|Y^H|}{|Y^L|}$；货币政策变化前和变化后的消费差距分别表示为

$$G_0^E = \frac{|E^H|}{|E^L|} = \frac{A_1 + B_1 Y^H}{A_2 + B_2 Y^L}; \quad G_N^E = \frac{|E^H|}{|E^L|} = \frac{A_1 + B_1 Y_N^H}{A_2 + B_2 Y_N^L} \tag{5-1}$$

（一）收入构成渠道

假设1：$T_2^H > T_2^L$，即高收入家庭经营性收入与总收入比大于低收入家庭的
比例。

在其他条件不变的情况下，当货币供应量增加时，物价上升，再根据凯恩
斯的工资黏性理论，可知货币供应量增加的速度大于工资增加的速度，使得工
人实际获得的工资降低，也使企业降低了工资成本，实际经营收入相对增加，
从而经营性收入增加的速度大于工资增加的速度，记为 $V_{Y_2}\uparrow > V_{Y_1}\uparrow$。根据高收
入家庭经营性收入与总收入比大于低收入家庭的比例，记为 $T_2^H > T_2^L$ 所以高收入
家庭总收入增加的速度大于低收入家庭增加的速度，记为 $V_{Y^H}\uparrow > V_{Y^L}\uparrow$，故收入
差距 G^Y 变大。针对收入差距的推导：

$$\left.\begin{array}{l} \text{m2}\uparrow \to P_W \\ \text{黏性工资} \end{array}\right\} \quad V_{\text{m2}} > V_{Y_1} \quad \left.\begin{array}{l} C_W\downarrow \\ p_{\text{企}}\uparrow \end{array}\right\} \Rightarrow V_{Y_2}\uparrow > V_{Y_1}\uparrow$$

$$V_{Y^H}\uparrow > V_{Y^L}\uparrow; \; T_2^H > T_2^L \Rightarrow \frac{|Y^H|}{|Y^L|}\uparrow \Leftrightarrow G^Y\uparrow$$

其中 V_{m2} 表示货币增发速度，$p_{\text{企}}$ 表示企业利润，C_W 表示企业工人工资成本，
$V_{Y_2^H}$ 表示高收入群体经营性收入分配速度，$V_{Y_2^L}$ 表示低收入群体经营性收入分配
速度。由以下推倒得知，消费差距有不确定性，针对消费差距的推导：

$$G_0^E = \frac{|E^H|}{|E^L|} = \frac{A_1 + B_1 Y^H}{A_2 + B_2 Y^L}$$

$$G_N^E = \frac{|E^H|}{|E^L|} = \frac{A_1 + B_1 Y_N^H}{A_2 + B_2 Y_N^L}$$

$$G_0^E - G_N^E = \frac{A_1 + B_1 Y^H}{A_2 + B_2 Y^L} - \frac{A_1 + B_1 Y_N^H}{A_2 + B_2 Y_N^L}$$

$$= \frac{A_1 B_2 (Y_N^L - Y^L) + A_2 B_1 (Y^H - Y_N^H) + B_1 B_2 (Y^H Y_N^L - Y^L Y_N^H)}{(A_2 + B_2 Y^L)(A_2 + B_2 Y_N^L)} \quad (5\text{-}2)$$

$$\Rightarrow G_N^E \text{不确定}$$

（二）资产组合渠道

假设2：$\dfrac{C^H}{|Y^H|} < \dfrac{C^L}{|Y^L|}$，表示低收入者持有的现金比例大于高收入者持有的现金比例[1]。

在其他条件不变的情况下，央行增发货币，会导致通货膨胀（π）上升，这样相当于政府向持有现金的家庭征通货膨胀税[2]，使得家庭的财产性收入减少，由假设2可知，低收入家庭财产性收入被征收更多的税，故低收入家庭的财产性收入降低的速度大于高收入家庭财产性收入降低的速度，记为 $V_{Y_3^H}\downarrow < V_{Y_3^L}\downarrow$，使得低收入家庭的总收入降低的速度大于高收入家庭，记为 $V_{Y^H}\downarrow < V_{Y^L}\downarrow$，收入差距 G^Y 变大。同时，G_N^E 具有不确定，证明同上。

$$\left.\begin{array}{l} \mathrm{m}_2 \uparrow \Rightarrow \pi \uparrow \\ \dfrac{C^H}{|Y^H|} < \dfrac{C^L}{|Y^L|} \end{array}\right\} V_{Y_3^H}\downarrow < V_{Y_3^L}\downarrow \Rightarrow V_{Y^H}\downarrow < V_{Y^L}\downarrow \Rightarrow \dfrac{|Y^H|}{|Y^L|}\uparrow \Rightarrow G^Y\uparrow$$

---

[1] 居民会持有一定的现金用于交易与消费，由于低收入者总财富低于高收入者，相对而言，低收入者会持有更大比例的现金。

[2] 政府向家庭征收的通货膨胀税，相当于一种累退税。

（三）工资异质渠道

假设3：低收入家庭更容易受到紧缩性货币政策的冲击。

在其他条件不变的情况下，央行缩减货币供量，会导致全社会整体失业率上升，而且低收入群体失业率大于高收入群体。这样低收入群体工资性收入下降要大于高收入群体。收入差距 G^Y 变大（Erosa，Ventura，2002；Albanesi，2007），所以紧缩性货币政策会导致收入差距 G^Y 变大。反之，扩张性的货币政策使得收入差距 G^Y 变小。同时，G_N^E 具有不确定，证明同上。

$$m_2 \downarrow \Rightarrow U^L \uparrow \uparrow, U^H \uparrow \Rightarrow Y_1^H \downarrow, Y_1^L \downarrow \downarrow \Rightarrow Y^H \downarrow, Y^L \downarrow \downarrow \Rightarrow \left| \frac{Y^H}{Y^L} \right| \uparrow \Leftrightarrow G^Y \uparrow$$

（四）储蓄再分配渠道

在其他条件不变的情况下，央行增发货币，会导致通货膨胀（π）上升，金融市场实际利率会变小，借款人的实际利率比约定的下降了，这样储户实际收入变小了。由于富人一般是储蓄者，穷人一般是借款者，所以高收入家庭的财产性收入减少，低收入家庭的财产性收入增加。收入差距 G^Y 变小。同时，G_N^E 具有不确定，证明同上。

$$m_2 \uparrow \Rightarrow \pi \uparrow \Rightarrow r \downarrow \Rightarrow Y_3^H \downarrow, Y_3^L \uparrow \Rightarrow Y^H \downarrow, Y^L \uparrow \Rightarrow \left| \frac{Y^H}{Y^L} \right| \downarrow \Leftrightarrow G^Y \downarrow$$

从理论模型来看，货币政策对收入差距和消费差距的影响是多维的，收入构成和资产通道使得扩张性的货币政策扩大收入差距，而储蓄和工资异质性通道使得扩张性的货币政策减少收入差距。同时证明了消费差距 G_N^E 具有不确定。因此从理论上来看，货币政策对收入差距和消费差距的影响是不确定的，最后合力作用的结果还有待于从实证分析中获得。

三、实证估计结果与分析

（一）模型与数据

向量自回归模型（VAR）无法刻画变量之间的同期关系，而在此基础上改进的SVAR则可以克服这一缺点。由一般的k元P阶VAR模型到典型的SVAR模型推导如下。

一般的k元P阶VAR模型如式（5-3）：

$$y_t = A_1 y_{t-1} + \cdots + A_P y_{t-P} + \boldsymbol{\varepsilon}_t \tag{5-3}$$

式（5-3）还可以写为

$$A(L) y_t = \boldsymbol{\varepsilon}_t \tag{5-4}$$

其中，$A(L) = I - A_1 L - A_2 L^2 - A_P L^P$，是滞后算子$L$的参数矩阵多项式；$\boldsymbol{\varepsilon}_t$为$k$维新息向量。假定模型满足平稳健条件，则根据Wald定理可以将式（5-4）移动平均形式：

$$y_t = C(L) \boldsymbol{\varepsilon}_t \tag{5-5}$$

其中，$C(L) = A(L)^{-1} = C_0 + C_1 L + C_2 L^2 + \cdots$；$C_0 = I_k$。VAR模型式（5-3）和式（5-4）并没有给出变量之间当期相关关系的确切形式，而这些当期相关关系隐藏在Σ阵的相关结构之中。为了明确变量间的当期关系，需将式（5-3）转变成结构形式。

$$\boldsymbol{A}_0 y_t = A_1 y_{t-1} + \cdots + A_P y_{t-P} + u_t \tag{5-6}$$

其中，$\boldsymbol{A}_0$为对角线元素全为1的k阶方阵，反映了同期间的结构关系；u_t为k维不可观测的结构新息，且假定$E\left(u_t u_t'\right) = I_k$。将式（5-6）写成滞后算子的形式为

$$A^*(L) y_t = u_t \tag{5-7}$$

其中$A^*(L) = A_0 - A_1 L - A_2 L^2 - A_P L^P$。如果矩阵多项式$A^*(L)$可逆，则式（5-7）可以写成

$$y_t = D(L) u_t \tag{5-8}$$

其中，$D(L) = A^*(L)^{-1} = D_0 + D_1 L + D_2 L^2 + \cdots$；$D_0 = A_0^{-1}$。由式（5-5）和式（5-8）可以得到

$$C(L)\varepsilon_t = D(L)u_t \qquad (5-9)$$

其对于任意的 t 均是成立的，该式被称为典型的 SVAR 模型。

由于本书样本选取自我国 1978—2015 年相关年度经济同比增长率数据，而 1978—1984 年货币供应量数据缺失，故货币政策以金融机构各项贷款余额❶比为代表，城乡收入差距 $G^Y = \dfrac{|Y^H|}{|Y^L|}$，其中，由于数据的可得性，选 $|Y^H|$ 为城镇居民家庭人均可支配收入，$|Y^L|$ 为农村居民家庭人均纯收入。G^E 为城镇居民消费与农村居民消费的比值，由于农村人均纯收入数据截至 2015 年，城乡消费水平比数据截至 2016 年，故根据数据的可得性，选取于我国 1978—2015 年相关年度经济同比增长率数据。数据来源于国家统计局、中经数据库、wind 资讯。

图 5-2 展示了经济周期（GDP 年度同比增长率）、货币政策的变动（贷款余额增长率）、收入不平等（城乡人均收入之比）和消费不平等（城乡人均消费之比）。从中可以发现，我国自 1978 年以来，GDP 年度同比增长率与贷款余额增长率，呈现高度正相关性。表明改革开放近 40 年来，我国央行货币政策促进了经济发展，为保持经济高速发展做出了巨大贡献。城乡消费不平等与收入不平等基本成正相关，走势一致，符合凯恩斯的消费理论。而 1983—2008 年，虽然中间贷款余额增长率有所回落，但总体货币政策是扩张的，消费不平等与收入不平等也有一定程度上升，其中，从 1991 年开始城乡消费差距和收入差距同步扩大，在 2008 年达到最大。这与我国首先从农村的家庭联产承包责任制逐步过渡到城市经济改革，城市率先股份制、承包制等多种经营形式，城市大力发展了金融业，城乡金融服务差距扩大等原因有关。其中 1991 年随着上海、深圳证券交易所的建立，城市各大银行网点的快速发展极大拓宽了城镇居民的投融资

---

❶ 贷款余额指至某一节点日期为止，尚未偿还的贷款余额等于贷款总额扣除已偿还的银行贷款。

渠道，扩大了城乡收入差距，根据凯恩斯消费理论，从而也扩大了城乡消费差距。2009—2017年，当面临紧缩的货币政策（贷款余额增长率下降）时，消费不平等与收入不平等有一定程度下降。这是因为2008年金融危机爆发后，针对大批外贸企业破产和农民工返乡等问题，政府实施了宽松的货币政策和扩张性财政政策[1]，加快实施了农村基础设施建设和合理扩大信贷规模等措施。故而从2009年开始，收入不平等与消费不平等比例从最大值逐步回落到合理区间，经济不平等现象得到较大的缓解，GDP增长率逐步回升，经济运行中的积极因素不断增多，平稳向好势头日趋明显。

　　总体而言，中国改革开放40年以来，我国积极推进公共服务均等化和城乡发展一体化，中国货币政策与经济增长、消费不平、收入不平等，绝大多数时候呈现完美的正相关性。我国央行货币政策既合理地促进了经济增长，又缓解了经济不平等程度。

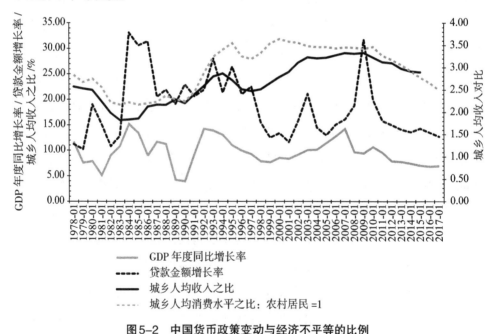

图5-2　中国货币政策变动与经济不平等的比例

---

[1] 4万亿财政计划。

（二）平稳性与协整检验

为消除原始变量的异方差影响，本书首先对所有原始变量进行对数化处理，得 lngc、lngi、lnlb 和 lny。对原始变量对数处理后对数序列，进行分析的前提是保持序列的平稳性，而非平稳的时间序列参与回归建模分析，会导致为回归问题。因此需要对数序列进行单位根检验，判断对数序列的平稳性。

本书采用 ADF 检验来检验变量的平稳性，滞后期阶数由 AIC 和 SC 值最小来自动确定。结果显示，原始序列的各变量的 ADF 检验 T 值的绝对值并非全大于所有对应临界值的绝对值，原序列 lngc，lngi，lnlb 的 ADF 检验 T 值绝对值小于三者水平临界值的绝对值，所以应当接受原假设，即有单位根，是非平稳序列；原序列 lny 的 ADF 检验 T 值大于三者水平临界值的绝对值，所以应当拒绝原假设，即没有单位根，是平稳序列。原始序列取的一阶差分 D（lngc）、D（lngi）、D（lnlb）的 ADF 检验 T 值的绝对值均大于上述对应三者水平的绝对值，则表示在 1%、5%、10% 水平下均拒绝原假设，序列一阶差分后不具有单位根，是平稳序列，具体结果见表 5-1。

表5-1　ADF检验结果

变量	检验形式	ADF统计值	1% level	5% level	10% level	Prob.*	结论
lngc	$(C, 0, 0)$	−1.267 655	−3.621 023	−2.943 427	−2.610 263	0.634 2	非平稳
Δ(lngc)	$(C, 0, 0)$	−6.394 198	−3.626 784	−2.945 842	−2.611 531	0.000 0	平稳
lngi	$(C, T, 5)$	−1.082 728	−4.273 277	−3.557 759	−3.212 361	0.916 5	非平稳
Δ(lngi)	$(C, T, 3)$	−4.480 152	−4.262 735	−3.552 973	−3.209 642	0.005 9	平稳
lnlb	$(C, 0, 0)$	−0.178 681	−2.628 961	−1.950 117	−1.611 339	0.615 0	非平稳
Δ(lnlb)	$(C, 0, 0)$	−6.565 847	−2.630 762	−1.950 394	−1.611 202	0.000 0	平稳
lny	$(C, 0, 3)$	−4.055 644	−3.639 407	−2.951 125	−2.614 300	0.003 4	平稳

注：检验形式为 (C, T, K)，其中 K 为滞后阶，基于 AIC 和 SC 值确定；C、T 分别表示含常数项、含时间趋势项；Δ 表示为变量序列的一阶差分。

为了考察变量lngc、lngi、lnlb和lny之间是否具有长期稳定的关系，需要对其进行协整检验。对于非平稳时间序列的协整分析，传统的方法是Engel-Granger两步法。但是Engel-Granger两步法最多只能判断多个变量存在一个协整关系，对于多变量协整分析最为常用的是Johansen-Juselius的JJ检验法。因此，本书采用了JJ检验法。对于VAR模型的协整检验[1]，首先要确定最优滞后期。表5-2给出了滞后期数从0至4阶的VAR模型的LB、FPE、AIC、SC和HQ的值，5个评价统计量各自给出的最小滞后期用"*"号表示，其中有4个准则选出来的滞后阶数是3阶，即有超过一半的准则选出来的滞后阶数为3阶，故VAR模型的最优滞后阶数为3阶，具体结果见表5-2。

表5-2　VAR模型最优滞后阶数检验结果

滞后期数	LogL	LR	FPE	AIC	SC	HQ
0	28.321 2	NA	2.81e−06	−1.430 660	−1.251 088	−1.369 421
1	113.784 3	145.790 000	4.76e−08	−5.516 723	−4.618 864*	−5.210 528
2	141.910 7	41.362 360	2.44e−08	−6.230 041	−4.613 895	−5.678 889
3	166.231 0	30.042 670*	1.67e−08*	−6.719 468*	−4.385 034	−5.923 359*
4	173.937 9	7.706 984	3.43e−08	−6.231 643	−3.178 922	−5.190 578

*：表示依据相应准则所选择出来的滞后阶数。

确定最优滞后阶数为3后，采用JJ协整检验四个变量lngc、lngi、lnlb和lny是否存在协整关系，本书采用观测序列有线性确定趋势并且协整方程（CE）仅有截距。结果见表5-3。

---

[1] SVAR模型的建立一般都是基于一定的经济理论基础，将一定的基于经济、金融理论的变量之间的结构性关系引入VAR模型。也正是基于这个原因，VAR模型实质上是一个缩减形式，没有明确体现变量间的结构性关系。

表5-3　协整检验结果

原假设	特征值	迹统计量	5%临界值	概率值	最大特征值统计量	5%临界值	概率值
None	0.610 793	50.251 71	47.856 13	0.029 3	32.083 930	27.584 34	0.012 3
At most 1	0.292 434	18.167 77	29.797 07	0.553 7	11.761 440	21.131 62	0.571 4
At most 2	0.130 372	6.406 33	15.494 71	0.647 5	4.749 456	14.264 60	0.773 1
At most 3	0.047 563	1.656 88	3.841 47	0.198 0	1.656 875	3.841 47	0.198 0

　　统计量协整检验规则，采用循环检验规则。由表5-3可知，迹统计量的第一原假设None表示没有协整关系，该假设下计算的迹统计量的值为50.251 71，大于临界值47.856 13，且相应的概率P值0.029 3小于5%的置信水平❶，可以拒绝原假设，认为至少存在一个协整关系；下一个原假设At most 1表示最多存在一个协整关系，该原假设下计算的迹统计量值为18.167 77，小于临界值29.797 07，且相应的概率P值0.5537大于5%的置信水平，可以接受原假设，认为只存在一个协整关系。At most 2和At most 3都接受原假设。检验到此完毕。通过迹统计量可以判断lngc、lngi、lnlb、lny四个变量存只存在一个协整关系。最大特征值的检验结果与迹统计量的检验结果一致。故说明城乡消费差距（lngc）、城乡收入差距（lngi）、货币政策变动（lnlb）、年度经济同比增长率（lny）四个变量之间存在长期稳定的均衡关系。

（三）格兰杰因果检验

　　格兰杰因果关系可以用来检验某个变量的所有滞后项是否对另一个或者几个变量的当期值有影响。如果影响显著，说明该变量对另一个变量或者几个变量存在格兰杰因果关系；如果影响不显著，说明该变量对另一个变量或者几个变量不存在格兰杰因果关系。从表5-4格兰杰检验结果可以看出：① lngi、lnlb、

---

❶ Critical Value置信水平设定，主要是指设定协整检验要求的临界值概率值标准，系统默认5%，研究者也可自己调整，但一般不超过10%。

lny 的变动是 lngc 的格兰杰原因，其中所对应的 P 值分别为 0.008 1、0.008 3、0.000 3，均拒绝接受原假设，可见这种格兰杰原因是非常显著的。这种检验结果与图5-2所示结果一致，其中城乡收入差距（lngi）的变动是城乡消费差距（lngc）变动的格兰杰原因，符合凯恩斯消费理论，货币政策变动和经济增长在一定程度上影响了影响城乡消费不平等，因为城乡消费有它内在自发性，即使收入为0时举债活动用过去的储蓄也必须要有基本的生活消费，消费信贷的市场发展势必会对城乡消费差距造成影响。② lngc、lnlb、lny 的变动是 lngi 的格兰杰原因，其中所对应的 P 值分别为 0.021 2、0.048 6、0.010 1，均拒绝接受原假设，可见这种格兰杰原因是非常显著的，这种检验结果也与图5-2所示结果一致，根据凯恩斯消费理论，城乡消费的变动是城乡收入变动的的格兰杰原因，此外货币政策的变动和经济周期的变化也在一定程度上增加了城乡收入不平等。③ lngc、lngi 的变动不是 lny 的格兰杰原因，其中所对应的 P 值分别为 0.137 9、0.367 8，均接受原假设，说明城乡收入不平等和消费不平等现象的加剧不是经济增长的格兰杰原因。④ lngc、lngi、lny 的变动不是 lnlb 的格兰杰原因，其中所对应的 P 值分别为 0.917 3、0.978 1、0.217 8，说明城乡消费差距和收入差距对货币政策影响较小，经济增长率对金融机构贷款余额增长作用不大。

表5-4　格兰杰检验结果

原假设	观测值	F 统计量	Prob.
lngi 不是 lngc 的格兰杰原因	34	11.791 62	0.008 1
lnlb 不是 lngc 的格兰杰原因	34	11.735 89	0.008 3
lny 不是 lngc 的格兰杰原因	34	18.875 45	0.000 3
lngc 不是 lngi 的格兰杰原因	34	9.707 44	0.021 2
lnlb 不是 lngi 的格兰杰原因	34	5.338 51	0.048 6
lny 不是 lngi 的格兰杰原因	34	11.318 71	0.010 1
lngc 不是 lny 的格兰杰原因	34	5.511 67	0.137 9
lngi 不是 lny 的格兰杰原因	34	3.158 55	0.367 8

续表

原假设	观测值	F统计量	Prob.
lnlb 不是 lny 的格兰杰原因	34	3.260 87	0.353 1
lngc 不是 lnlb 的格兰杰原因	34	0.507 08	0.917 3
lngi 不是 lnlb 的格兰杰原因	34	0.196 62	0.978 1
lny 不是 lnlb 的格兰杰原因	34	4.438 88	0.217 8

（四）结构向量自回归的实证分析

1. SVAR 的识别

在进行 SVAR 估计时，非常重要的是设定结构参数可识别的约束条件。根据相关经济理论、格兰杰因果检验结论及本书对货币供给传导机制的分析，且沿用乔利斯基分解的思路，本书设定的约束条件如下：

$$
\begin{bmatrix} 1 & 0 & 0 & 0 \\ \alpha_{21} & 1 & 0 & 0 \\ \alpha_{31} & \alpha_{32} & 1 & 0 \\ \alpha_{41} & \alpha_{42} & \alpha_{43} & 1 \end{bmatrix} \begin{bmatrix} \mu^Y \\ \mu^{GI} \\ \mu^{LB} \\ \mu^{GC} \end{bmatrix} = \begin{bmatrix} \beta_{11} & 0 & 0 & 0 \\ 0 & \beta_{22} & 0 & 0 \\ 0 & 0 & \beta_{33} & 0 \\ 0 & 0 & 0 & \beta_{44} \end{bmatrix} \begin{bmatrix} \varepsilon^Y \\ \varepsilon^{GI} \\ \varepsilon^{LB} \\ \varepsilon^{GC} \end{bmatrix} \tag{5-10}
$$

其经济含义是：①城乡收入差距、消费差距对 GDP 增长率（y）无直接效应，GDP 增长率（y）对城乡收入差距有影响，符合格兰杰因果检验的结论；② GDP 增长率（y）、城乡收入差距对金融机构信贷余额（lb）有影响，但消费差距对金融机构信贷余额（lb）无有影响。③ GDP 增长率（y）、城乡收入差距（gi）和金融机构信贷余额（lb）对城乡消费差距都有直接的影响。

此外，对此 SVAR 的系统稳定性检验显示，所有特征值均在单位圆以内，故此 SVAR 是系统稳定的（见图 5-3），所以对其进行脉冲响应分析将是非常有效的。

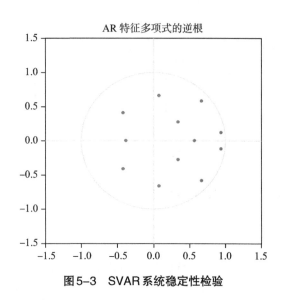

图5-3　SVAR系统稳定性检验

2.脉冲响应函数分析

脉冲响应函数用来衡量来自随机扰动项的一个标准差冲击对内生变量当期和未来取值的影响的变动轨迹，能比较直观地刻画变量之间的动态交互作用及其效应。基于本书建立的滞后阶数为3的SVAR，将刻画城乡消费差距（lngc）、城乡收入差距（lngi）、货币政策变动（lnlb）、年度经济同比增长率（lny）四个变量之间脉冲响应函数（IRF），以进一步分析二者的动态关系。图5-3对各变量的响应过程进行35个年度的系统模拟，分析如下。

（1）由第一列看出，给定一个标准的lngc结构性初始正向冲击（见图5-4中的Shock1），lngc本身和lngi响应曲线十分相似，在第一期内正响应最大，在前15期内均为正，且逐步趋于收敛。这说明中国城乡消费不平等加剧了收入不平等。消费与收入是紧密联系的。而总体而言，lnlb和lny响应曲线类似，正响应程度不大，基本上趋于收敛状态，这与上文格兰杰因果检验结论一致。说明中国改革开放以来，城乡收入不平等对城乡消费不平等具有正向作用，即加剧了城乡消费不平等，城乡消费不平等反过来又加剧了城乡收入不平等。金融

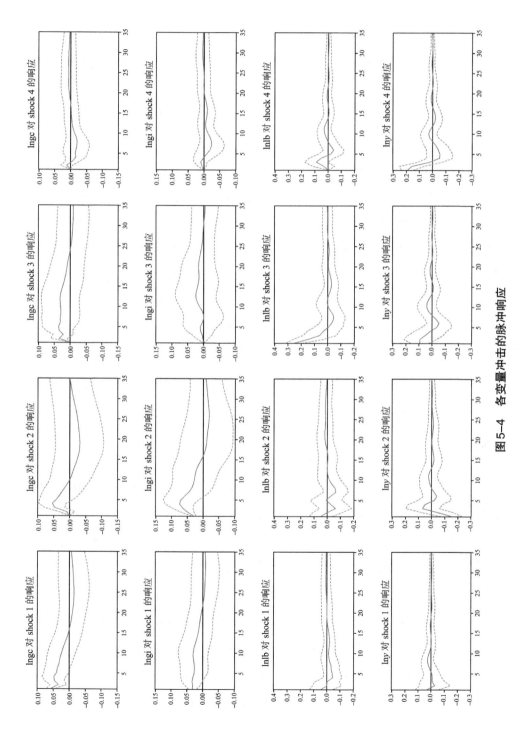

图 5—4 各变量冲击的脉冲响应

机构信贷余额更多表现为一个宏观经济变量，具有一定的外生性。因此，城乡消费不平等反过来又加剧了城乡收入不平等，但对货币政策和经济增长率没有影响。

（2）由第二列看出，给一个标准的lngi结构性正向冲击（参见图5-4中的Shock2），lngi本身和lngc响应曲线十分相似，lngc初始正向响应幅度较小，然后迅速上升，在第5期达到最大后趋于收敛，然后在相当时间内有负向冲击。而总体而言，lnlb和lny响应曲线类似，正响应程度不大，基本上趋于收敛状态，说明城乡消费差距对收入差距变动正响应作用敏感。但是基于消费是刚需的，哪怕收入为零，也会通过消费信贷市场平滑消费，随着城乡金融一体化的发展，农村金融信用逐步完善，消费信贷发展迅速，会逐步降低收入不平等对消费差距的影响。同时城乡收入差距的扩大，可以为政府增加税收收入、加大转移支付力度，农村居民会接受政府补贴，从而在一定的时间内降低城乡收入的差距。

（3）从第三列可以看出，给定一个标准差的lnlb结构性正向冲击（参见图5-4中的Shock3）。lngc初始正向响应幅度围绕0值上下波动，然后迅速上升，在第3期后小幅度缩小，随后上扬长时间处于高位徘徊，在第13期达到最大值。逐步趋于收敛，正向冲击的时间较长。城乡收入差距（lngi）初始正向响应幅度较城乡消费差距（lngc）小，前8期在0值上方小幅度波动，之后迅速上扬，和城乡收入差距（lngi）同步达到最高点。结合图5-1可知，改革开放初期，从1978—1983年为收入差距逐渐缩小的阶段，收入比例由1978年的2.57降为1983年的1.82，这主要是因为我国经济改革首先是从农村推行家庭联产承包责任制开始的，但是农村的信用制度不健全，金融机构单一，所以央行货币政策对城乡收入差距影响较小，而与之相比，城镇金融市场融资来源和融资渠道多样，消费信贷发展迅速，所以城乡消费差距对货币政策变动响应较敏感，迅速达到高点，所以城乡消费差距（lngc）初始正向响应幅度较城乡收入差距（lngi）高。1984—1994年为城乡收入差距扩大的阶段，1984年我国经济改革开始扩展到城市，在城市实行股份制、承包制等多种经营形式，城市金融市场环境比较完善，融资来源和融资渠道多样，极大地激活了城市经济的发展，拉开了农村的巨大差距，扩大了收入差距；城乡收入差距和城乡消费差距达到最高点的时间是同步的。这也符合凯恩斯的消费理论，消费与收入成正相关。lny响应曲线初始正向响应幅度较高，然后迅速趋于收敛，在第5期达到负值最小，随后上扬，在0值附近小幅度波动。表明我国的货币政策在改革开放初期对经济发展正响应作用大，但随着城乡消费差距和收入差距的扩大，对经济增长产生了一定的抑制作用。2009—2017年我国的城乡收入差距出现了下降的趋势，这除了与公共政策❶的实施有关以外，还应与我国积极推进稳健中性的结构性货币政策，减缓了城乡收入与消费差距的影响，促进了经济增长有关。

3.方差分解分析

脉冲响应函数能解释一个内生变量对其他内生变量所带来的影响，包括响应符号和响应幅度，但是不能比较不同冲击对一个特定变量的影响强度，而预测误差的方差分解将系统的均方误差分解成各变量冲击所做的贡献，为解决此问题提供了更加正式和准确的信息，图5-5、表5-5分别显示了SVAR方差分解的模拟结果。其中，Shock1、Shock2、Shock3和Shock4分别代表lngc、lngi、ln-lb和lny。

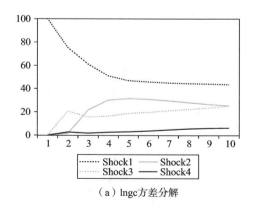

（a）lngc方差分解

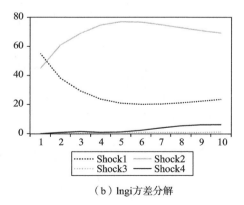

（b）lngi方差分解

---

❶公共服务均等化和城乡发展一体化政策。

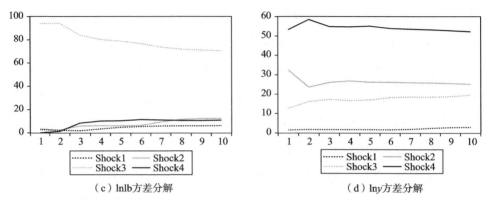

（c）lnlb方差分解　　　　　　　　　　　　（d）lny方差分解

图5-5　各变量方差分解

表5-5　方差分解

时期	标准差	lngc	lngi	lnlb	lny
1	0.056 79	100.000 00	0.000 00	0.000 00	0.000 000
2	0.076 20	75.279 04	1.515 11	20.546 36	2.659 49
3	0.103 37	61.113 80	21.657 07	15.513 44	1.715 69
4	0.131 67	50.943 97	30.140 09	16.369 60	2.546 34
对城乡消费差距变动的方差分解 5	0.148 74	46.910 67	31.386 79	18.771 25	2.931 30
6	0.160 56	45.803 57	30.877 43	19.696 94	3.622 06
7	0.169 57	44.867 75	29.547 73	21.029 75	4.554 78
8	0.176 44	44.320 68	28.004 95	22.183 45	5.490 92
9	0.181 83	44.003 82	26.481 02	23.469 46	6.045 70
10	0.186 24	43.517 52	25.246 39	25.062 72	6.173 37
1	0.043 71	55.077 29	44.922 71	0.000 00	1.50E–30
2	0.073 47	38.079 11	60.986 33	0.082 70	0.851 86
3	0.104 14	29.254 26	69.112 12	0.190 50	1.443 13
对城乡收入差距变动的方差分解 4	0.132 08	23.672 27	74.720 28	0.700 20	0.907 25
5	0.152 76	20.910 36	77.001 34	0.968 45	1.119 85
6	0.166 59	20.127 24	76.678 42	0.879 23	2.315 11
7	0.176 04	20.327 68	74.967 60	0.787 69	3.917 04

续表

时期		标准差	lngc	lngi	lnlb	lny
对城乡收入差距变动的方差分解	8	0.183 39	21.118 63	72.847 71	0.725 96	5.307 69
	9	0.189 44	22.300 95	70.896 77	0.751 86	6.050 42
	10	0.194 65	23.498 57	69.193 58	1.130 97	6.176 88
对金融机构信贷余额变动方差分解	1	0.262 73	2.748 44	3.306 17	93.945 39	1.67E-31
	2	0.301 94	2.084 28	2.507 53	94.145 47	1.262 73
	3	0.326 19	1.791 28	5.833 32	83.978 19	8.397 22
	4	0.335 66	3.378 27	6.140 56	80.335 46	10.145 71
	5	0.338 85	4.705 81	6.084 47	78.859 68	10.350 04
	6	0.345 23	5.456 43	6.395 27	76.707 05	11.441 25
	7	0.355 80	5.905 19	9.280 27	73.737 37	11.077 17
	8	0.363 82	6.005 72	11.538 20	71.861 63	10.594 45
	9	0.366 69	6.085 04	12.252 70	71.102 59	10.559 67
	10	0.368 14	6.166 17	12.341 91	70.559 77	10.932 15

方差分解可以衡量每一个结构冲击对内生变量的贡献度。表5-5对城乡消费差距变动（lngc）、城乡收入差距变动（lngi）和货币政策变动（lnlb）的方差分解结果显示：①城乡消费差距变动受自身变化的贡献率较大，第一期达到100%左右；其次是来自城乡收入差距变动的贡献，从第一期为0开始，逐期增大，在第5期贡献率为31%左右达最大，后期在28%左右徘徊；然后是货币政策变动（lnlb），贡献率平均为25%左右，较为稳定；而年度经济同比增长率（lny）贡献度较小，各期均不超过6.17%，这与格兰杰因果检验和脉冲响应结果一致。②对于城乡收入差距（lngi）变动，自身变动贡献率影响最大，在70%左右徘徊；其次是城乡消费差距（lngc）变动，第一期贡献率55%最大，后期在20%左右徘徊。这与上文格兰杰因果检验、脉冲响应结果一致，符合凯恩斯消费理论。而受货币政策变动（lnlb）和年度经济同比增长率（lny）变动的贡献度都很小，其中lnlb各期均不超过2%，lny各期均不超过7%。③对货币政策

变动（lnlb）方差分解来看，除自身变动贡献率影响最大，为80%左右，其余贡献率均较小，各期均不超过10%。说明货币政策变动更多表现为一个宏观经济变量，具有一定的外生性，其余各变量对它造成的影响较小。

四、结论与政策启示

本书在总结国内外文献研究思路的基础上，使用SVAR对我国1978—2018年40年来时间序列的年度数据进行回归，对中国货币政策与城乡经济不平进行理论与实证研究，可以得出以下结论。

第一，协整检验结论表明改革开放40年中国货币政策变动、城乡收入差距、城乡消费差距之间存在长期稳定的协整关系。

第二，货币政策变动、城乡收入差距和年度经济同比增长率均是城乡消费差距的格兰杰原因，城乡消费差距是城乡收入差距的格兰杰原因，说明了货币政策对城乡经济增长的调节作用有效，经济增长是城乡差距扩大的重要影响因素。同时验证了凯恩斯的消费理论，城乡收入差距与消费差距有内在联系。货币政策变动、降低经济不平等和促进经济增长具有一定的"三元悖论"关系。

第三，货币政策变动对城乡经济不平等的作用效果存在统计意义上的显著差异性。脉冲响应分析表明城乡消费比的变动对货币政策的变动的响应更为敏感，受政策作用的时间更长；相对来说，城乡收入差距的变动对货币政策的响应比城乡消费差距滞后，受政策作用的时间相对也较短。我国采取稳健的货币政策及继续加快我国经济的发展和改革的推进，不仅有利于收入分配，也有利于城乡消费平衡。

第四，方差分解表明城乡收入差距和消费差距相互影响的贡献率较大。同时货币政策变动对城乡消费差距的贡献率较大，但对城乡收入差距的贡献率相对较小。由于城乡消费内在自发性，即使收入为0，也需要借助消费信贷市场平滑消费，反过来会进一步促进信贷市场的发展，由于城乡消费差距和收入差距变动存在一定的滞后性，当城乡消费变化到一定程度的时候，会加剧城乡收入差距的扩大，所以存在货币政策信贷余额变动通过城乡消费差距影响城乡收入分配的间接传导机制，以及货币政策变动对城乡收入分配影响的直接传导机制。

根据以上货币政策对城乡收入分配影响研究结论，所蕴含的政策启示如下。

首先，货币政策需要灵活精准，改善城乡消费结构。改善城乡居民消费差距，不等于实施宽松货币政策。因为宽松货币政策会导致房地产和证券资产价格过高，加剧城乡收入分配不均，对城乡居民消费产生挤出效应。目前我国民营企业提供了市场80%以上的就业岗位，因此，货币政策需要稳健和灵活精准，避免"大水漫灌"，强化政策统筹协调，严禁信贷"一刀切"的情况，有效降低小微民营企业的外部融资约束效应，进而增加市场就业岗位，提高居民收入，改善城乡消费结构。

其次，改善收入分配，需要要素市场的循环畅通。在土地要素方面，农村的宅基地和集体经营用地可以通过二级市场平等交易转换成农民的财产性收入，打破土地要素城乡行政分割状况。在资本要素方面，需要利率市场化，减少人为压低利率、金融机构分配金融资源现状，有效实施结构性货币政策，精准有效支持提供城镇居民80%就业机会的小微企业。劳动要素方面，加快户籍制度改革，打破户口捆绑社保、教育和医疗等城乡福利分配不均现象，实现劳动力城乡流动自由。

最后，全面推进乡村数字化建设，构建"双循环"发展新格局。一方面，央行需因地制宜地加大金融科技在乡村的推广和开展本地化的金融产品创新，如发展本土化的农业互联网贷款和农业保险，将有效配置农村信贷资源，解决"三农"企业融资难题。另一方面，要开展数字农业建设，如推进采集大数据、物联网等人工智能技术与农业深度融合产生的数据，有利于金融科技的精准融资服务，有效解决村民信息不对称和提高村民的消费水平。

第二节　货币政策的生产网络传导效应检验：基于收入分配

上文我们证明了投入产出矩阵表联系的生产网络是货币政策向实体经济的重要传导机制，货币政策对实体经济的冲击，仍然以M2为主。M2冲击对产业增加值的影响，有27.3%左右来自生产网络的放大效应。扩张性的货币政策可能会直接导致最接近消费者企业产品需求的上升，由此导致企业对中间品需求的上升，这一需求冲击会通过生产链逐级向上游产业传导，最终释放了货币政策直接和间接的全部影响。但是没有评估货币政策冲击对具体实际宏观经济变量影响过程中，有多大程度上是来自生产网络的扩大效应的。本章第一节的拓展研究发现货币政策对城乡收入差距影响显著，城镇人均收入增速快于农村人均收入增速。由于生产网络数据结构的原因，本节运用空间计量经济学方法，研究货币政策冲击对城镇居民人均工资的影响，在多大程度上是来自生产网络的扩大效应的。

一、理论机制与研究假设的提出

目前，国内学术界较多关注货币政策对产出、价格、投资、就业及消费的影响，对我国货币政策是否及如何影响收入分配却研究较少，本书的收入分配不仅包括收入在劳动和资本间的分配，还包括收入在生产网络行业间的分配。

货币政策基于生产网络对收入分配影响的直接效应理论机制：基于扩张性的货币政策的直接效应冲击，一方面，会使生产网络中上游、中游和下游生产所有企业，都面临较便利的外部融资或较低的融资成本，这将提升生产网络中各部门企业的生产效率与劳动生产率，进而提高各个行业部门就业员工的收入水平；另一方面，直接导致最接近消费者的下游企业产品需求的上升，这将促进劳动力需求上升，进而创造更多的就业，并提升工资水平。

货币政策基于生产网络对收入分配影响的间接网络效应理论机制：扩张性的货币政策需求冲击，会直接导致最接近消费者的下游企业产品需求的上升，从而促进该部门企业生产效率和劳动力需求的上升，并提升就业人员工资水平。基于中间产品模型，货币政策需求冲击的生产链从下游企业逐级向上游企业传导，最终释放货币政策网络效应的全部。即：最接近消费端的下游产品部门企业→中游产品部门企业→最上游产品部门企业。生产链的每一次传导，都会通过促进生产网络中的各个行业部门间的劳动力要素流动与就业分配，进而影响各个行业的工资水平。

从国内外的文献研究来看，大部分都是从货币政策对收入分配的直接冲击角度研究，如丁攀和李素芳（2014）研究认为扩张性的M2会促进城镇居民的收入分配，但是宽松的SHIBOR对城镇收入分配影响不显著。国内文献都没有从生产网络视角研究货币政策对收入分配影响的间接网络效应。基于第三章的研究结论，研究发现生产网络是货币政策向实体经济的重要传导机制，其中M2间接网络效应是显著为正的，SHIBOR间接网络效应不显著。因此本节提出以下研究假设：

假设H1：货币政策冲击对各行业平均收入的影响有直接效应和间接网络效应。

假设H2：数量型货币政策的冲击可以通过生产网络扩大对各行业平均收入的影响，价格型货币政策对各行业平均收入的直接效应和间接网络效应均不显著。

二、数据来源与指标说明

本章节所涉及的数据类型为年度的面板数据，时间跨度为2003—2019年。

被解释变量为各行业平均收入水平（IPCIL），用分行业的城镇单位就业人员平均工资衡量。各个行业都与2017年中国投入产出表系数矩阵中的17个行业相对应。❶时间跨度从2003年开始，因为交通运输、计算机服务、教育、科学研究等行业人均工资统计是从2003年开始的。分行业的城镇单位就业人员平均工资不同于单个就业人员的具体工资，指的是一定时期内某行业平均每个就业人员所得的货币工资报酬，衡量一定时期内某行业城镇单位职工的工资水平。具体计算公式为：AW（average wage）= TS（Total salary）/TN（Total number），其中AW代表某行业的城镇单位就业人员平均工资；TS代表报告期实际支付的某行业全部就业人员工资总额度❷；TN代表报告期全部就业人员总人数。

本书作为解释变量的货币政策工具分为M2和SHIBOR。因为本书SHIBOR数据是日度数据，为了与其他变量数据频率的统一，本书变频处理了利率数据，计算出银行间同业拆借加权年度利率数据。近年来，很多国家都把货币供应量、利率作为货币供应量的调控目标。基于货币政策总量调控的基本属性，全国各个产业就业人员人均收入的面板数据中，每一个截面的所有产业对应的数量型货币政策变量都是货币供应量，各个行业对应的价格型货币政策对应的变量都是利率。每一时间点生产网络的各个产业就业人员人均收入数据对应的是同样的货币供应量或利率，所以作为时间序列数据的货币供应量和利率都经过面板数据的技术处理，目的是从生产网络中各产业就业人员人均收入的微观数据结构角度，来探究研究货币政策冲击对各行业人均就业收入水平的影响，在多大程度上是来自生产网络的扩大效应的。

在控制变量方面，出口水平（EXPLE）用出口额（人民币）累计同比增速来衡量，出口贸易又称输出贸易（Export Trade），是指本国生产或加工的商品输往海外市场销售，对国民收入影响显著；财政政策（FISPO）用全国公共财

---

❶ 为了便于统计和调研投入产出矩阵表将42个行业的149个部门，归纳为17个大行业。

❷ 工资总额的支付形式可以是货币或者实物形式，统计的是个人税前工资，包括奖金、计时或记件工资、津贴和补贴等。

政收入累计同比增速的年度数据来衡量。财政政策是指政府变动税收和支出以便影响总需求进而影响就业和国民收入的政策。投资水平（IVELE）用社会零售累计同比增速的年度数据来衡量，在公式GDP = C + I + G + NX里投资I也是国内生产总值（GDP）的一部分（G代表政府购买，NX代表净出口）。投资的功能被划分成非居住性投资（工厂、机械等）和居住性投资（新房）。从 I = (Y, i)的关联中可得知投资是与收入Y和利率i有密切关系的事。收入的增加将促进更高额的投资，但是更高的利率将阻碍投资，因为借钱的费用变得更加昂贵。城乡消费差距（CGUR）用城乡消费水平比值来衡量，其中设定为农村居民消费=1。根据凯恩斯的消费理论，收入与消费的线性函数形式表示为$C_t = a + bY_t$，式中C表示总消费；Y表示总收入，其下标t表示时期；a、b为参数。参数b被称为边际消费倾向，其值介于0与1之间。

本章节所有使用的数据来源于历年的中国统计年鉴、国家统计局数据库、CEIC中国经济数据库、Wind经济数据库。各变量的描述性统计信息见表5-6。

表5-6 各变量的描述性统计信息

变量	类型	平均值	标准差	最小值	最大值	观测值
各行业平均收入水平（IPCIL）	总体	10.560 28	0.643 925	8.836 955	11.991 340	289
	组间		0.334 671	9.801 989	11.186 580	17
	组内		0.555 750	9.381 124	11.482 080	17
数量型货币政策（M2）	总体	14.902 94	4.799 171	8.100 000	27.680 000	289
	组间		0	14.902 940	14.902 940	17
	组内		4.799 171	8.100 000	27.680 000	17
价格型货币政策（SHIBOR）	总体	3.653 88	0.910 614	2.250 200	5.237 300	289
	组间		0	3.653 876	3.653 876	17
	组内		0.910 614	2.250 200	5.237 300	17
出口水平（EXPLE）	总体	13.749 52	14.950 080	−16.010 000	35.400 000	289
	组间		0	13.749 520	13.749 520	17
	组内		14.950 080	−16.010 000	35.400 000	17

续表

变量	类型	平均值	标准差	最小值	最大值	观测值
财政政策 （FISPO）	总体	14.597 70	8.123 604	3.800 000	32.400 000	289
	组间		0	14.597 700	14.597 700	17
	组内		8.123 604	3.800 000	32.400 000	17
投资水平 （IVELE）	总体	19.476 47	8.591 420	5.400 000	30.400 000	289
	组间		0	19.476 470	19.476 470	17
	组内		8.591 420	5.400 000	30.400 000	17
城乡消费差距 （CGUR）	总体	3.135 29	0.374 722	2.500 000	3.500 000	289
	组间		0	3.135 294	3.135 294	17
	组内		0.374 722	2.500 000	3.500 000	17

三、空间计量模型的设定

SAR 认为一地区的因变量不仅受本地区自变量影响，还受其他地区因变量影响，影响程度要考虑两地区间的距离。其一般形式为

$$y_{it} = \lambda W y_t + \beta_1 X_{it} + \beta_2 \text{Control}_{it} + u_i + \gamma_i + \varepsilon_{it} \tag{5-11}$$

其中，W 为空间权重矩阵，y_{it} 为部门 i 在 t 时刻的因变量，本书为 IPCIL；$W y_t$ 体现了其他部门因变量对本地区因变量的影响；X_{it} 代表部门 i 在 t 时刻的自变量，本书的自变量为 M2 和 SHIBOR；Control_{it} 代表部门 i 在 t 时刻的控制变量，本书的控制变量为 EXPLE、FISPO、IVELE、CGUR；u_i、γ_i 为个体效应和时间效应（下同）。研究建立的 SAR 为

$$\text{IPCIL}_{it} = \lambda W \text{IPCIL}_t + \beta_1 \text{M2}_{it} + \beta_2 \text{SHIBOR}_{it} + \beta_3 \text{EXPLE}_{it} + \beta_4 \text{FISPO}_{it} +$$
$$\beta_5 \text{IVELE}_{it} + \beta_6 \text{CGUR}_{it} + u_i + \gamma_i + \varepsilon_{it} \tag{5-12}$$

SEM 认为，空间效应来自其他地区的随机扰动项，一般形式为

$$y_{it} = \beta_1 X_{it} + \beta_2 \text{Control}_{it} + u_i + \gamma_i + \varepsilon_{it}$$
$$\varepsilon_{it} = \rho M \varepsilon_t + \nu_t \tag{5-13}$$

其中，M 为投入产出直接消耗系数矩阵，ε_{it} 满足同方差假定，$M\varepsilon_t$ 体现了

其他产业部门平均收入的随机扰动项对本部门平均收入因变量的影响。研究建立的 SEM 为

$$\text{IPCIL}_{it} = \beta_1 \text{M2}_{it} + \beta_2 \text{SHIBOR}_{it} + \beta_3 \text{EXPLE}_{it} + \beta_4 \text{FISPO}_{it} + \beta_5 \text{IVELE}_{it} +$$

$$\beta_6 \text{CGUR}_{it} + u_i + \gamma_i + \varepsilon_{it} \tag{5-14}$$

$$\varepsilon_{it} = \rho \boldsymbol{M} \varepsilon_t + \nu_t$$

SAC 包含了 SEM 和 SAR，其中 SAC 为带空间自回归误差项的 SAR，一般形式为

$$y_{it} = \lambda \boldsymbol{W} y_t + \beta_1 X_{it} + \beta_2 \text{Control}_{it} + u_i + \gamma_i + \varepsilon_{it}$$

$$\varepsilon_{it} = \rho \boldsymbol{M} \varepsilon_t + \nu_t \tag{5-15}$$

其中，$\boldsymbol{W}$ 和 $\boldsymbol{M}$ 分别为被解释变量 y 和扰动项 ε_{it} 的空间权重矩阵，二者可以相等。SAR 和 SEM，都是 SAC 的特别，分别对应于 $\rho = 0$ 与 $\lambda = 0$ 的情形。研究建立的 SEM 为

$$\text{IPCIL}_{it} = \lambda \boldsymbol{W} \text{IPCIL}_t + \beta_1 \text{M2}_{it} + \beta_2 \text{SHIBOR}_{it} + \beta_3 \text{EXPLE}_{it} + \beta_4 \text{FISPO}_{it} +$$

$$\beta_5 \text{IVELE}_{it} + \beta_6 \text{CGUR}_{it} + u_i + \gamma_i + \varepsilon_{it} \tag{5-16}$$

$$\varepsilon_{it} = \rho \boldsymbol{M} \varepsilon_t + \nu_t$$

SDM 考虑了其他自变量和因变量对本部门因变量的影响，一般形式为

$$y_{it} = \lambda \boldsymbol{W} y_t + \beta_1 X_{it} + \beta_2 \text{Control}_{it} + \boldsymbol{W} X_t \delta + u_i + \gamma_i + \varepsilon_{it} \tag{5-17}$$

其中，$\lambda \boldsymbol{W} y_t$ 项代表了因变量的空间效应；$\boldsymbol{W} X_t \delta$ 项体现了自变量的空间效应。自变量的空间效应可以分解为直接效应、网络效应与总效应。因此本书建立的 SDM 为

$$\text{IPCIL}_{it} = \lambda \boldsymbol{W} \text{IPCIL}_t + \beta_1 \text{M2}_{it} + \beta_2 \text{SHIBOR}_{it} + \beta_3 \text{EXPLE}_{it} + \beta_4 \text{FISPO}_{it} +$$

$$\beta_5 \text{IVELE}_{it} + \beta_6 \text{CGUR}_{it} + \delta_1 \boldsymbol{W} \text{M2}_{it} + \delta_2 \boldsymbol{W} \text{SHIBOR}_{it} + \delta_3 \boldsymbol{W} \text{EXPLE}_{it} +$$

$$\delta_4 \boldsymbol{W} \text{FISPO}_{it} + \delta_5 \boldsymbol{W} \text{IVELE}_{it} + \delta_6 \boldsymbol{W} \text{CGUR}_{it} + u_i + \gamma_i + \varepsilon_{it} \tag{5-18}$$

实证部分将对 4 个相关模型进行检验，并选择最佳的模型研究货币政策对收入分配影响的间接网络效应。此外空间权重矩阵采取第三章所介绍的方法。

四、实证估计结果与分析

（一）空间自相关性分析

完成空间矩阵的设定后，需要对因变量是否具有空间相关性进行检验，本书采用全局空间自相关性检验。主流方法是通过 Moran's I 指数、Geary's C 指数和 Getis & Ord's G 指数来反映全局空间自相关性。对生产网络中各部门平均收入的空间相关性进行检验的计算公式如下：

$$\text{Moran's I} = \frac{\sum_{i=1}^{n}\sum_{j=1}^{n} W_{ij}(Y_i - \bar{Y})(Y_j - \bar{Y})}{S^2 \sum_{i=1}^{n}\sum_{j=1}^{n} W_{ij}} \tag{5-19}$$

其中，$S^2 = \frac{1}{n}\sum_{i=1}^{n}(Y_i - \bar{Y})^2$，$\bar{Y} = \frac{1}{n}\sum_{i=1}^{n}Y_i$，$Y_i$ 和 Y_j 分别表示第 i 和 j 部门平均收入的观测值；n 为生产网络中部门的总数；W_{ij} 为空间权重矩阵，即生产网络投入产出矩阵。Moran's I 统计量的取值一般在 $[-1,1]$，小于 0 表示负相关，等于 0 表示不相关，大于 0 表示正相关。越接近 -1 表示单元间的差异越大或分布越不集中；越接近 1，则代表单元间的关系越密切，性质类似越相似（高值集聚或者低值集聚）；接近 0 则表示单元间不相关。本书使用标准统计量 Z 来检验 Moran's I 指数的显著性水平，其计算公式为

$$Z(\text{Moran's I}) = \frac{\text{Moran's I} - E(\text{Moran's I})}{\sqrt{\text{VAR}(\text{Moran's I})}} \tag{5-20}$$

$$E(\text{Moran's I}) = -\frac{1}{n-1} \tag{5-21}$$

另一常用指标为 Geary's C 指数，Geary 统计量与 Moran 统计量存在着负相关关系。Geary's C 计算公式如下：

$$\text{Geary's C} = \frac{(n-1)\sum_{i=1}^{n}\sum_{j=1}^{n}W_{ij}\left(Y_i - Y_j\right)^2}{2\left(\sum_{i=1}^{n}\sum_{j=1}^{n}W_{ij}\right)\left[\sum_{k=1}^{n}\left(Y_k - \bar{Y}\right)^2\right]} \tag{5-22}$$

式中，变量含义同式（5-19）。Geary's C 的取值一般为 $[0,2]$，大于1表示负相关，等于1表示不相关，而小于1表示正相关。

然而 Moran 统计量和 Geary 统计量不能判断空间数据是高值还是低值集聚，即是高值与高值的聚集区域，还是低值与低值聚集的区域。为此，Getis 和 Ord 于1992年提出了全局 Getis & Ord's G 指数，其计算公式为

$$\text{Getis \& Ord's G} = \frac{\sum_{i=1}^{n}\sum_{j=1}^{n}W_{ij}Y_iY_j}{\sum_{i=1}^{n}\sum_{j\neq i}^{n}Y_iY_j} \tag{5-23}$$

式中，变量含义同式（5-19）。当 Getis & Ord's G 取值大于1.96，则认为空间正相关且是高聚集区域；反之，则认为空间正相关且是低聚集区域。

本书利用 Matlab 软件计算的 Moran's I 指数见表5-7。表5-7报告了以各行业平均收入水平 IPCIL 为指标的 Moran's I 检验结果。表5-7数据结果显示，我国各行业平均收入水平存在空间自相关。由于本书数据样本在2003—2019年间，我国各行业平均收入水平具有较强的空间正自相关性，即各行业收入水平并非完全随机，而存在明显的空间集聚性，因此，各行业平均收入水平的 Moran's I 检验结果能够为本书选择空间计量模型研究货币政策网络效应冲击提供理论支撑，即在 Moran's I 检验结果基础上，可以进一步研究货币政策的冲击是在多大程度上通过生产网络来传导给行业平均收入水平的。

表5-7　我国生产网络中 IPCIL 的 Moran's I 指数检验结果

年份	Moran's I	期望	标准差	统计量 Z	P 值
2003	0.335***	−0.063	0.124	3.199	0.001
2004	0.328***	−0.063	0.125	3.132	0.002

年份	Moran's I	期望	标准差	统计量 Z	P值
2005	0.336***	−0.063	0.125	3.191	0.001
2006	0.346***	−0.063	0.126	3.242	0.001
2007	0.351***	−0.063	0.128	3.240	0.001
2008	0.346***	−0.063	0.128	3.185	0.001
2009	0.354***	−0.063	0.129	3.234	0.001
2010	0.356***	−0.063	0.130	3.228	0.001
2011	0.352***	−0.063	0.129	3.205	0.001
2012	0.339***	−0.063	0.130	3.090	0.002
2013	0.346***	−0.063	0.130	3.131	0.002
2014	0.342***	−0.063	0.130	3.102	0.002
2015	0.328***	−0.063	0.131	2.986	0.003
2016	0.326***	−0.063	0.130	2.976	0.003
2017	0.332***	−0.063	0.131	3.019	0.003
2018	0.348***	−0.063	0.129	3.172	0.002
2019	0.360***	−0.063	0.129	3.270	0.001

注：***、**、*分别表示在1%、5%和10%的水平下显著，下同。

（二）各模型回归的拟合结果及模型的选取

根据以上 Moran's I 指数的统计结果可知，我国生产网络中各行业平均收入水平间存在空间相关性。为此，本书按照安瑟林等（2004）提出的模型选择方法，选用自然对数值（Log-L）、Wald 检验和 LR 检验，分别对空间计量模型 SAR、SEM、SAC 和 SDM 进行拟合结果分析，并且对是选择随机效应模型还是固定效应模型进行豪斯曼检验，选出其中最优拟合效果的空间计量模型进行实证分析。

根据表 5-9 和表 5-10 可知，SDM 相比其他空间计量模型（SAR、SEM、

SAC），增加了$W×$M2、$W×$SHIBOR、$W×$出口水平、$W×$财政政策、$W×$投资水平和$W×$城乡消费差距六个空间变量，具有回归系数显著个数最多的特点，因此，选择SDM具有更好的拟合效果。为了进一步提高模型选择的准确性，本书按照安瑟林等（2004）提出的判断方法，对模型（1）~模型（8）均做了Wald检验、LR检验和豪斯曼检验。具体地，根据表5-8各项检验相关统计量可知，Wald检验统计量是370.40，对应的P值为0.000 0；LR检验统计量是1.46，对应的P值为0.002 3；Hausman检验统计量是8699.99，对应的P值为0.000 0。因此，SDM具有最优的拟合效果，且拒绝接受随机效应的原假设，选择空间计量模型均选用固定效应的SDM。

此外，从表5-9和表5-10中可知，在空间计量模型SAR、SEM、SAC和SDM中，模型（1）~模型（8）中的空间相关系数均为显著为正，表明生产网络中某一个行业的平均收入水平会受到生产网络中其他行业的平均收入水平通过产业链传导冲击的加权影响。此外，SDM不能转换成SAR或者SEM，因为其中的回归系数不满足原假设$H_0:\theta_i =- \delta a_i$和$\delta = 0$。因此，本书SDM满足了因变量的滞后项、随机误差项和空间交互作用的条件，即在生产网络中的某一个行业的人均收入水平不仅受本部门产业的自变量影响，还会受到其他某一个行业的人均收入水平和自变量的影响。此外，从模型（1）、模型（2）、模型（3）、模型（4）、模型（5）、模型（6）和模型（8）的回归结果可知，核心变量数量型货币政策（M2）对各行业的人均收入水平的影响显著为正，但价格型货币政策（SHIBOR）对各行业的人均收入水平的影响不显著。此外，模型（8）核心变量的空间因素$W×$M2显著为正，$W×$SHIBOR系数为负数，但不显著。

---

❶ 空间面板SAR、SEM和SDM模型的拟合结果比较时，还没确定用固定还是随机，就使用了软件默认的随机效应，随机效应都是有常数项的。

表5-8　各项检验相关统计量

检验名称	Chi²	自由度	P值
LR检验	1.46	6	0.002 3
Wald检验	370.40	6	0.000 0
Hausman检验	8699.99	13	0.000 0

表5-9　空间面板计量回归结果［模型（1）～模型（4）］

变量	SAR		SEM	
	模型（1）	模型（2）	模型（3）	模型（4）
数量型货币政策 （M2）	0.036 621*** (8.30)	0.028 315*** (4.28)	0.072 840*** (12.22)	0.031 480*** (4.28)
价格型货币政策 （SHIBOR）	−0.027 512 (−1.41)	−0.128 127 (−1.62)	−0.041 424 (−1.32)	−0.118 122 (−1.21)
出口水平 （EXPLE）	—	0.009 321*** (6.41)	—	0.009 071*** (5.63)
财政政策 （FISPO）	—	−0.011 133*** (−3.84)	—	−0.013 277*** (−4.10)
投资水平 （IVELE）	—	0.033 989*** (6.61)	—	0.035 556*** (6.25)
城乡消费差距 （CGUR）	—	−0.719 261*** (−4.45)	—	−0.804 542*** (−4.47)
常数项❶	5.824 234*** (7.36)	12.195 860*** (25.73)	11.495 780*** (58.81)	12.805 620*** (28.95)
空间自回归系数 （lambda）	—	—	1.069 176*** (25.45)	1.059 303*** (22.21)
扰动项空间自回归系数 （rho）	0.792 499*** (14.89)	0.054 605* (1.68)	—	—
sigma2_e	0.069 511*** (10.47)	0.025 316*** (10.81)	0.043 839*** (10.97)	0.007 698*** (10.81)
R²	0.3024	0.5846	0.3374	0.6832
Log-L	597.1304	597.1304	597.1304	597.1304

注：“—”表示此项为空。lambda指的是 y 的空间自回归系数，rho是扰动项的空间自回归系数。

表5-10 空间面板计量回归结果［模型（5）～ 模型（8）］

变量	SAC		SDM	
	模型（5）	模型（6）	模型（7）	模型（8）
数量型货币政策（M2）	0.072 784***	0.031 421***	0.071 525***	0.013 852***
	(11.58)	(4.40)	(11.37)	(9.22)
价格型货币政策（SHIBOR）	−0.041 397	−0.117 964	−0.047 671	−0.185 305
	(1.36)	(7.43)	(1.44)	(1.61)
出口水平（EXPLE）	—	0.009 058***	—	0.015 461***
		(5.79)		(6.39)
财政政策（FISPO）	—	−0.013 250***	—	−0.002 182
		(−4.22)		(−0.46)
投资水平（IVELE）	—	0.035 493***	—	0.070 934***
		(6.43)		(8.87)
城乡消费差距（CGUR）	—	−0.802 947***	—	0.698 397***
		(−4.60)		(−3.12)
$W \times M2$	—	—	0.073 558***	0.011 288***
			(7.66)	(0.71)
$W \times SHIBOR$	—	—	−0.044 724	−0.147 101
			(−0.95)	(−0.95)
$W \times$ 出口水平	—	—	—	0.013 889***
				(3.87)
$W \times$ 财政政策	—	—	—	−0.016 778***
				(2.63)
$W \times$ 投资水平	—	—	—	0.074 184***
				(6.14)
$W \times$ 城乡消费差距	—	—	—	−1.976 033***
				(−7.78)
常数项	—	—	4.154 114***	8.945 058***
			(4.08)	(16.54)
空间自回归系数（lambda）	1.068 828***	1.056 861***	—	—
	(17.77)	(21.59)		
扰动项空间自回归系数（rho）	0.003 632**	0.008 065**	1.027 809***	0.469 776***
	(2.02)	(2.17)	(22.88)	(8.63)

续表

变量	SAC		SDM	
	模型（5）	模型（6）	模型（7）	模型（8）
sigma2_e	0.043 806***	0.007 685***	0.045 344***	0.017 580***
	(11.26)	(11.77)	(10.60)	(10.90)
R^2	0.3375	0.6838	0.0012	0.6455
Log–L	597.1304	597.1304	597.1304	597.1304

注：① lambda 指 y 的空间自回归系数，rho 是扰动项的空间自回归系数。

② 表中圆括号中的数据为相应统计量 t 值。

（三）SDM的估计结果

本书运用极大似然法和逐步回归的方式，以核心变量 M2、SHIBOR 为基准，逐步引入控制变量。根据表 5–11 的比较来看，当模型（13）被引入全部变量后，各模型中的变量的影响方向并未出现变化，不存在多重共线性，且各个模型的空间相关系数为在 1% 水平下显著为正。故选择模型（13）作为分析基准。

表5–11　SDM估计结果

变量	杜宾模型				
	模型（9）	模型（10）	模型（11）	模型（12）	模型（13）
数量型货币政策（M2）	0.073 225***	0.059 250***	0.053 636***	0.017 282**	0.031 929***
	(12.24)	(18.08)	(12.43)	(2.50)	(4.31)
价格型货币政策（SHIBOR）	−0.037 958	−0.075 885	−0.093 425	−0.139 895	−0.113 922
	(−1.20)	(−1.44)	(−0.88)	(−0.74)	(−0.93)
出口水平（EXPLE）	—	0.023 644***	0.021 345***	0.013 065***	0.008 887***
		(25.63)	(14.43)	(9.42)	(5.48)
财政政策（FISPO）	—	—	−0.006 438**	−0.005 537**	−0.013 658***
			(−1.98)	(1.96)	(4.20)
投资水平（IVELE）	—	—	—	0.052 870***	0.035 627***
				(−11.87)	(−6.22)

变量	杜宾模型				
	模型（9）	模型（10）	模型（11）	模型（12）	模型（13）
城乡消费差距（CGUR）	—	—	—	—	−0.823 333***
					(−4.55)
W×M2	0.079 360***	0.063 383***	0.057 619***	0.018 493*	0.034 906***
	(8.81)	(11.87)	(8.79)	(1.88)	(3.29)
W×SHIBOR	−0.031 222	−0.069 887	−0.087 490	−0.137 791	−0.109 487
	(−0.70)	(−0.84)	(−1.16)	(−0.77)	(−1.53)
W×出口水平	—	0.024 722***	0.022 361***	0.013 519***	0.008 916***
		(14.59)	(9.69)	(6.55)	(3.80)
W×财政政策	—	—	−0.006 511**	−0.006 344***	−0.015 425***
			(−1.41)	(−3.58)	(−3.32)
W×投资水平	—	—	—	0.056 857***	0.037 835***
				(8.44)	(4.56)
W×城乡消费差距	—	—	—	—	0.918 758***
					(3.54)
扰动项空间自回归系数（rho）	1.069 634***	1.050 927***	1.049 454***	1.052 367***	1.056 695***
	(26.21)	(23.66)	(23.50)	(22.79)	(22.84)
sigma2_e	0.041 240***	0.012 023***	0.011 855***	0.007 783***	0.007 222***
	(11.31)	(11.21)	(11.21)	(11.15)	(11.14)
R^2	0.3265	0.6284	0.6294	0.6711	0.5963
Log-L	−32.3520	147.7277	149.9129	210.4078	220.7644

注：① lambda 指 y 的空间自回归系数，rho 是扰动项的空间自回归系数。

② 表中圆括号中的数据为相应统计量 t 值，下同。

从核心变量来看，M2 的系数为正，且对 IPCIL 在 1% 的显著水平上显著，SHIBOR 对 IPCIL 的影响效应为负数，但是不显著。这说明除了财政政策可以调节城镇居民收入外，扩张性数量型货币政策的正向冲击会提高城镇居民收入。此外，我国城镇居民收入对价格型货币政策的负向冲击（宽松）反应具有不确定性。

从各变量的空间网络效应可以看出，W×M2 的冲击对 IPCIL 在 1% 的显著水平上显著为正，W×SHIBOR的冲击系数为负，对IPCIL不显著，说明M2冲击对IP-CIL的影响有直接效应和间接网络效应；M2的冲击可以通过生产网络扩大对IP-CIL的影响，但SHIBOR对IPCIL的间接网络效应不显著。因此假设H1和假设H2都得到了验证。此外，W×出口水平、W×投资水平的空间系数为负，W×财政政策、W×城乡消费差距的空间系数为负数，且均对IPCIL在1%的显著水平上显著。

从控制变量层面来看，EXPLE、IVELE的系数为正，且对IPCIL在1%的显著水平上显著。FISPO、CGUR的系数为负，且对IPCIL在1%的显著水平上显著。综合而言，样本区间内，出口水平、投资水平是推动行业平均收入分配的主要动力因子。财政政策依然是政府通过变动税收和支出来影响总需求进而影响就业和国民收入的有效政策。还需要注意的是，CGUR对各产业城镇平均收入的影响是显著为负的，说明农村居民收入水平上升幅度是大于城镇居民的，因为城乡消费差距是城镇居民消费与农村居民消费的比值。根据凯恩斯的消费理论，城镇居民平均收入和消费是正相关的，但城乡消费差距与各产业城镇平均收入的影响显著为负，说明农村居民消费水平增速快于城镇居民消费水平，进而也说明农村居民收入水平上升幅度大于城镇居民各行业平均收入。

（四）直接效应和网络效应分解结果

本书空间权重矩阵是2017年投入产出直接消耗系数表，是内嵌在动态空间面板模型的静态矩阵，通过SDM分析，货币政策冲击对各行业平均收入的影响有直接效应和间接网络效应。各变量的直接效应和网络效应分解结果见表5-12。

表5-12　SAR估计结果

变量		系数	标准差	T检验	P值	95%置信区间	
空间相关系数	扰动项空间自回归系数（rho）	1.056 695***	0.046 272	22.84	0.000	0.966 004	1.147 387

续表

变量		系数	标准差	T检验	P值	95%置信区间	
直接效应	数量型货币政策（M2）	0.031 802***	0.007 462	4.26	0.000	0.017 177	0.046 426
	价格型货币政策（SHIBOR）	−0.117 473	0.115 170	−1.02	0.140	−0.147 305	−0.087 642
	出口水平（EXPLE）	0.008 886***	0.001 566	5.67	0.000	0.005 817	0.011 955
	财政政策（FISPO）	−0.013 289***	0.002 976	−4.47	0.000	−0.019 122	−0.007 455
	投资水平（IVELE）	0.035 344***	0.005 416	6.53	0.000	0.024 729	0.045 959
	城乡消费差距（CGUR）	−0.816 019***	0.175 745	−4.64	0.000	−1.160 474	−0.471 564
网络效应	数量型货币政策（M2）	0.001 631**	0.000 738	2.21	0.036	−0.017 124	0.013 861
	价格型货币政策（SHIBOR）	−0.016 474	0.017 733	−0.93	0.353	−0.018 282	0.051 230
	出口水平（EXPLE）	0.000 674***	0.000 198	3.40	0.006	−0.003 992	0.002 642
	财政政策（FISPO）	−0.001 382**	0.000 571	−2.42	0.077	−0.007 880	0.005 115
	投资水平（IVELE）	0.000 143***	0.000 036	4.02	0.001	−0.011 681	0.011 968
	城乡消费差距（CGUR）	−0.074 285***	0.011 962	−6.21	0.000	−0.277 875	0.426 446
总效应	数量型货币政策（M2）	0.033 432***	0.011 175	2.70	0.007	0.008 267	0.052 073
	价格型货币政策（SHIBOR）	−0.133 948	0.115 472	−1.16	0.140	0.088 342	0.179 554
	出口水平（EXPLE）	0.009 561***	0.002 367	4.04	0.000	0.004 921	0.014 201
	财政政策（FISPO）	−0.011 906***	0.004 438	−2.68	0.007	0.003 209	0.020 604

	变量	系数	标准差	T检验	P值	95%置信区间	
总效应	投资水平（IVELE）	0.035 200***	0.008 308	4.24	0.000	−0.051 485	−0.018 917
	城乡消费差距（CGUR）	−0.741 734	0.254 453	−2.92	0.004	−1.240 453	−0.243 015

注：rho是扰动项的空间自回归系数。

由结果可知，M2冲击对行业平均收入影响的直接效应、网络效应和总效应在统计上显著为正，假设H1再一次得到验证。其中M2的直接效应占总效应95%，M2的网络效应占总效应的5%，一方面，说明我国城镇居民人力资源配置效率高，处于充分就业状态，自然失业率均处于合理、可控范围，货币政策对收入分配的网络效应可以降低自然失业率，当失业率低于自然失业率时，工资有上升的压力；另一方面，表明城镇各部门人均收入的产业异质性不大，各部门的边际产出达到均衡，使得各个行业平均边际工资差距减少，各部门间的劳动力要素配置达到市场均衡。

因为当扩张性的货币政策需求冲击时，会直接导致最接近消费者的下游企业产品需求的上升，从而促进该部门企业生产效率和劳动力需求的上升，并提升就业人员工资水平。基于中间产品模型，货币政策需求冲击的生产链从下游企业逐级向上游企业传导，最终释放全部货币政策网络效应。生产链的每一次传导，会通过促进生产网络中的各个行业部门间的劳动力要素流动与就业分配，进而影响各个行业的工资水平。当人力资源配置效率较高时，会处于充分就业状态，进而自然失业率在各部门间的劳动力要素流动中达到最佳配置效率的均衡值，所以M2对各行业平均收入冲击的网络效应占总效应比值较低，符合我国高质量经济增长的国情。

此外，在整体经济趋缓的情况下，货币政策冲击对各行业平均收入的间接传导效应占总效应的合理比值，有助于劳动力生产要素在生产网络高效配置，有助于降低失业率，使失业率低于自然失业率。当失业率低于自然失业率时，工资有上升压力，提高居民收入水平。这背后反映的是中国经济的转型升级。随着第三产业的发展，服务业吸纳的就业人口越来越多，而且与消费升级也有很大关系。

继续分析表5-12中的SHIBOR的分解结果。由结果可看出SHIBOR冲击系数为负数，但对IPCIL影响的直接效应、网络效应和总效应在统计上均不显著，假设H2再一次得到验证。实证结果一方面继续佐证了我国目前仍然以数量型货币政策为框架的现实；另一方面根据第四章研究结论，也有可能是因为中国西部地区生产网络中产业链体系不健全、缺失导致生产要素配置效果不高，部分环节阻碍了价格型货币政策的有效传导。

从控制变量层面来看，EXPLE、IVELE的直接效应、网络效应和总效应的系数为正，且对IPCIL在1%的显著水平上显著。FISPO、CGUR的直接效应、网络效应和总效应的系数为负，且对各行业平均收入水平在1%的显著水平上显著。其中，FISPO对IPCIL的直接效应和间接网络效应的影响显著，说明政府可以通过变动税收和支出以便影响总需求进而影响就业和国民收入。央行在积极货币政策的实施过程中，需要特别重视与货币政策协同配合，注重发挥宏观调控政策的合力。

（五）稳健性检验：动态空间面板模型估计的进一步检验

行业平均收入和货币政策往往受到前一期各行业平均收入的影响，也就是存在著名的"路径依赖"特征。为此，引入各行业平均收入水平的滞后项（IPCIL$_{i,t-1}$）建立动态空间杜宾模型❶如下：

---

❶ 所谓动态空间面板数据模型，是指通过在静态空间面板数据模型中引入滞后被解释变量以反映动态滞后效应的模型。

$$\text{IPCIL}_{it} = \lambda \boldsymbol{W}\text{IPCIL}_{i,t-1} + \beta_1\text{M2}_{it} + \beta_2\text{SHIBOR}_{it} + \beta_3\text{EXPLE}_{it} + \beta_4\text{FISPO}_{it} +$$

$$\beta_5\text{IVELE}_{it} + \beta_6\text{CGUR}_{it} + \delta_1\boldsymbol{W}\text{M2}_{it} + \delta_2\boldsymbol{W}\text{SHIBOR}_{it} + \delta_3\boldsymbol{W}\text{EXPLE}_{it} + \delta_4\boldsymbol{W}\text{FISPO}_{it} +$$

$$\delta_5\boldsymbol{W}\text{IVELE}_{it} + \delta_6\boldsymbol{W}\text{CGUR}_{it} + u_i + \gamma_i + \varepsilon_{it} \tag{5-24}$$

本书运用极大似然法和逐步回归的方式，以核心变量M2、SHIBOR为基准，逐步引入控制变量。比较表5-13来看，当模型（18）被引入全部变量后，各模型中的变量的影响方向并未出现变化，不存在多重共线性。以动态空间面板模型形态识别结果为基础，进一步对各模型下的变量影响效应进行估计，估计结果见表5-13。其中，模型（14）为基准模型估计结果；模型（15）~模型（18）为引入控制变量后的估计结果。其中，核心变量M2对行业平均收入的直接效应和网络效应显著为正，SHIBOR对行业平均收入的直接效应显著为负，网络效应不显著；控制变量中，EXPLE和IVELE对行业平均收入影响的直接效应和网络效应皆显著为正，FISPO和CGUR对行业平均收入影响的直接效应和网络效应皆显著为负。

从中可以看出，将静态空间面板模型改造成为动态空间面板模型后，模型总体上较为平稳，模型可信度、科学性及解释能力较好。

表5-13　动态空间面板模型估计结果

变量	杜宾模型				
	模型（14）	模型（15）	模型（16）	模型（17）	模型（18）
各行业平均收入滞后项	0.955 803***	0.944 584***	0.961 046***	0.954 404***	0.966 099***
	(18.15)	(12.61)	(13.31)	(11.19)	(17.56)
数量型货币政策（M2）	0.001 121***	0.001 736***	0.003 326***	0.000 780***	0.000 415***
	(3.07)	(4.42)	(3.47)	(3.36)	(4.16)
价格型货币政策（SHIBOR）	−0.001 493	−0.002 739	−0.004 660	−0.001 698	−0.005 672
	(−0.34)	(−0.62)	(−0.93)	(−0.30)	(−1.02)
出口水平（EXPLE）	—	0.000 384***	0.001 131**	0.000 889*	0.000 330***
		(3.89)	(2.18)	(1.76)	(3.55)

续表

变量	杜宾模型				
	模型（14）	模型（15）	模型（16）	模型（17）	模型（18）
财政政策 （FISPO）	—	—	−0.002 701*** （−4.58）	−0.002 966*** （−2.95）	−0.003 661*** （−3.46）
投资水平 （IVELE）	—	—	—	0.002 040*** （3.27）	0.000 204*** （4.12）
城乡消费差距 （CGUR）	—	—	—	—	−0.077 367*** （−3.31）
W×M2	0.002 363 （1.59）	0.005 738*** （3.29）	0.005 329*** （2.76）	0.003 352*** （1.10）	0.011 534*** （3.12）
W×SHIBOR	−0.012 145 （−1.33）	−0.005 245 （−0.83）	−0.003 359 （−0.47）	−0.011 199 （−1.39）	−0.008 201 （−1.02）
W×出口水平	—	0.002 048*** （3.34）	0.001 880** （2.54）	0.001 339*** （2.86）	0.000 663*** （4.78）
W×财政政策	—	—	−0.000 584*** （−3.40）	−0.000 042*** （−4.03）	−0.002 148*** （−5.43）
W×投资水平	—	—	—	0.007 790*** （3.42）	0.002 229*** （3.88）
W×城乡消费差距	—	—	—	—	0.346 548*** （4.11）
扰动项空间 自回归系数（rho）	0.004 350*** （5.33）	0.067 197*** （3.00）	0.069 610*** （3.13）	0.121 342*** （4.42）	0.154 344*** （5.12）
sigma2_e	0.000 854*** （12.35）	0.000 780*** （12.24）	0.000 703*** （12.23）	0.000 650*** （12.23）	0.000 638*** （12.11）
R^2	0.9922	0.8128	0.8037	0.6025	0.7825
Log–L	582.2242	588.7471	604.1522	611.3997	597.1304

注：①rho是扰动项的空间自回归系数。

②表中圆括号中的数据为相应统计量t值。

第三节　本章小结

本章理论分析认为，生产网络是货币政策向各产业平均收入传导的重要机制，是解释货币政策收入分配功能的原因之一。当扩张性的货币政策需求冲击时，会直接导致最接近消费者的下游企业产品需求的上升，从而促进该部门企业生产效率和劳动力需求的上升，并提升就业人员工资水平。基于中间产品模型，货币政策需求冲击的生产链从下游企业逐级向上游企业传导，最终释放货币政策网络效应的全部。生产链的每一次传导，一方面，会通过促进生产网络中的各个行业部门间的劳动力要素流动与就业分配，进而影响各个行业的工资水平；另一方面，生产网络中下游行业部门面临较便利的外部融资或较低的融资成本，提高企业的生产效率与劳动生产率，进而提高下游行业的收入水平，这种收入水平提高会对上游中间投入部门员工收入水平有正向冲击，以此类推，收入分配从会下游逐级传导到上游。本书的实证研究验证了本书理论分析得到的观点和提出的理论假设，研究发现如下。

第一，货币政策对收入不平等的影响显著为正。使用SVAR对我国1978—2018年改革开放40年来时间序列的年度数据进行回归，对中国货币政策与城乡收入不平等进行理论与实证研究，分析并证明货币政策的再收入分配功能，并发现中国货币政策与经济增长、消费不平等、收入不平等，绝大多数时候呈现完美的正相关性。

第二，数量型货币政策冲击的直接效应和间接网络效应显著，可以通过生产网络扩大对各行业平均收入的影响；价格型货币政策对各行业平均收入的直接效应、间接网络效应和总效应均不显著，即我国城镇居民收入对价格型货币政策的负向冲击（宽松）反应具有不确定性。总体而言，生产网络传导效应是货币政策向产业平均收入冲击的重要渠道，是解释货币政策收入分配功能的原因之一。

　　第三，数量型货币政策冲击对各行业平均收入的影响的直接效应占总效应的95%，网络效应占总效应的5%，说明货币政策冲击对城镇居民人均收入的影响，只有5%是来自生产网络的扩大效应的，网络效应占总效应比值较低。货币政策的中介变量仍然是以数量型价格政策为主，符合我国目前数量型货币政策框架的现实。财政政策对行业平均收入的直接效应和间接网络效应的影响显著，政府可以通过变动税收和支出以影响总需求进而影响就业和国民收入。

第六章　货币政策的生产网络传导效应：基于行业研发创新

　　研发创新是经济增长的内生增长动力（Romer，1986），以企业单位群体研发创新推动产业研发创新，最终推动区域经济增长❶。在第三章、第四章和第五章实证研究中，我们验证了生产网络是货币政策向经济增长、物价稳定、收入分配传导的重要渠道。以上三个宏观经济被解释变量也都是货币政策的目标之一，其核心驱动要素离不开行业研发创新，故本章在以上三章宏观经济变量的实证研究基础上继续探索其核心驱动的微观要素，即各行业研发创新。此外，研发创新与ESG❷、碳达峰、碳中和转型有密切关联（李井林等，2021；马文杰，胡玥，2022），前沿科技的研发创新可以推动生产力发展，为经济、社会、环境效应带来正向传导，因此，研究生产网络是否是货币政策向各行业研发创新传导的机制，即生产网络是否会扩大货币政策对行业研发创新的影响，对于后续进一步研究货币政策如何影响研发创新、ESG、碳中和转型等有着重要的理论和现实意义（朱民，彭道菊，2022）。

---

❶ 推行创新驱动型经济增长方式，就是为了提高产品附加值。产品附加值高低决定GDP含金量，GDP含金量决定GDP、人均GDP增长与人民实际生活水平提高关联度大小。

❷ 环境、社会和公司治理又被称为ESG（Environment，Social and Governance），从环境、社会和公司治理三个维度评估企业经营的可持续性与对社会价值观念的影响；ESG理念强调企业要注重生态环境保护、履行社会责任、提高治理水平，双碳和乡村振兴是中央继脱贫攻坚战略之后提出的两大战略，ESG理念完全符合两大战略目标的精神。

第一节　货币政策的生产网络传导效应检验：
基于行业研发创新

　　研发创新是发展中国家实现长期经济增长的内生增长动力，这就要求政府政策的制定必须重视教育发展和科技投入、激励和知识产权保护（Romer，1986）。我国近年来一直都在强调科技自主创新，党的十九届五中全会再度提出，将要加快发展现代产业体系，推动经济体系优化升级。坚持把发展经济着力点放在实体经济上，坚定不移建设制造强国、质量强国、网络强国、数字中国，推进产业基础高级化、产业链现代化，提高经济质量效益和核心竞争力。要提升产业链供应链现代化水平，发展战略性新兴产业，加快发展现代服务业，统筹推进基础设施建设，加快建设交通强国，推进能源革命，加快数字化发展。短期来看，贸易摩擦导致我国在一些关键领域存在被"卡脖子"的危机，因此科技自主创新迫在眉睫。长期来看，自主科技创新是国家综合实力的关键组成部分，是经济高质量增长与可持续发展的前提，也是碳中和转型的关键，在很大程度上决定了社会治理、教育、医疗、军事等综合实力。因此，"十四五"期间提出在国内国际双循环的新发展格局下，在经济体系优化升级的需求下，科技自立自强将变得前所未有的重要。

　　上文我们已经从微观机制证明了生产网络是货币政策向实体经济传导的重要机制，基于生产网络的货币政策传导机制仍然以M2为主，SHIBOR为辅。科技创新作为实体经济高质量发展的核心驱动力，目前国内已有文献研究证明了货币政策基于信贷传导机制会显著影响我国企业研发的创新活动（顾海峰，张欢欢，2020；何运信等，2020），但国内相关文献研究依然较少。且研究集中在企业创新层面，没有从企业群体创新集合所组成的行业创新层面考虑，更没有从基于生产网络的行业微观传导机制视角，研究货币政策对行业研发创新的影响。

一、理论机制与研究假设的提出

目前，国内学术界关于货币政策对企业创新活动的影响鲜有关注，探究生产网络是否是货币政策冲击对行业研发创新传导的微观机制的文献更是空白，要走内循环为主、双循环互相补充、互相支持的新格局，独立自主的创新就是最重要的内循环。因此，本书的研究具有迫切的现实和理论意义。

货币政策基于生产网络对行业研发创新影响的直接效应理论机制：一方面，对于组成行业研发创新的企业研发创新个体，其高风险的研发需要长周期的资金投入，会因为银行不愿意提供高风险的贷款支持将面临较高的外部融资成本，宽松的货币政策将会降低生产网络中，上游、中游和下游生产所有企业外部融资成本，提高创新水平；另一方面，宽松的货币政策将会直接导致最接近消费端的下游企业产品的消费需求和生产，进而会促进企业加大研发经费，提高企业研发创新活跃度，这将促进下游企业群体创新集合所组成的下游行业创新的提高。

货币政策基于生产网络对行业研发创新影响的间接网络效应理论机制：企业研发创新的知识溢出效应不仅仅会在行业内部传播和扩散（Mar溢出）[1]，也会在跨行业部门之间互补和扩散（Jac溢出）[2]，从而促进区域经济的发展（技术池假设）（Duranton，Puga，2001）[3]。在需求侧的冲击下，企业研发创新水平通过市场规模的递归效应，从下游逐级向上游传导（Carvalho，Draca，2018）。因此本书借鉴以上理论机制，认为货币政策需求冲击下，企业研发创新

---

[1] 马歇尔（Marshall）在1890年提出同一行业内部技术外溢理论，简称"MAR溢出效应"，强调知识创新的主要来源是同一产业内，是行业内部创新传导的理论基础。

[2] 雅各布斯（Jacobs）在1969年提出互补产业间的技术溢出理论，简称"JAC溢出效应"，强调知识创新主要来源于互补跨行业间的知识相互交换和不同产业竞争，从而促进经济增长，与MAR溢出效应完全相反。

[3] 迪朗东（Duranton）和普加（Puga）在2001年提出了"技术池"假设，强调知识创新主要来源于"MAR溢出效应"和"JAC溢出效应"，两者缺一不可，丰富了技术溢出的理论框架。

水平是从下游逐级传导到上游的。具体地，当宽松的货币政策需求冲击时，会直接导致最接近消费端的下游企业研发创新能力的提高，这种研发创新能力的提高会基于生产网络的中间投入作用，对上游企业的研发创新水平有正向冲击的影响。此外，随着大数据、云计算等数字科技的研发创新发展，产业链的价值空间被拓宽，基于投入产出的生产网络不再只是传统意义上把原材料（中间投入品）变成产品，还需要加工研发创新的数据要素，把数据化的研发创新变成产品的一部分，对上游企业的数据研发水平有正向冲击的影响。以此类推，由企业群体的研发创新集合所组成的行业研发创新能力会随着生产网络逐级向上游行业传导。

基于货币政策分为价格型货币政策和数量型货币政策，因此本节提出以下研究假设：

假设 H1：数量型货币政策冲击对各行业研发创新的影响有直接效应和网络效应。

假设 H2：价格型货币政策可以通过生产网络扩大对各行业研发创新的影响，即价格型货币政策有直接效应和网络效应。

二、数据来源与指标说明

本章节所涉及的数据类型为年度的面板数据，被解释变量、解释变量和控制变量的时间跨区为2008—2019年。

被解释变量为行业研发创新（INNOVATION）。通过借鉴大部分文献关于单个企业研发创新强度的衡量方法，用行业研发强度即行业研发投入量与行业销售收入之比来衡量INNOVATION。目前衡量INNOVATION的变量还有行业研发经费投入和行业有效发明专利数，但不同规模行业研发经费投入存在差异，行业研发经费投入不能科学地反映行业的研发创新水平，因为行业规模大的研发资金投入多，行业规模小的研发资金投小，但并不能说明大规模的行业研发水平比小规模的行业研发水平高。本书最后运用行业有效发明专利数替代行业研发强度，进行模型稳健性检验。

解释变量为货币政策和EPU。货币政策分为M2和SHIBOR。因为本书SHI-BOR数据是日度数据，为了与其他变量数据频率的统一，本书变频处理了利率数据，计算出银行间同业拆借加权年月度利率数据。EPU为本章第二节实证分析货币政策基于生产网络传导效应对INNOVATION的有效性研究提供经济政策不确定性变量。

模型相关的控制变量有高技术产品出口额（EXHTP）、教育财政支出（EDUEXP）、中国创新指数（CHINNOV）和人均GDP（PERGDP）。其中，PERGDP常被作为发展经济学中衡量经济发展状况的指标，是最重要的宏观经济指标之一；CHINNOV客观反映建设创新型国家进程中我国创新能力的发展情况。

本章节所有使用的数据均来源于历年的中国统计年鉴、国家统计局数据库、CEIC中国经济数据库、Wind经济数据库，为了统一各变量的数据口径，各变量均以2008年数据为基期进行了以1为基准的标准化数据处理。各变量的描述性统计信息见表6-1。

表6-1　各变量的描述性统计信息

变量	观测值	平均值	标准差	最小值	最大值
行业研发创新（INNOVATION）	192	1.053 542	0.420 272	0.184 338	5.666 502
数量型货币政策（M2）	192	1.128 523	0.066 495	1.000 000	1.284 233
价格型货币政策（SHIBOR）	192	1.056 430	0.277 017	0.708 185	1.613 723
经济政策不确定性（EPU）	192	1.221 527	0.446 602	0.466 032	2.012 464
高技术产品出口额（EXHTP）	192	1.053 120	0.104 678	0.906 882	1.306 447
教育财政支出（EDUEXP）	192	1.123 113	0.096 132	1.000 000	1.314 526
中国创新指数（CHINNOV）	192	1.057 930	0.023 512	1.000 000	1.086 066
人均GDP（PERGDP）	192	1.095 019	0.045 601	1.000 000	1.178 319

　　表6-2是所有解释变量的相关系数矩阵,可以看出,各个解释变量之间的相关系数很小,互相之间不存在较强的共线性问题。通过表6-1和表6-2可知,INNOVATION最小值为0.184 338,最大值为5.666 502,标准差达0.420 272,说明各行业研发创新水平差异较大。这是因为我国自主创新水平在中端领域份额较高,但在高端的份额还是相对较少。近年来我国大力发展了中端制造领域和高端制造领域,如电气机械和器材制造业等中端制造领域,国产替代化进度都非常快,而且实现了大量出口。但仍面临一些如芯片、光刻机等被国外科技"卡脖子"的尖端制造领域研发的不足。此外,EXHTP最小值为0.906 882,最大值为1.306 447,标准差为0.104 678,相对较小,说明我国高技术产品出口额近年来保持稳定,且集中在中端制造领域。CHINNOV标准差为0.023 512,相对最小,说明我国创新能力的发展处于逐年稳步推进的过程。

　　总体而言,2008年至2019年期间,宽松货币政策的直接效应除了促进我国企业研发的创新活动(顾海峰,张欢欢,2020;何运信等,2020),其基于生产网络机制的网络效应是否也是促进行业研发创新的原因之一? 为了验证货币政策的直接效应和网络效应,本书采用空间计量分解技术的实证研究去证实。

表6-2　各变量相关系数矩阵表

变量	INNOVATION	M2	SHIBOR	EPU	EXHTP	EDUEXP	CHINNOV	PERGDP
INNOVATION	1.000 0							
M2	0.039 9	1.000 0						
SHIBOR	−0.114 6	0.224 8	1.000 0					
EPU	−0.008 8	−0.225 0	−0.257 2	1.000 0				
EXHTP	0.047 8	0.047 8	−0.650 9	−0.318 0	1.000 0			
EDUEXP	0.043 1	0.591 8	−0.289 0	−0.254 0	0.361 0	1.000 0		
CHINNOV	0.096 1	0.428 6	−0.304 9	−0.276 0	0.049 8	0.288 5	1.000 0	
PERGDP	0.049 5	0.556 1	−0.683 7	−0.004 0	0.697 3	0.685 1	0.296 3	1.000 0

三、空间计量模型的设定

本章节矩阵的设定采取第二章所计算的投入产出直接消耗系数矩阵表，并剔除了房地产和金融服务业。SAR一般形式为

$$y_{it} = \lambda W y_t + \beta_1 X_{it} + \beta_2 \text{Control}_{it} + u_i + \gamma_i + \varepsilon_{it} \tag{6-1}$$

其中，W 为空间权重矩阵；y_{it} 为部门 i 在 t 时刻的因变量，本书为 INNOVATION；$W y_t$ 体现了其他部门因变量对本地区因变量的影响；X_{it} 代表部门 i 在 t 时刻的自变量，本书的自变量为 M2 和 SHIBOR；Control_{it} 代表部门 i 在 t 时刻的控制变量，本书的控制变量为 EXHTP、EDUEXP、CHINNOV 和 PERGDP；u_i、γ_i 为个体效应和时间效应（下同）。本研究建立的 SAR 为

$$\text{INNOVATION}_{it} = \lambda W \text{INNOVATION}_t + \beta_1 \text{M2}_{it} + \beta_2 \text{SHIBOR}_{it} + \beta_3 \text{EXHTP}_{it} +$$
$$\beta_4 \text{EDUEXP}_{it} + \beta_5 \text{CHINNOV}_{it} + \beta_6 \text{PERGDP}_{it} + u_i + \gamma_i + \varepsilon_{it} \tag{6-2}$$

SEM 认为，空间效应来自其他地区的随机扰动项，一般形式为

$$y_{it} = \beta_1 X_{it} + \beta_2 \text{Control}_{it} + u_i + \gamma_i + \varepsilon_{it}$$

$$\varepsilon_{it} = \rho M \varepsilon_t + \nu_t \tag{6-3}$$

其中，M 为投入产出直接消耗系数矩阵，ε_{it} 满足同方差假定，$M\varepsilon_t$ 体现了其他行业部门研发创新的随机扰动项对本行业研发创新因变量的影响。研究建立的 SEM 为

$$\text{INNOVATION}_{it} = \beta_1 \text{M2}_{it} + \beta_2 \text{SHIBOR}_{it} + \beta_3 \text{EXHTP}_{it} + \beta_4 \text{EDUEXP}_{it} +$$
$$\beta_5 \text{CHINNOV}_{it} + \beta_6 \text{PERGDP}_{it} + u_i + \gamma_i + \varepsilon_{it} \tag{6-4}$$

$$\varepsilon_{it} = \rho M \varepsilon_t + \nu_t$$

SAC 包含了 SEM 和 SAR，其中 SAC 为带空间自回归误差项的 SAR，一般形式为

$$y_{it} = \lambda W y_t + \beta_1 X_{it} + \beta_2 \text{Control}_{it} + u_i + \gamma_i + \varepsilon_{it} \quad \varepsilon_{it} = \rho M \varepsilon_t + \nu_t \tag{6-5}$$

其中，W 和 M 分别为被解释变量 y 和扰动项 ε_{it} 的空间权重矩阵，二者可以相等。SAR 和 SEM，都是 SAC 的特别，分别对应于 $\rho = 0$ 与 $\lambda = 0$ 的情形。研究

建立的SEM为

$$INNOVATION_{it} = \lambda \boldsymbol{W}INNOVATION_t + \beta_1 M2_{it} + \beta_2 SHIBOR_{it} + \beta_3 EXHTP_{it} +$$

$$\beta_4 EDUEXP_{it} + \beta_5 CHINNOV_{it} + \beta_6 PERGDP_{it} + u_i + \gamma_i + \varepsilon_{it} \qquad (6-6)$$

$$\varepsilon_{it} = \rho \boldsymbol{M} \varepsilon_t + \nu_t$$

SDM考虑了其他自变量和因变量对本部门因变量的影响,一般形式为

$$y_{it} = \lambda \boldsymbol{W} y_t + \beta_1 X_{it} + \beta_2 Control_{it} + \boldsymbol{W} X_t \delta + u_i + \gamma_i + \varepsilon_{it} \qquad (6-7)$$

其中,$\lambda \boldsymbol{W} y_t$ 项代表了因变量的空间效应,$\boldsymbol{W} X_t \delta$ 项体现了自变量的空间效应。自变量的空间效应可以分解为直接效应、网络效应与总效应。因此本书建立的SDM为

$$INNOVATION_{it} = \lambda \boldsymbol{W}INNOVATION_t + \beta_1 M2_{it} + \beta_2 SHIBOR_{it} + \beta_3 EXHTP_{it} +$$

$$\beta_4 EDUEXP_{it} + \beta_5 CHINNOV_{it} + \beta_6 PERGDP_{it} + \delta_1 \boldsymbol{W} M2_t + \delta_2 \boldsymbol{W} SHIBOR_t +$$

$$\delta_3 \boldsymbol{W} EXHTP_t + \delta_4 \boldsymbol{W} EDUEXP_t + \delta_5 \boldsymbol{W} CHINNOV_t + \delta_6 \boldsymbol{W} PERGDP_t + u_i + \gamma_i + \varepsilon_{it}$$

$$(6-8)$$

实证部分将对4个相关模型进行检验,并选择最佳的模型研究货币政策对INNOVATION影响的间接网络效应。此外空间权重矩阵采取与第二章所介绍的方法。

四、实证估计结果与分析

(一)空间自相关性分析

前文完成空间矩阵的设定后,需要对作为被解释变量的INNOVATION是否具有空间相关性进行检验,本书采用衡量全局空间自相关性的Moran's I指数进行检验。本书利用Matlab软件计算的Moran's I指数见表6-3和表6-4。本章节INNOVATION用各行业研发强度和各行业有效专利数来衡量,其中行业研发强度是行业研发投入量与行业销售收入之比;为了后面模型的稳健性检验,本书的各行业有效专利数替代行业研发强度作为被解释变量来检验。行业研发强度

223

的数据样本区间是2008—2019年，行业有效专利数的数据样本区间是2012—2019年。表6-3和表6-4分别报告了各行业创新强度和各行业有效专利数的Moran's I指数检验结果❶，显示行业研发强度和行业有效专利数的各个年度均在1%的置信水平上显著为正。因此，我国生产网络中各行业的研发强度和各行业的有效专利数并非完全随机，均存在空间自相关性，具有明显的空间集聚性。因此，也为本书选择空间计量模型研究货币政策基于生产网络传导效应对行业创新研发的作用提供理论支撑，即货币政策的冲击是在多大程度上通过生产网络的传导机制促进各行业研发创新水平的。

表6-3　我国生产网络中各行业研发强度的Moran's I指数检验结果

年份	Moran's I	期望	标准差	统计量Z	P值
2008	0.409 ***	−0.067	0.048	9.976	0.000
2009	0.430 ***	−0.067	0.050	9.857	0.000
2010	0.488***	−0.067	0.112	4.975	0.000
2011	0.305 ***	−0.067	0.128	2.916	0.004
2012	0.317 ***	−0.067	0.138	2.789	0.005
2013	0.373 ***	−0.067	0.112	3.924	0.000
2014	0.379 ***	−0.067	0.124	3.606	0.000
2015	0.457 ***	−0.067	0.116	4.507	0.000
2016	0.452 ***	−0.067	0.126	4.130	0.000
2017	0.416 ***	−0.067	0.091	5.309	0.000
2018	0.387 ***	−0.067	0.113	4.007	0.000
2019	0.361***	−0.067	0.139	3.079	0.002

注：***、**、*分别表示在1%、5%和10%的水平下显著，下同。

❶ 本章第一节和第二节空间计量模型中的被解释变量同为行业研发创新（INNOVATION）。因此，本章下文第二节省略空间相关性分析。

表6-4　我国生产网络中各行业专业数量的Moran's I指数检验结果

年份	Moran's I	期望	标准差	统计量 Z	P 值
2012	0.492***	−0.067	0.123	4.537	0.000
2013	0.495***	−0.067	0.123	4.558	0.000
2014	0.489***	−0.067	0.123	4.525	0.000
2015	0.485***	−0.067	0.123	4.468	0.000
2016	0.492***	−0.067	0.123	4.536	0.000
2017	0.512***	−0.067	0.121	4.797	0.000
2018	0.519***	−0.067	0.119	4.903	0.000
2019	0.515***	−0.067	0.121	4.822	0.000

注：***、**、*分别表示在1%、5%和10%的水平下显著，下同。

（二）各模型回归的拟合结果及模型的选取

根据以上Moran's I指数的统计结果可知，我国生产网络中各行业研发强度间存在技术联系的空间相关性。为此，本书按照安瑟林等（2004）提出的模型选择方法，选用自然对数值（Log-L）、Wald检验和LR检验，分别对空间计量模型SAR、SEM、SAC和SDM进行拟合结果分析，并且对是选择随机效应模型还是固定效应模型进行Hausman检验，选出其中最优拟合效果的空间计量模型进行实证分析。

根据表6-6和表6-7可知，SDM相比其他空间计量模型（SAR、SEM、SAC），增加了 $W \times$ M2、$W \times$ SHIBOR、$W \times$ 高技术产品出口额、$W \times$ 教育财政支出、$W \times$ 中国创新指数和 $W \times$ 人均GDP六个空间变量，具有回归系数显著个数最多的特点，因此，选择SDM具有更好的拟合效果。为了进一步提高模型选择的准确性，本书按照安瑟林等（2004）提出的判断方法，对模型（1）~模型（8）均做了Wald检验、LR检验和豪斯曼检验。具体地，根据表6-5各项检验相关统计量可知，Wald检验统计量是4.36，对应的 P 值为0.008 6；LR检验统计量是1.07，

对应的 P 值为 0.017 3；Hausman 检验统计量是 0.43，对应的 P 值为 0.001 4。因此，SDM 具有最优的拟合效果，且拒绝接受随机效应的原假设，选择空间计量模型均选用固定效应的 SDM。

此外，从表 6-6 和表 6-7 中可知，在空间计量模型 SAR、SEM、SAC 和 SDM 中，模型（1）～模型（8）中的空间相关系数均为显著为正，表明生产网络中某一个行业的研发创新水平会受到生产网络中其他行业的研发创新水平通过产业链传导冲击的加权影响。此外，SDM 不能转换成 SAR 或者 SEM，因为其中的回归系数不满足原假设 $H_0: \theta_i = -\delta a_i$ 和 $\delta = 0$。因此，本书 SDM 满足了因变量的滞后项、随机误差项和空间交互作用的条件，即在生产网络中的某一个行业的研发创新水平不仅受本部门产业的自变量影响，还会受到其他某一个行业的研发创新水平和自变量的影响。此外，从模型（1）、模型（2）、模型（3）、模型（4）、模型（5）、模型（6）和模型（8）的回归结果可知，核心变量 M2 和 SHIBOR 对 INNOVATION 的影响分别均显著为正和负，其中，模型（8）核心变量的空间因素 $W \times M2$ 显著为正，$W \times SHIBOR$ 系数为负数，但不显著。

表6-5　各项检验相关统计量

检验名称	Chi²	自由度	P 值
LR 检验	1.07	6	0.017 3
Wald 检验	4.36	6	0.008 6
Hausman 检验	0.43	6	0.001 4

表6-6　空间面板计量回归结果 [模型（1）～模型（4）]

变量	SAR		SEM	
	模型（1）	模型（2）	模型（3）	模型（4）
数量型货币政策（M2）	0.464 639*** (2.98)	0.459 677*** (3.64)	0.302 535** (2.19)	0.310 738** (2.30)
价格型货币政策（SHIBOR）	−0.212 061* (−1.85)	−0.043 932* (−1.78)	−0.137 793*** (−4.16)	−0.036 371** (−2.26)

续表

变量	SAR		SEM	
	模型（1）	模型（2）	模型（3）	模型（4）
高技术产品出口额 （EXHTP）	—	0.458 256** (2.19)	—	0.295 859** (2.12)
教育财政支出 （EDUEXP）	—	0.531 469 (1.05)	—	0.276 156 (1.02)
中国创新指数 （CHINNOV）	—	2.049 549 (0.96)	—	1.339 794 (1.32)
人均GDP （PERGDP）	—	2.496 708 (1.23)	—	1.485 828 (0.71)
常数项❶	0.865 389* (1.65)	0.180 868* (1.72)	0.846 486*** (5.57)	0.317 777** (2.16)
空间自回归系数 （lambda）	—	—	7.586 552*** (4.82)	8.722 732*** (4.79)
扰动项空间自回归系数 （rho）	0.178 836*** (3.09)	0.180 957** (2.12)	—	—
sigma2_e	0.181 397*** (9.29)	0.179 412*** (9.29)	0.577 165*** (4.25)	0.632 103*** (4.07)
R^2	0.3393	0.3177	0.3177	0.3282
Log-L	−101.4736	−100.3353	−58.6990	−53.4109

注：lambda指y的空间自回归系数，rho是扰动项的空间自回归系数。

表6-7　空间面板计量回归结果［模型（5）~模型（8）］

变量	SAC		SDM	
	模型（5）	模型（6）	模型（7）	模型（8）
数量型货币政策 （M2）	0.350 260** (1.74)	0.563 526** (1.84)	2.691 370*** (3.43)	1.110 112*** (3.41)
价格型货币政策 （SHIBOR）	−0.161 294** (−2.14)	−0.063 291* (−1.77)	−0.371 576** (−1.99)	−0.004 911** (−2.01)

---

❶ 空间面板SAR、SEM和SDM模型的拟合结果比较时，还没确定用固定还是随机，就使用了软件默认的随机效应，随机效应都是有常数项的。

续表

变量	SAC		SDM	
	模型（5）	模型（6）	模型（7）	模型（8）
高技术产品出口额 （EXHTP）	—	0.560 049 (1.53)	—	−0.730 825*** (−3.37)
教育财政支出 （EDUEXP）	—	0.548 090 (1.47)	—	0.754 048 (0.40)
中国创新指数 （CHINNOV）	—	2.799 931* (1.73)	—	2.292 036*** (4.38)
人均GDP （PERGDP）	—	−2.936 570 (−1.62)	—	−1.634 737 (−0.21)
$W \times M2$	—	—	6.958 147*** (4.41)	4.484 326*** (4.13)
$W \times SHIBOR$	—	—	−0.645 685 (−1.08)	−0.319 858 (−0.25)
$W \times EXHTP$	—	—	—	3.908 288*** (4.35)
$W \times EDUEXP$	—	—	—	1.755 598 (0.63)
$W \times CHINNOV$	—	—	—	11.573 210*** (3.41)
$W \times PERGDP$	—	—	—	12.779 110 (1.11)
常数项	—	—	4.479 921*** (3.80)	1.571 063** (2.54)
扰动项空间自回归系数（rho）	0.258 187 (0.36)	1.501 343 (0.94)	6.891 264*** (4.87)	8.686 130*** (4.77)
空间自回归系数 （lambda）	6.354 801 (1.92)	4.002 561 (1.31)	—	—
sigma2_e	0.557 314*** (3.86)	0.526 279*** (4.77)	0.533 781*** (4.42)	0.626 995*** (4.06)
R^2	0.3169	0.3019	0.3044	0.3260
Log−L	−53.6663	−46.7475	−40.4429	−43.0636

注：① lambda指 y 的空间自回归系数，rho是扰动项的空间自回归系数。

② 表中圆括号中的数据为相应统计量 t 值，下同。

（三）SDM的估计结果

本节运用极大似然法和逐步回归的方式，以核心变量M2、SHIBOR为基准，逐步引入控制变量。比较表6-8来看，当模型（5）被引入全部变量后，各模型中的变量的影响方向并未出现变化，不存在多重共线性。故选择模型（5）作为分析基准，模型验证生产网络是否是货币政策对行业研发创新的冲击的传导机制，结果见表6-8。

表6-8 SAR估计结果

变量	杜宾模型				
	模型（1）	模型（2）	模型（3）	模型（4）	模型（5）
数量型货币政策（M2）	0.042 073**	0.119 438**	0.548 713**	1.399 607***	1.306 964***
	(2.03)	(2.07)	(2.25)	(3.57)	(3.49)
价格型货币政策（SHIBOR）	−0.374 255*	−0.274 693*	−0.256 021*	−0.007 780**	−0.147 267**
	(−1.94)	(−1.71)	(−1.78)	(−2.01)	(−2.17)
高技术产品出口额（EXHTP）	—	0.394 051	0.578 590	0.921 016**	0.736 043**
		(0.28)	(0.39)	(2.58)	(2.39)
教育财政支出（EDUEXP）	—	—	0.494 508	0.454 923*	0.695 640
			(0.32)	(1.79)	(0.37)
中国创新指数（CHINNOV）	—	—	—	4.435 983**	5.634 873**
				(1.72)	(2.12)
人均GDP（PERGDP）	—	—	—	—	1.818 805
					(0.24)
$W \times M2$	2.733 830**	3.144 362***	2.957 654**	3.384 688**	4.811 347***
	(2.11)	(3.25)	(1.98)	(1.85)	(3.24)
$W \times SHIBOR$	−0.729 179	−1.279 442	−1.277 882	−1.410 197	−0.555 907
	(−1.19)	(−1.55)	(−1.54)	(−1.47)	(−0.44)
$W \times EXHTP$	—	2.054 742	1.976 636	2.152 357	3.917 698**
		(1.02)	(0.91)	(0.94)	(2.39)
$W \times EDUEXP$	—	—	0.234 250	0.258 749	1.853 244
			(0.10)	(0.12)	(0.68)

变量	杜宾模型				
	模型（1）	模型（2）	模型（3）	模型（4）	模型（5）
W×CHINNOV	—	—	—	2.086 630 (0.24)	6.037 186** (2.52)
W×PERGDP	—	—	—	—	12.478 470 (1.11)
扰动项空间自回归 系数（rho）	7.539 840*** (4.80)	7.747 358*** (4.81)	7.786 038*** (4.81)	7.873 789*** (4.78)	8.689 469*** (4.75)
sigma2_e	0.543 401*** (4.25)	0.551 284*** (4.22)	0.552 107*** (4.21)	0.555 183*** (4.18)	0.592 530*** (4.04)
R^2	0.3002	0.3002	0.3002	0.3024	0.3030
Log–L	−53.5162	−52.2327	−51.8839	−51.3071	−47.5973

注：①lambda指 y 的空间自回归系数，rho是扰动项的空间自回归系数。

②表中圆括号中的数据为相应统计量 t 值，下同。

从表6-8的结果来看，该模型空间回归系数为8.689 469，在1%置信水平下显著为正，说明各行业研发创新的空间网络联系并非完全随机，而存在明显的空间相关性。

从核心变量层面来看，M2的系数为1.306 964，且对IPCIL在1%的显著水平上显著；SHIBOR系数为0.147 267，且对IPCIL在5%的置信水平上显著为负。说明总体而言，货币政策对各行业研发创新水平显著为正，即宽松的货币政策会提高各行业研发创新的活跃度。M2的系数大于SHIBOR系数，说明货币政策对行业研发创新的活跃度影响以数量型货币政策为框架。

从核心变量的空间效应层面来看，*W*×M2的系数为4.811 347，在1%的置信水平上显著为正，说明数量型货币政策冲击对各行业研发创新活跃度的影响有直接效应和网络效应，所以假设H1成立；*W*×SHIBOR的冲击系数为−0.555 907，对各行业研发创新活跃度在10%置信水平上不显著，表明我国各行业研发创新活跃度对价格型型货币政策的正向冲击（宽松）反应具有不确定性，假设H2不成立。说明总体而言，货币政策对各行业研发创新活跃度网络效应以数量型调控框架为主，价格型货币政策对各行业研发创新活跃度网络效应不显著。

从控制变量层面来看，EXHTP的系数为0.736 043，CHINNOV的系数为5.634 873，均在5%的置信水平上显著为正，说明高技术产品出口额的提高增加了企业的高科技产品的销售收益，进而增加了企业的研发经费来源，提高了企业研发创新活跃度；中国创新指数从创新环境、创新投入、创新产出、创新成效四个领域对各行业研发创新活跃度提供有效支持。EDUEXP和PERGDP不显著。虽然我国2019年的研发费占GDP的2.2%，在世界研发费用排名中占据第二名，但研发不集中，基础性的、核心的、高科技的研发费用占比远低于欧美发达国家。说明虽然我国在经济高速发展和财政教育支出的增加方面，并没有对各行业创新活跃度有显著的影响，需要加大力度提高研发的集中度和提高对高尖端稀缺人才的教育财政支持。

（四）直接效应和网络效应分解结果

本书空间权重矩阵是2017年投入产出直接消耗系数表，是内嵌在动态空间面板模型的静态矩阵，通过SDM分析，货币政策冲击对各行业研发创新活跃度影响的直接效应和网络效应。各变量的直接效应和网络效应分解结果见表6-9。

表6-9　SAR估计结果

	变量	系数	标准差	T检验	P值	95%置信区间	
空间相关系数	扰动项空间自回归系数（rho）	8.689 469***	1.828 791	4.75	0.000	5.105 105	12.273 830
直接效应	数量型货币政策（M2）	0.270 251***	0.083 154	3.25	0.002	−2.378 692	1.838 190
	价格型货币政策（SHIBOR）	−0.017 795**	0.008 201	−2.17	0.028	−0.640 170	0.675 760

续表

	变量	系数	标准差	T检验	P值	95%置信区间	
直接效应	高技术产品出口额（EXHTP）	0.014 973***	0.004 958	3.02	0.009	−1.433 959	1.404 013
	教育财政支出（EDUEXP）	0.432 438	0.730 242	0.59	0.554	−0.998 809	1.863 686
	中国创新指数（CHINNOV）	2.977 389***	1.002 488	2.97	0.000	−3.017 821	8.972 599
	人均GDP（PERGDP）	1.635 697	2.840 869	0.58	0.565	−7.203 697	3.932 303
网络效应	数量型货币政策（M2）	0.530 446***	0.153 080	3.46	0.008	−1.336 198	2.397 089
	价格型货币政策（SHIBOR）	−0.052 103	0.303 172	−0.17	0.864	−0.646 309	0.542 102
	高技术产品出口额（EXHTP）	0.294 529***	0.106 713	2.76	0.003	−0.968 634	1.557 691
	教育财政支出（EDUEXP）	0.137 548	0.657 677	0.21	0.834	−1.426 571	1.151 476
	中国创新指数（CHINNOV）	1.511 354***	0.425 734	3.55	0.001	−6.928 739	3.906 031
	人均GDP（PERGDP）	0.144 352	2.567 321	0.06	0.155	−4.887 505	5.176 208
总效应	数量型货币政策（M2）	0.800 697***	0.193 873	4.13	0.001	−0.189 987	0.710 376
	价格型货币政策（SHIBOR）	−0.069 898	0.066 419	−0.52	0.010	−0.164 488	0.095 871
	高技术产品出口额（EXHTP）	0.309 502***	0.082 976	3.73	0.001	−0.036 875	0.595 986
	教育财政支出（EDUEXP）	0.569 986	0.148 296	1.99	0.147	0.004 235	0.585 546
	中国创新指数（CHINNOV）	4.488 743***	0.592 641	2.47	0.013	0.304 480	2.627 589
	人均GDP（PERGDP）	1.780 049	0.582 161	2.56	0.605	−2.632 360	−0.350 330

注：rho是扰动项的空间自回归系数。

从生产网络视角的M2传导机制来看，由表6-9结果可知，该模型空间回归系数为8.689 469，在1%置信水平下显著为正。M2冲击对各行业研发创新活跃度影响的直接效应、网络效应在统计上显著为正，其中直接效应系数为0.270 251，网络效应系数为0.530 446，总效应系数为0.800 697，在1%置信水平上显著，直接效应占总效应比例达到33.8%，网络效应占总效应比例达到66.2%，再次验证假设H1成立。

从生产网络视角的SHIBOR传导机制来看，SHIBOR冲击对各行业研发创新水平影响的直接效应、网络效应和总效应系数分别为-0.017 795、-0.052 103和-0.069 898，直接效应占总效应比例达到25.4%，且网络效应在10%置信水平下不显著。说明SHIBOR基于生产网络传导效应对INNOVATION的影响具有不确定性，再次假设H2不成立。

总的而言，M2对INNOVATION的网络效应显著为正，SHIBOR对INNOVATION的网络效应不显著。在数量型货币政策需求冲击下，企业研发创新水平是从下游逐级传导到上游的。即当宽松的数量型货币政策需求冲击时，会直接导致最接近消费端的下游企业研发创新能力的提高，这种研发创新能力的提高会基于生产网络的中间投入，对上游企业的研发创新水平有正向冲击的影响。以此类推，由企业群体的研发创新集合所组成的行业研发创新能力会随着生产网络逐级向上游行业传导。

央行宽松货币政策的实施，经过商业银行发放贷款可能会存在向资金雄厚的国有企业倾斜，因此我国货币当局认为金融服务实体经济，需坚持"总量稳定、结构优化"的方针。自2019年起，央行决定将普惠金融定向降准小型和微型企业贷款考核标准由"单户授信小于500万元"调整为"单户授信小于1000万元"。这有利于扩大普惠金融定向降准优惠政策的覆盖面，引导金融机构更好地满足小微企业的贷款需求，使更多的小微企业受益。近年来，定向降准结构性货币政策仍将是央行主要使用的数量型调控工具，为降低高端制造等特定领域的小微民营企业融资成本和提高民营企业的研发创新活动提供强有力的信贷支持，有力地支持了民营企业成科技创新主力军。

（五）稳健性检验：动态空间面板模型估计的进一步检验

目前衡量行业研发创新的变量还有行业研发经费投入、行业研发强度和行业有效发明专利数，但不同规模行业研发经费投入存在差异，行业研发经费投入不能科学地反映行业的研发创新水平，因为行业规模大的研发资金投入多，行业规模小的研发资金投小，但并不能说明大规模的行业研发水平比小规模的行业研发水平高。所以本节运用行业有效发明专利数替代行业研发强度作为被解释变量，做模型稳健性检验。

本书运用极大似然法和逐步回归的方式，以核心变量M2、SHIBOR为基准，逐步引入控制变量。从表6-10来看，模型（9）为基准模型估计结果；模型（10）~模型（13）为引入控制变量后的估计结果。当模型（13）被引入全部变量后，各模型中的变量的影响方向并未出现变化，不存在多重共线性。以行业有效发明专利数作为被解释变量，以静态空间面板模型形态识别结果为基础，进一步对各模型下的变量影响效应进行估计，估计结果见表6-10。其中控制变量EXHTP直接效应和网络效应显著为正；CHINNOV的直接效应显著为正，网络效应不显著；PERGDP和EDUEXP的直接效应和网络效应皆不显著。

从中可以看出，将静态空间面板模型的被解释变量改成行业有效发明专利数后，模型总体上较为平稳，模型可信度、科学性及解释能力较好。

表6-10　静态空间面板模型稳健性检验估计结果

变量	杜宾模型				
	模型（9）	模型（10）	模型（11）	模型（12）	模型（13）
数量型货币政策 （M2）	2.252 040*** (3.58)	2.159 356*** (3.54)	0.573 333*** (3.34)	1.715 384*** (3.62)	6.410 391*** (3.63)

续表

变量	杜宾模型				
	模型（9）	模型（10）	模型（11）	模型（12）	模型（13）
价格型货币政策（SHIBOR）	−0.032 023**	−0.159 122*	−0.026 952**	−0.053 268*	−0.348 198**
	（−2.21）	（−1.78）	（−1.75）	（−1.83）	（−1.76）
高技术产品出口额（EXHTP）		1.494 031***	1.187 894***	1.216 648**	4.926 114***
		（3.13）	（3.27）	（2.32）	（3.70）
教育财政支出（EDUEXP）			1.002 924	0.785 942	2.617 569
			（1.48）	（1.12）	（0.79）
中国创新指数（CHINNOV）				1.905 308*	6.332 698*
				（1.82）	（1.76）
人均GDP（PERGDP）					25.147 030
					（1.03）
$W \times$M2	3.219 972***	3.102 129***	3.426 402***	5.517 287***	3.210 429***
	（3.57）	（3.54）	（3.37）	（3.37）	（3.52）
$W \times$SHIBOR	−0.030 797	−0.018 928	−0.017 720	−0.164 799*	−0.304 302
	（−0.14）	（−0.08）	（−0.07）	（−1.79）	（−0.82）
$W \times$EXHTP		0.775 256*	0.426 222*	0.481 215**	1.555 331**
		（1.76）	（1.84）	（2.21）	（2.11）
$W \times$EDUEXP			0.236 829	0.631 777	0.484 523
			（0.27）	（0.60）	（0.30）
$W \times$CHINNOV				3.494 683	0.412 271
				（0.66）	（0.06）
$W \times$PERGDP					9.925 039
					（0.76）
扰动项空间自回归系数（rho）	0.625 031***	0.434 034**	0.093 209***	0.095 637***	0.355 810***
	（3.99）	（2.25）	（3.36）	（3.37）	（3.97）
sigma2_e	0.031 651***	0.030 547***	0.032 274***	0.032 126***	0.033 475***
	（6.58）	（6.31）	（5.95）	（5.95）	（5.36）
R^2	0.3021	0.3013	0.3003	0.3010	0.4047
Log−L	41.0081	41.0081	41.0081	41.0081	41.0081

注：① rho是扰动项的空间自回归系数。

②表中圆括号中的数据为相应统计量t值。

第二节　经济政策不确定性下货币政策的生产网络传导效应检验：基于行业研发创新

第一节证明了生产网络是 M2 向 INNOVATION 作用的重要传导机制，货币政策的直接效应占总效应比例达到33.8%，网络效应占总效应比例达到66.2%。货币政策当局在"总量稳定、结构优化"的方针下，实施定向降准结构性货币政策作为主要的数量型调控工具，为高端制造等特定领域的小微民营企业的研发创新活动提供强有力的信贷支持，但生产网络会因为突发事件引起的 EPU，出现生产链中某一环节暂时性断裂状况。因此，我们提出问题：EPU 会影响货币政策基于生产网络传导效应对 INNOVATION 的有效性吗？

一、理论机制与研究假设的提出

EPU 削弱货币政策对 INNOVATION 影响的直接效应理论机制：根据布鲁姆等（2007）提出的实物期权理论，创业企业多为高科技企业，其存在知识更新速度快、产品生命周期短、技术创新频率高和企业外部环境不确定性大等特点，因此企业可能会出于降低风险和等待更好投资机会的目的，选择中断连续投资来推迟创新活动和保存实力。因此，一方面在高频 EPU 下，生产网络中上游、中游和下游生产所有企业即使受到定向降准和降低利率等宽松货币政策的信贷支持，为保存实力和降低风险，也会可能会中断对创新项目研发经济的持续投入来等待更好的机会；另一方面央行实施宽松货币政策的时候，中小商业银行因为宏观环境 EPU 高，会选择贷款给资金雄厚的国有企业而歧视高风险的高科技创业企业。因此 EPU 弱化宽松的货币政策对接近消费端的下游企业产品的消费需求和生产的支持力度，从而会促进企业因降低研发经费而减弱研发创新活跃度，进而下游企业群体创新集合所组成的下游行业创新活跃度也会降低。

EPU削弱货币政策对INNOVATION的间接网络效应理论机制：一方面，当下游企业研发因为保存实力和降低风险，使得研发经费投入的中断而降低，或者中小商业银行因为宏观环境EPU高，而歧视高风险的小微高科技企业，从而下游企业群体创新集合所组成的下游行业创新活跃度也降低，这种下游行业研发创新能力的降低会基于生产网络的中间投入（Acemoglu et al., 2012）作用，对上游企业的研发创新水平有负向冲击的影响。以此类推，由企业群体的研发创新集合所组成的行业研发创新能力降低的负向冲击会随着生产网络逐级向上游行业传导。另一方面，EPU会直接导致最接近消费端的下游企业因研发创新需求，在通过中间产品投入向上游企业逐级传导过程中，出现产业链中的某一环节暂时性断裂状况，这样会导致在一定程度上割裂研发创新→工程化生产→现实应用的技术路线产业链。如2020年春季因新型冠状病毒感染而延迟企业复工，企业因劳动力不足而停止经营，进而产生连锁反应，使产业链由下游向上游逐级传导的过程中出现短暂性断裂。因此，EPU削弱了宽松货币政策通过生产链逐级向上游产业对INNOVATION需求冲击的传导。

假设H1：高频EPU会弱化M2对INNOVATION水平冲击的直接效应和网络效应。

假设H2：高频EPU会弱化SHIBOR对INNOVATION水平冲击的直接效应，SHIBOR的网络效应不显著。

二、空间计量模型的设定

本章矩阵的设定采取第二章所计算的投入产出直接消耗系数矩阵表，并剔除了房地产和金融服务业。为了研究EPU是否会影响货币政策基于生产网络传导效应对INNOVATION的有效性，本节模型在上一节模型的基础上，增加了EPU作为核心自变量之一，即M2、SHIBOR和EPU作为核心自变量。本章通过对比全样本EPU、高频EPU和低频EPU的模型结果，通过判断其他两个核心自变量M2和SHIBOR的系数大小变化和显著性变化，来判断货币政策基于生产网络传导效应对INNOVATION的有效性。

空间计量模型一般分为SAC、SAR、SEM、SDM。本章节在SAR中，假设作为被解释变量的生产网络中的INNOVATION均会通过产业间空间相互作用对其他产业研发创新产生影响，影响程度要考虑两产业部门之间的技术联系。其一般形式为

$$y_{it} = \lambda W y_t + \beta_1 X_{it} + \beta_2 \text{Control}_{it} + u_i + \gamma_i + \varepsilon_{it} \qquad (6-9)$$

其中，W为空间权重矩阵，y_{it}为部门i在t时刻的因变量，本书为INNOVATION；Wy_t体现了其他部门因变量对本地区因变量的影响，X_{it}代表部门i在t时刻的自变量，本书的自变量为M2、SHIBOR和EPU，Control_{it}代表部门i在t时刻的控制变量，本书的控制变量为EXHTP、EDUEXP、CHINNOV和PERGDP，u_i、γ_i为个体效应和时间效应（下同）。本书建立的SAR为

$$\text{INNOVATION}_{it} = \lambda W \text{INNOVATION}_t + \beta_1 \text{M2}_{it} + \beta_2 \text{SHIBOR}_{it} + \beta_3 \text{EPU}_{it} +$$
$$\beta_4 \text{EXHTP}_{it} + \beta_5 \text{EDUEXP}_{it} + \beta_6 \text{CHINNOV}_{it} + \beta_7 \text{PERGDP}_{it} + u_i + \gamma_i + \varepsilon_{it} \quad (6-10)$$

SEM认为，空间效应来自其他地区的随机扰动项，一般形式为

$$y_{it} = \beta_1 X_{it} + \beta_2 \text{Control}_{it} + u_i + \gamma_i + \varepsilon_{it}$$
$$\varepsilon_{it} = \rho M \varepsilon_t + \nu_t \qquad (6-11)$$

其中，M为投入产出直接消耗系数矩阵，ε_{it}满足同方差假定，$M\varepsilon_t$体现了其他行业部门研发创新的随机扰动项对本行业研发创新因变量的影响。本书建立的SEM为

$$\text{INNOVATION}_{it} = \beta_1 \text{M2}_{it} + \beta_2 \text{SHIBOR}_{it} + \beta_3 \text{EPU}_{it} + \beta_4 \text{EXHTP}_{it} + \beta_5 \text{EDUEXP}_{it} +$$
$$\beta_6 \text{CHINNOV}_{it} + \beta_7 \text{PERGDP}_{it} + u_i + \gamma_i + \varepsilon_{it} \qquad (6-12)$$
$$\varepsilon_{it} = \rho M \varepsilon_t + \nu_t$$

SAC包含了SEM和SAR，其中SAC为带空间自回归误差项的SAR，一般形式为

$$y_{it} = \lambda \boldsymbol{W}y_t + \beta_1 X_{it} + \beta_2 \text{Control}_{it} + u_i + \gamma_i + \varepsilon_{it} \tag{6-13}$$
$$\varepsilon_{it} = \rho \boldsymbol{M}\varepsilon_t + \nu_t$$

其中，$\boldsymbol{W}$ 和 $\boldsymbol{M}$ 分别为被解释变量 y 和扰动项 ε_{it} 的空间权重矩阵，二者可以相等。SAR 和 SEM，都是 SAC 的特别，分别对应于 $\rho = 0$ 与 $\lambda = 0$ 的情形。本书建立的 SEM 为

$$\text{INNOVATION}_{it} = \lambda \boldsymbol{W}\text{INNOVATION}_t + \beta_1 \text{M2}_{it} + \beta_2 \text{SHIBOR}_{it} + \beta_3 \text{EPU}_{it} +$$
$$\beta_4 \text{EXHTP}_{it} + \beta_5 \text{EDUEXP}_{it} + \beta_6 \text{CHINNOV}_{it} + \beta_7 \text{PERGDP}_{it} + u_i + \gamma_i + \varepsilon_{it} \tag{6-14}$$
$$\varepsilon_{it} = \rho \boldsymbol{M}\varepsilon_t + \nu_t$$

SDM 考虑了其他自变量和因变量对本部门因变量的影响，一般形式为

$$y_{it} = \lambda \boldsymbol{W}y_t + \beta_1 X_{it} + \beta_2 \text{Control}_{it} + \boldsymbol{W}X_t\delta + u_i + \gamma_i + \varepsilon_{it} \tag{6-15}$$

其中，$\lambda \boldsymbol{W}y_t$ 项代表了因变量的空间效应，$\boldsymbol{W}X_t\delta$ 项体现了自变量的空间效应。自变量的空间效应可以被分解为直接效应、网络效应与总效应。因此本书建立的 SDM 为

$$\text{INNOVATION}_{it} = \lambda \boldsymbol{W}\text{INNOVATION}_t + \beta_1 \text{M2}_{it} + \beta_2 \text{SHIBOR}_{it} + \beta_3 \text{EPU}_{it} +$$
$$\beta_4 \text{EXHTP}_{it} + \beta_5 \text{EDUEXP}_{it} + \beta_6 \text{CHINNOV}_{it} + \beta_7 \text{PERGDP}_{it} + \delta_1 \boldsymbol{W}\text{M2}_t +$$
$$\delta_2 \boldsymbol{W}\text{SHIBOR}_t + \delta_3 \boldsymbol{W}\text{EXHTP}_t + \delta_4 \boldsymbol{W}\text{EDUEXP}_t + \delta_5 \boldsymbol{W}\text{CHINNOV}_t + \delta_6 \boldsymbol{W}\text{PERGDP}_t +$$
$$u_i + \gamma_i + \varepsilon_{it} \tag{6-16}$$

实证部分将对 4 个相关模型进行检验，并选择最佳的模型研究货币政策对行业研发创新水平影响的间接网络效应。此外空间权重矩阵采取与第二章所介绍的方法。

三、实证估计结果与分析

（一）各模型回归的拟合结果及模型的选取

本节模型筛选过程是在上一节最优模型选取过程中增加了核心 EPU 下的各模型拟合结果。首先对模型进行似然比检验（LR 检验），通过检验自变量空间

滞后项及空间效应是否显著来判断是否为SEM。其原假设为

$$H_0{:}\theta = -\beta\rho$$

然后对模型进行Wald检验。Wald检验的原理为检验自变量空间滞后项是否为0来判断SDM是否退化为SAR，其原假设为

$$H_0{:}\theta = 0$$

3项检验的统计量见表6-11，SAC、SAR、SEM、SDM回归估计结果见表6-12和表6-13，其中模型（1）、模型（3）、模型（5）、模型（7）是核心变量的空间回归估计结果，模型（2）、模型（4）、模型（6）、模型（8）是控制了更多其他变量后的估计结果。

表6-11　各项检验相关统计量

检验名称	Chi²	自由度	P值
LR检验	1.98	7	0.039 2
Wald检验	5.41	7	0.010 6
Hausman检验	0.26	7	0.000 1

根据本章第一节中Moran's I指数的检测结果可知，我国生产网络中各行业研发强度间存在技术联系的空间相关性。为此，本书按照安瑟林等（2004）提出的模型选择方法，选用自然对数值（Log-L）、Wald检验和LR检验，分别对空间计量模型SAR、SEM、SAC和SDM进行拟合结果分析，并且对是选择随机效应模型还是固定效应模型进行Hausman检验，选出其中最优拟合效果的空间计量模型进行实证分析。

从表6-12和表6-13的估计结果可以看出，以上4类空间计量模型的空间项系数均显著为正，表明生产网络中某一个行业的研发创新水平会受到生产网络中其他行业的研发创新水平的加权影响。在模型拟合效果上，SDM相比其他空间计量模型（SAR、SEM、SAC），增加了$W{\times}M2$、$W{\times}SHIBOR$、$W{\times}EXHTP$、$W{\times}EDUEXP$、$W{\times}CHINNOV$、$W{\times}EPU$和$W{\times}PERGDP$七个空间变量，具有回归系数

显著个数最多的特点，因此，选择SDM具有更好的拟合效果。为了进一步提高模型选择的准确性，本书按照安瑟林等（2004）提出的判断方法，对模型（1）~模型（8）均做了Wald检验、LR检验和豪斯曼检验。具体地，根据表6-11各项检验相关统计量可知，Wald检验统计量是5.41，对应的P值为0.010 6；LR检验统计量是1.98，对应的P值为0.039 2；Hausman检验统计量是0.26，对应的P值为0.000 1。因此，结合表6-11、表6-12和表6-13可知，SDM具有最优的拟合效果，且拒绝接受随机效应的原假设，选择空间计量模型均选用固定效应的SDM。

此外，SDM的回归系数并不能满足模型转化的原假设$H_0:\theta = -\beta\rho$和$H_0:\theta = 0$，表明SDM并不能等价转换为SAR和SEM，也即SDM包含的两种空间网络传导机制对行业的研发创新水平的作用不可忽略。此外，从模型（1）、模型（2）、模型（3）、模型（4）、模型（5）、模型（6）和模型（8）的回归结果可知，核心变量M2对各行业的研发创新水平的影响显著为正，SHIBOR和EPU对各行业的研发创新水平的影响分别均显著为负，其中，模型（8）核心变量的空间因素$W×M2$显著为正，$W×EPU$系数为负数，但不显著，$W×SHIBOR$系数为负数，但不显著。基于此，本书选择SDM进行回归分析。

表6-12 空间面板计量回归结果［模型（1）~模型（4）］

变量	SAR		SEM	
	模型（1）	模型（2）	模型（3）	模型（4）
数量型货币政策（M2）	0.141 639***	0.300 196***	0.090 450***	0.127 947***
	(2.83)	(3.02)	(2.80)	(3.58)
价格型货币政策（SHIBOR）	−0.091 400*	−0.176 945*	−0.067 703**	−0.036 797**
	(−1.74)	(−1.80)	(−2.10)	(−2.30)
经济政策不确定性（EPU）	−0.003 282*	−0.123 889*	−0.009 065**	−0.068 884*
	(−1.74)	(−1.73)	(−2.17)	(−1.79)
高技术产品出口额（EXHTP）	—	0.338 222	—	0.066 157
		(0.38)		(0.27)

续表

变量	SAR		SEM	
	模型（1）	模型（2）	模型（3）	模型（4）
教育财政支出（EDUEXP）	—	0.636 973 (0.76)	—	0.198 802 (0.87)
中国创新指数（CHINNOV）	—	1.122 271 (0.63)	—	0.946 024* (1.92)
人均GDP（PERGDP）	—	0.139 531 (0.15)	—	0.139 780 (0.56)
常数项	1.230 809*** (2.87)	0.124 879 (0.08)	1.083 690*** (8.68)	0.277 508*** (6.66)
扰动项空间自回归系数（rho）	0.178 324** (2.08)	0.180 506*** (3.11)	—	—
空间自回归系数（lambda）	—	—	7.370 433** (4.78)	8.411 687*** (4.82)
sigma2_e	0.181 991*** (9.28)	0.180 127*** (9.29)	0.567 454*** (4.26)	0.614 803*** (4.13)
R^2	0.3070	0.3145	0.3143	0.3235
Log-L	−47.5605	−47.5605	−47.5605	−47.5605

注：lambda指 y 的空间自回归系数，rho指扰动项的空间自回归系数。

表6-13 空间面板计量回归结果［模型（5）~模型（8）］

变量	SAC		SDM	
	模型（5）	模型（6）	模型（7）	模型（8）
数量型货币政策（M2）	0.095 959*** (3.53)	0.226 269*** (3.31)	0.370 876*** (3.63)	1.591 297*** (2.97)
价格型货币政策（SHIBOR）	−0.071 050* (−1.76)	−0.082 199* (−1.84)	−0.080 819** (−2.11)	−1.152 354** (−2.07)
经济政策不确定性（EPU）	−0.009 210* (−1.87)	−0.116 868* (−1.79)	−0.108 651* (−1.77)	−0.360 153* (−1.78)

续表

变量	SAC		SDM	
	模型（5）	模型（6）	模型（7）	模型（8）
高技术产品出口额 （EXHTP）		0.152 009 （0.42）		3.242 419* （1.70）
教育财政支出 （EDUEXP）		0.359 895 （0.92）		2.576 138 （0.84）
中国创新指数 （CHINNOV）		1.622 209 （1.45）		0.869 165 （0.18）
人均GDP （PERGDP）		0.181 255 （0.50）		2.532 920 （0.76）
$W \times$M2			0.687 848*** （3.65）	1.741 293*** （3.74）
$W \times$SHIBOR			−0.293 880 （−0.34）	−0.315 969 （−0.20）
$W \times$EPU			−0.219 377 （−0.52）	−0.183 042 （−0.20）
$W \times$EXHTP				3.626 914 （0.78）
$W \times$EDUEXP				1.507 341 （0.34）
$W \times$CHINNOV				8.588 656 （1.36）
$W \times$PERGDP				4.621 621 （0.97）
常数项				1.387 175 （0.50）
扰动项空间自回归系数 （rho）	0.084 458 （0.14）	1.029 383 （0.79）	7.288 450*** （4.80）	8.190 396*** （4.77）
空间自回归系数 （lambda）	6.913 275** （2.14）	4.713 205*** （3.43）		
sigma2_e	0.571 481*** （3.86）	0.529 881*** （4.30）	0.530 675*** （4.29）	0.592 207*** （4.12）

续表

变量	SAC		SDM	
	模型（5）	模型（6）	模型（7）	模型（8）
R^2	0.3145	0.3019	0.3009	0.3493
Log–L	–47.5605	–47.5605	–47.5605	41.0081

注：① lambda 指 y 的空间自回归系数，rho 是扰动项的空间自回归系数。

② 表中圆括号中的数据为相应统计量 t 值，下同。

（二）SDM 的估计结果

本节先根据 EPU 的月度数据，加权平均处理后转化成年度数据，再根据以 2008 年年度数据为基期，以 1 为基准标准化处理后，再计算 2008—2019 年区间的以 1 为基准标准化的年度数据平均值。本书以 EPU 的平均值 1.221 527 为高频 EPU 和低频 EPU 的划分标准，EPU 大于该平均值为高频，EPU 小于该平均值为低频。然后分别把全样本 EPU、高频 EPU 和低频 EPU 这三个样本分别代入模型（6）~模型（17）进行回归，分别比较全样本和两个子样本高频 EPU 和低频 EPU 的回归结果，根据表 6-14 的回归结果，该模型全样本、两个子样本空间回归系数均在 1% 置信水平下显著为正。说明在经济政策不确定性背景下，各行业研发创新水平的空间网络联系并非完全随机，而存在明显的空间集聚性。得出如下分析。

从全样本回归的系数估计结果中可以看出，M2 的系数为 1.570 027，且在 5% 的置信水平下显著为正，M2 的空间变量 $W×$M2 的系数为 1.704 916，显著为正。在低频 EPU 样本中，M2 的系数为 11.256 720，M2 的空间变量 $W×$M2 的系数为 1.707 826，且均在 1% 的置信水平下显著为正。在高频 EPU 样本中，M2 的系数为 1.404 185，$W×$M2 的系数为 1.335 523，且均在 10% 置信水平下显著。根据以上结果，分别比较全样本和两个子样本高频 EPU 和低频 EPU 的回归结果中 M2、$W×$M2 系数的大小和各变量的显著性差异。高频 EPU 样本中，M2 和 $W×$M2

的系数分别为1.404 185和1.335 523，绝对值都最小，且均在10%置信水平下显著。在低频EPU样本中，M2和W×M2的系数分别为11.256 720和1.707 826，绝对值都最大，且都在1%的置信水平下显著。使假设H1得到验证，即高频EPU背景下，会弱化M2对INNOVATION冲击的直接效应和网络效应。

从全样本回归的系数估计结果中可以看出，SHIBOR的系数为-1.083 733，且在10%的置信水平下显著为负，空间变量W×SHIBOR的系数为-0.321 558，但不显著；在低频EPU样本中，SHIBOR的系数为-3.317 430，且在5%的置信水平下显著为负，W×SHIBOR的系数为-8.935 546，但不显著；在高频EPU样本中，SHIBOR的系数为-0.789 242，W×SHIBOR的系数为-0.205 481，且均不显著。根据以上结果，分别比较全样本和两个子样本高频EPU和低频EPU的回归结果中SHIBOR和W×SHIBOR系数的大小和各变量的显著性差异。高频EPU样本中，SHIBOR和W×SHIBOR的系数分别为-0.789 242和-0.205 481，绝对值都最小，且都不显著。在低频EPU样本中，SHIBOR的系数为-3.317 430，且在5%的置信水平下显著为负，绝对值最大；W×SHIBOR的系数为-8.935 546，绝对值最大但不显著。使假设H2得到验证，即高频EPU背景下，会弱化SHIBOR对INNOVATION冲击的直接效应，SHIBOR的网络效应不显著。

（三）直接效应和网络效应分解结果

本书在全样本、高频EPU和低频EPU对比下，各变量的直接效应和网络效应变化见表6-15。也进一步证明经济政策不确定性背景下，货币政策对各行业研发创新水平冲击的直接效应和网络效应影响变化。

表6-14　EPU对货币政策有效性影响表

变量	（10）全样本	（11）低频EPU	（12）高频EPU
数量型货币政策 （M2）	1.570 027** (2.98)	11.256 720*** (3.36)	1.404 185* (1.66)

变量	（10）全样本	（11）低频EPU	（12）高频EPU
价格型货币政策 （SHIBOR）	−1.083 733* （−1.83）	−3.317 430** （−2.35）	−0.789 242 （−1.18）
经济政策不确定性 （EPU）	−0.456 817* （−1.83）	−0.358 428 （−0.60）	−5.131 432** （−2.12）
高技术产品出口额 （EXHTP）	3.217 260* （1.72）	14.179 210** （2.16）	2.011 396 （1.48）
教育财政支出 （EDUEXP）	2.504 152 （0.84）	0.305 613 （0.10）	3.077 559 （0.29）
$W \times M2$	1.704 916** （2.04）	1.707 826*** （2.74）	1.335 523* （1.67）
$W \times SHIBOR$	−0.321 558 （−0.32）	−8.935 546 （−1.19）	−0.205 481 （−0.13）
$W \times EPU$	−0.184 198 （−0.21）	−0.055 897 （−0.09）	6.758 870 （0.75）
$W \times EXHTP$	3.588 731 （0.79）	−0.868 572** （−2.41）	19.785 280 （0.64）
$W \times EDUEXP$	1.393 086 （0.32）	0.660 221 （0.15）	5.408 829 （0.35）
扰动项空间自回归系数 （rho）	8.166 649*** （4.75）	13.350 500*** （3.26）	3.078 400*** （2.67）
sigma2_e	0.558 399*** （4.11）	0.062 418*** （3.45）	1.185 430** （2.49）
R^2	0.3057	0.3138	0.3029
Log−L	−47.5605	−49.2001	−49.2001

注：rho是扰动项的空间自回归系数。

表6-15 经济政策不确定性对货币政策直接效应和网络效应影响

变量		（10）全样本	（11）低频EPU	（12）高频EPU
直接 效应	数量型货币政策 （M2）	0.624 331** （1.98）	4.958 830*** （3.43）	0.760 576* （1.73）

续表

	变量	（10）全样本	（11）低频EPU	（12）高频EPU
直接效应	价格型货币政策（SHIBOR）	-0.544 821*（1.88）	-0.793 295**（-2.44）	-0.508 399（-1.21）
	经济政策不确定性（EPU）	-0.163 315*（-1.68）	-0.289 684（-1.17）	-1.539 342**（-1.69）
	高技术产品出口额（EXHTP）	1.392 360*（1.94）	4.134 281**（1.74）	1.273 551（1.01）
	教育财政支出（EDUEXP）	1.109 716（0.98）	1.147 087（0.30）	0.122 237（0.07）
	中国创新指数（CHINNOV）	1.707 933*（1.70）	0.732 238***（7.58）	0.305 990*（1.67）
网络效应	数量型货币政策（M2）	0.530 748**（1.90）	3.532 377***（3.34）	0.514 710*（1.75）
	价格型货币政策（SHIBOR）	-0.346 999（-0.92）	-1.066 583（-0.65）	-0.209 207（-0.72）
	经济政策不确定性（EPU）	-0.118 028（-0.60）	-1.489 031（-0.75）	-0.085 220（-0.39）
	高技术产品出口额（EXHTP）	1.086 833*（0.96）	4.086 399**（2.30）	0.513 401（0.87）
	教育财政支出（EDUEXP）	0.818 182（0.81）	1.134 391（0.33）	0.121 790（0.09）
	中国创新指数（CHINNOV）	0.209 667*（1.72）	0.714 043***（3.33）	0.097 553*（1.68）
总效应	数量型货币政策（M2）	1.155 080**（2.30）	8.491 207***（3.45）	1.275 286*（1.79）
	价格型货币政策（SHIBOR）	-0.891 820*（-1.80）	-1.859 878**（-2.47）	-0.717 605（-0.72）
	经济政策不确定性（EPU）	-0.281 342*（-1.76）	-1.778 715*（-1.81）	-1.624 562**（-2.10）

	变量	（10）全样本	（11）低频EPU	（12）高频EPU
总效应	高技术产品出口额 （EXHTP）	2.479 193* (1.73)	8.220 680** (2.43)	1.786 952 (0.03)
	教育财政支出 （EDUEXP）	1.927 898 (1.12)	2.281 478 (0.00)	0.244 028 (0.02)
	中国创新指数 （CHINNOV）	1.917 600* (1.80)	1.446 281*** (3.28)	0.403 543* (1.65)

注：rho是扰动项的空间自回归系数。

从全样本回归的系数估计结果中可以看出，M2的直接效应系数为0.624 331，且在5%的置信水平下显著；M2的网络效应系数为0.530 748，且在5%的置信水平下显著。在低频EPU样本中，M2的直接效应系数为4.958 830，且在1%的置信水平下显著；M2的网络效应系数为3.532 377，且在1%的置信水平下显著。在高频EPU样本中，M2的直接效应系数为0.760 576，网络效应系数为0.514 710，且都仅在10%的置信水平下显著。通过对比可知：高频EPU样本中，M2的直接效应和网络效应的系数分别为0.760 576和0.514 710，绝对值都最小，且都仅在10%的置信水平下显著；在低频EPU样本中，M2的直接效应和网络效应的系数分别为4.958 830和3.532 377，绝对值都最大，且在1%的置信水平下都显著为正。再一次验证了假设H1成立。

从全样本回归的系数估计结果中可以看出，SHIBOR的直接效应系数为-0.544 821，且在10%的置信水平下显著为负；SHIBOR的网络效应系数为-0.346 999，且不显著。在低频EPU样本中，SHIBOR的直接效应系数为-0.793 295，且在5%的置信水平下显著；网络效应系数为-1.066 583，且不显著。在高频EPU样本中，SHIBOR的直接效应系数为-0.508 399，网络效应系数为-0.209 207，且都不显著。通过对比可知：高频EPU样本中，SHIBOR的直接效应和网络效应系数分别为-0.508 399和-0.209 207，绝对值都最小，且都不显著；在低频EPU样本中，SHIBOR的直接效应和网络效应系数分别为-0.793 295和-1.066 583，

绝对值都最大，且直接效应显著，网络效应不显著。再一次验证了假设H2
成立。

　　总体而言，高频EPU会弱化货币政策基于生产网络传导效应对INNOVA-
TION的有效性。具体为：高频INNOVATION会弱化M2对INNOVATION冲击的
直接效应和网络效应；高频EPU会弱化SHIBOR对INNOVATION冲击的直接效
应，SHIBOR的网络效应不显著。此外，在高频EPU样本中，M2总效应系数变
小和显著性减弱，但仍然在10%置信水平显著为正，说明我国近年来央行实施
的货币政策坚持以总量稳定、结构优化的稳中求进方针。

（四）稳健性检验：动态空间面板模型估计的进一步检验

　　为了研究货币政策冲击基于生产网络传导效应对INNOVATION的有效性，
本次模型的稳健性检验在上一节模型稳健性检验的基础上，增加了EPU作为核
心自变量之一，即M2、SHIBOR和EPU作为核心自变量。运用极大似然法和逐
步回归的方式，以核心变量M2、SHIBOR和EPU为基准，逐步引入控制变量。
在分别对比全样本EPU、高频EPU和低频EPU的模型结果，通过判断其他两个
核心自变量M2和SHIBOR的系数大小变化和显著性变化，来判断货币政策基于
生产网络传导效应对INNOVATION影响的有效性。

　　比较表6-16来看，模型（13）为基准模型估计结果；模型（14）~模型
（17）为引入控制变量后的估计结果。当模型（17）被引入全部变量后，各模型
中的变量的影响方向并未出现变化，不存在多重共线性。以行业有效发明专利
数作为被解释变量，以M2、SHIBOR和EPU为核心变量的静态空间面板模型形
态识别结果为基础，进一步对各模型下的变量影响效应进行估计，估计结果见
表6-16。其中EPU均在10%的置信水平下显著，但其空间变量$W \times EPU$不显著，
说明EPU缺乏网络效应，即不会通过生产网络机制对行业的研发创新产生网络
效应。这是因为行业创新研发周期比较长，且需要持续研发资金的投入，但是

我国EPU月度短周期频率变动，在实施定向精准等结构性货币政策对小微创新型企业的信贷支持下，不会改变企业研发对宏观环境的预期。我国近年来央行货币政策坚持以总量稳定、结构优化的稳中求进方针，有利于给我国创新型企业提供长期稳定的货币金融环境和研发创新环境。

表6-16　行业有效发明专利数空间计量模型稳健性检验

变量	杜宾模型				
	模型（13）	模型（14）	模型（15）	模型（16）	模型（17）
数量型货币政策（M2）	1.628 529***	2.593 600***	4.427 442**	3.142 405**	4.896 988**
	(3.12)	(3.72)	(2.33)	(2.11)	(2.08)
价格型货币政策（SHIBOR）	-0.159 520**	-0.101 476*	-0.051 837*	-0.046 452*	-0.649 348**
	(-1.99)	(-1.69)	(-1.70)	(-1.80)	(-1.98)
经济政策不确定性（EPU）	-0.132 242*	-0.093 865*	-0.444 445*	-0.455 368*	-0.819 593*
	(-1.69)	(-1.80)	(-1.74)	(-1.79)	(-1.78)
高技术产品出口额（EXHTP）	—	1.892 451***	1.264 762	1.289 688	12.887 170**
		(2.75)	(0.84)	(0.86)	(2.37)
教育财政支出（EDUEXP）	—	—	2.878 744**	2.657 244**	0.914 161
			(2.37)	(2.11)	(0.58)
中国创新指数（CHINNOV）	—	—	—	2.349 469*	14.441 630*
				(1.75)	(1.91)
人均GDP（PERGDP）	—	—	—	—	48.318 730***
					(2.76)
W×M2	2.588 120**	2.682 780**	-0.663 152***	1.437 380**	8.876 803**
	(2.23)	(2.23)	(-3.13)	(2.25)	(2.21)
W×SHIBOR	-0.098 767	-0.041 515	-0.001 902	-0.160 134	-0.060 537
	(-0.40)	(-0.17)	(-0.01)	(-0.48)	(-0.12)
W×EPU	-0.134 210	-0.089 290	-0.368 169	-0.387 311	-0.816 944
	(-1.14)	(-0.51)	(-0.99)	(-1.04)	(-0.91)
W×EXHTP	—	0.205 291*	1.632 928*	1.675 708*	9.233 964*
		(1.79)	(1.75)	(1.78)	(1.91)
W×EDUEXP	—	—	1.278 776	0.924 011	1.184 444
			(0.70)	(0.49)	(0.50)

续表

变量	杜宾模型				
	模型（13）	模型（14）	模型（15）	模型（16）	模型（17）
W×CHINNOV	—	—	—	3.877 789* (1.74)	14.088 220* (1.88)
W×PERGDP	—	—	—	—	26.905 450 (0.85)
扰动项空间自回 归系数（rho）	0.627 151*** (3.99)	0.275 470*** (3.25)	0.062 290*** (3.23)	0.067 191*** (3.25)	1.406 663*** (3.30)
sigma2_e	0.030 911*** (6.57)	0.031 480*** (6.16)	0.031 699*** (5.87)	0.031 496*** (5.88)	0.041 721*** (4.58)
R^2	0.3017	0.3004	0.3362	0.3001	0.3045
Log-L	41.0081	41.0081	41.0081	41.0081	41.0081

注：①rho是扰动项的空间自回归系数。

②表中圆括号中的数据为相应统计量t值。

从中可以看出，增加核心变量EPU和被解释变量改成行业有效发明专利数后的静态空间面板模型，总体上较为平稳，模型可信度、科学性及解释能力较好。

第三节　本章小结

本章理论分析认为：①生产网络是货币政策向各行业研发创新作用的重要传导机制，是促进行业研发创新活跃度的重要因素。因为当货币政策需求冲击下，企业研发创新水平是从下游逐级传导到上游的。宽松的货币政策将会直接导致最接近消费端的下游企业产品产生消费需求和生产，进而会促进企业加大研发经费，提高企业研发创新活跃度，促进下游企业群体创新集合所组成的下游行业创新的提高。这种下游行业研发创新能力的提高会基于生产网络的中间投入作用，对上游行业的研发创新水平有正向冲击的影响。以此类推，由企业群体的研发创新集合所组成的行业研发创新能力会随着生产网络逐级向上游行业传导。

②经济政策不确定性会弱化货币政策基于生产网络传导效应对行业研发创新的有效性。在经济政策不确定性情况下，一方面，当下游企业研发因为保存实力和降低风险，使得研发经费投入中断而降低，或者中小商业银行因为宏观环境经济政策不确定性高，而歧视高风险的小微高科技企业，从而使下游企业群体创新集合所组成的下游行业创新活跃度也降低，这种下游行业研发创新能力的降低会基于生产网络的中间投入（Acemoglu et al., 2012）作用，对上游企业的研发创新水平有负向冲击的影响。以此类推，由企业群体的研发创新集合所组成的行业研发创新能力降低的负向冲击会随着生产网络逐级向上游行业传导。另一方面，经济政策不确定性会直接导致最接近消费端的下游企业因研发创新需求，在通过中间产品投入向上游企业逐级传导过程中，会出现产业链中的某一环节暂时性断裂状况，如2020年春季因新型冠状病毒感染而延迟企业复工，企业因劳动力不足而停止经营，进而产生连锁反应，使产业链由下游向上游传导逐级都会出现短暂性断裂。因此，经济不确定性会削弱宽松货币政策通过生产链逐级向上游产业对行业研发创新需求冲击的传导。

本书的实证研究验证了本书理论分析得到的观点和提出的理论假设，研究发现如下。

第一，基于投入产出矩阵表联系的生产网络是货币政策作用于行业研发创新的重要传导机制。其中数量型货币政策对行业研发创新的直接效应和网络效应显著为正，价格型货币政策对行业研发创新的直接效应显著为负，但网络效应不显著。此外数量型货币政策作用于行业研发创新的总效应有66.2%左右来自生产网络的放大效应，即网络效应占总效应比例达66.2%，直接效应占总效应仅33.8%。整体而言，货币政策向行业研发创新作用机制是有效的，宽松货币政策的研发需求冲击会通过生产网络的生产链从消费端的下游部门逐级向上游部门传导，最终释放货币政策直接和间接的全部影响，是解释促进行业研发创新活跃度的显著性因素。

第二，经济政策不确定性会弱化货币政策基于生产网络传导效应对行业研发创新的有效性。具体为：高频经济政策不确定性会弱化数量型货币政策对行业研发创新水平冲击的直接效应和网络效应；高频经济政策不确定性，会弱化价格型货币政策对行业研发创新水平冲击的直接效应，价格型货币政策的网络效应不显著。此外，在高频EPU样本中，数量型货币政策总效应系数变小和显著性减弱，但仍然在10%置信水平下显著为正，说明我国近年来央行货币政策坚持以总量稳定、结构优化的稳中求进方针，有利于引导企业创新研发的预期，给我国创新型企业提供长期稳定的货币金融环境和研发创新环境。

第七章　结论与建议

一、主要结论

本书理论分析得出结论如下。

第一，生产网络是货币政策向实体经济传导的重要机制，是解释货币政策促进经济增长重要原因。扩张性的货币政策可能会直接导致最接近消费者企业产品需求的上升，基于投入产出生产网络传导效应，当最靠近消费端口的下游企业面临消费者对其产品的需求增加时，该下游企业部门必然会增加对中间产品的购买，这样导致上游部门企业增加中间投入品的生产，以满足其下游部门企业对中间投入品需求的增加。以此类推，货币政策需求冲击的生产链从下游企业逐级向上游企业传导，最终释放了货币政策直接和间接的全部影响。

第二，生产网络是货币政策向物价传导的重要机制，是解释货币政策结构通胀的原因之一。即当扩张性的货币政策需求冲击时，会直接导致最接近消费端的下游 j 产品需求的上升，从而 j 产品的价格会上升，这种价格上涨会让作为 j 产品中间投入的所有行业产生正向需求的冲击影响，因此对 j 的上游行业产生一个直接的影响，进而 j 上游的所有中间投入产品价格都会上升。这种初始直接效应冲击会通过生产网络的进一步传导，从下游逐级传导到上游，对上游行业的中间投入产品价格都产生网络间接的正向影响，以此类推，价格波动会随着生产链逐级向上游价格传导。生产网络是解释货币政策结构通胀的原因之一。

第三，生产网络是货币政策向各产业平均收入传导的重要机制，是解释货币政策收入分配功能的原因之一。扩张性的货币政策需求冲击会直接导致最接近消费者的下游企业产品需求的上升，从而促进该部门企业生产效率和劳动力需求的上升，并提升就业人员工资水平。基于中间产品模型，货币政策需求冲击的生产链从下游企业逐级向上游企业传导，最终释放货币政策网络效应的全部。生产链的每一次传导，一方面，会通过促进生产网络中的各个行业部门间的劳动力要素流动与就业分配，进而影响各个行业的工资水平；另一方面，生产网络中下游行业部门面临较便利的外部融资或较低的融资成本，提高企业的生产效率与劳动生产率，进而提高下游行业的收入水平，这种收入水平提高会对上游中间投入部门员工收入水平有正向冲击，以此类推，收入分配会从下游逐级传导到上游。

第四，生产网络是货币政策向各行业研发创新作用的重要传导机制，是促进行业研发创新活跃度的重要因素。因为当货币政策需求冲击下，企业研发创新水平是从下游逐级传导到上游的。宽松的货币政策将会直接导致最接近消费端的下游企业产品的消费需求和生产，进而会促进企业加大研发经费，提高企业研发创新活跃度，这将促进下游企业群体创新集合所组成的下游行业创新的提高。这种下游行业研发创新能力的提高会基于生产网络的中间投入作用，对上游行业的研发创新水平有正向冲击的影响。以此类推，由企业群体的研发创新集合所组成的行业研发创新能力会随着生产网络逐级向上游行业传导。

第五，经济政策不确定性会通过生产网络传导渠道进一步弱化货币政策的有效性。在经济政策不确定性情况下，一方面，各中小企业由此可能产生资金链断裂与资产质量恶化现象，会导致大量的债务违约和不良贷款，影响的央行货币政策的实施效果。货币政策最终要通过微观的企业和商业银行来实现其作用，但经济不确定性可能会降低商业银行的信贷供给或使其偏向于国有企业贷款，会使生产网络所有部门的小微企业都面临较高的融资成本和门槛，降低生产网络中下游小微企业的生产效率、劳动力要素流动、就业分配和研发创新经费投入，进而基于生产网络的中间投入，对上游企业经营产生负向冲击，影响货币政策通过生产网络向各行业增加值、行业物价、平均收入和行业创新研发传导的有效性。另一方面，在经济政策不确定性下（如病毒感染、自然灾害等突发因素），投入产出生产网络中某些企业部门将面临劳动力不足问题（隔离、推迟复工等），会扰乱生产网络中的产业链体系和劳动分工体系，使生产网络中的某些产业链出现暂时性断裂。货币政策的需求冲击在通过生产链逐级向上游产业传导过程中，会出现暂时性断裂状况，进而会影响货币政策通过生产网络向各行业增加值、物价、平均收入和行业创新研发传导的有效性。

本书的实证研究验证了本书理论分析得到的观点和提出的理论假设。分别基于生产网络中各产业增加值月度面板数据、各行业物价月度面板数据、各产业平均收入年度数和各行业研发创新数据建立空间计量模型，并采用直接效应和网络效应分解技术，分别从经济增长、物价稳定、增加收入和行业研发创新的视角揭示货币政策的效果在何种程度上是通过生产网络机制的传导来实现的，并研究了产业间空间溢出效应特征，研究发现以下结论。

第一，生产网络是货币政策向实体经济传导的重要机制，是解释货币政策促进经济增长重要原因之一。其中，数量型货币政策对产业增加值的直接效应和网络效应显著为正；价格型货币政策对产业增加值的直接效应显著为负，但网络效应不显著。此外，其中数量型货币政策的网络效应有27.3%左右来自生产网络的放大效应，数量型货币政策的直接效应占总效应的72.7%，说明我国货币政策通过生产网络向实体经济传导的网络效应是显著为正的，并且货币政策的中介变量仍然是数量型货币政策为主，符合我国目前数量型货币政策框架的现实。整体而言，货币政策向实体经济传导机制是有效的。货币政策需求冲击会通过生产链从消费端的下游部门逐级向上游部门传导，最终释放货币政策直接和间接的全部影响。

第二，生产网络是货币政策向物价传导的重要机制，是解释货币政策结构通胀的原因之一。其中，数量型货币政策对行业物价的影响直接效应和网络效应显著为正；价格型货币政策对产业物价的影响显著的直接效应显著为负，但网络效应不显著，即通过生产网络扩大对各行业价格水平的影响，具有不确定性。数量型货币政策对物价冲击的网络效应占总效应比例达到67.3%，说明货币政策对物价冲击的网络效应是总效应中非常重要的环节。高频经济政策不确定性，会弱化数量型货币政策对物价水平冲击的直接效应和网络效应，也会弱化价格型货币政策对物价水平冲击的直接效应。整体而言，货币政策向行业物价传导机制是有效的。货币政策对物价的需求冲击会通过生产链从消费端的下游部门逐级向上游部门传导，最终释放货币政策直接和间接的全部影响，是解释货币政策结构通胀的原因之一。

第三，生产网络是货币政策向各产业平均收入传导的重要机制，是解释货币政策收入分配功能的原因之一。其中，数量型货币政策冲击的直接效应和间接网络效应显著为正，可以通过生产网络扩大对各行业平均收入的影响；价格型货币政策对各行业平均收入的直接效应、间接网络效应和总效应均不显著，即我国城镇居民收入对价格型货币政策的负向冲击（宽松）反应具有不确定性。此外，数量型货币政策冲击对各行业平均收入的影响的直接效应占总效应95%，数量型货币政策的网络效应占总效应的5%，说明货币政策冲击对城镇居民人均收入的影响只有5%是来自生产网络的扩大效应的，网络效应占总效应比值较低。货币政策的中介变量仍然是数量型货币政策为主，符合我国目前数量型货币政策框架的现实。总体而言，生产网络传导效应是货币政策向产业平均收入冲击的重要渠道，是解释货币政策收入分配功能的原因之一。财政政策对行业平均收入的直接效应和间接网络效应的影响显著，政府可以通过变动税收和支出以影响总需求进而影响就业和国民收入。央行在积极货币政策的实施过程中，需要特别重视与货币政策协同配合，注重发挥宏观调控政策的合力。

第四，生产网络是货币政策向各行业研发创新作用的重要传导机制，是促进行业研发创新活跃度的重要因素。其中，数量型货币政策对行业研发创新的直接效应和网络效应显著为正；价格型货币政策对行业研发创新的直接效应显著为负，但网络效应不显著。此外，数量型货币政策作用行业研发创新的总效应有66.2%左右来自生产网络的放大效应，即网络效应占总效应比例达66.2%，直接效应占总效应仅33.8%。整体而言，货币政策向行业研发创新作用机制能有效地说明我国近年来央行货币政策坚持以总量稳定、结构优化的稳中求进方针，有利于引导企业创新研发的预期，给我国创新型企业提供长期稳定的货币金融环境和研发创新环境。宽松货币政策的研发需求冲击会通过生产网络的生产链从消费端的下游部门逐级向上游部门传导，最终释放货币政策直接和间接的全部影响，是解释促进行业研发创新活跃度的显著性因素。

第五，经济政策不确定性会弱化货币政策通过生产网络传导的有效性。通过对比全经济政策不确定性样本、高频经济政策不确定性样本和低频经济政策不确定性样本回归的系数可知：高频经济政策不确定性样本中，数量型货币政策的直接效应和网络效应的系数的绝对值都变小，且显著性减弱。在低频经济政策不确定性样本中，数量型货币政策的直接效应和网络效应的系数绝对值都变大，且都显著为正。高频经济政策不确定性样本中，价格型货币政策的直接效应和网络效应的系数的绝对值都最小，且都不显著。在低频经济政策不确定性样本中，价格型货币政策的直接效应的系数绝对值都最大，且都显著为负，其中网络效应不显著。高频经济政策不确定性，会弱化货币政策基于生产网络传导效应对各产业增加值、各行业物价、各行业平均收入和各行业研发创新冲击的直接效应和网络效应。

二、政策建议

根据以上货币政策的生产网络效应研究结论，得出的政策启示如下。

第一，逐步推动货币政策由以数量型为主向以价格型为主转变。根据上述研究结论可知，货币政策通过生产网络向实体经济传导的过程中，以数量型货币政策为主，价格型货币政策的网络效应不显著，关键的问题是解决存贷款基准利率和市场利率并存的"利率双轨"问题，实现利率完全市场化。利率完全市场化不仅有利于价格型货币政策通过生产网络，向实体经济充分释放直接和间接的全部影响，还可为货币政策调控方式由以数量型为主向以价格型为主转变、提高货币政策宏观调控效率创造了条件。

具体而言，我国利率市场化改革的进程是渐进的，稳妥推进存贷款基准利率与市场利率并轨，可以在贷款利率市场化完成后，下一步重点推进存款利率市场化改革。因为如果第一步先推进存款利率市场化，会导致商业银行为争夺存款业务而提高存款利率，产生非理性竞争，不利于央行引导贷款利率下行管控，让金融更好服务实体经济。因此目前利率市场化改革重点是贷款利率市场化改革，首先需要参考中期借贷便利利率（MLF）来改革贷款市场报价利率（LPR），市场各大商业银行贷款利率则锚定贷款市场报价利率，使得央行的政策利率能直接有效地传导至贷款利率，实现贷款利率市场化。

第二，构建数字化产业互联网，健全产业链体系。数字化的生产网络不再只是传统意义上把原材料（中间投入品）变成产品，还需要加工数据要素，把数据变成产品的一部分，通过数据产品和服务拓展产业链的价值空间。因此，数字化的生产网络，更能反映投入产出表生产网络各产业部门间技术经济联系和产品之间的技术经济联系。有利于生产要素在生产网络快速高效运转，疏通货币政策通过生产网络的传导机制，更加充分地全部释放货币政策的直接效应和网络效应。构建数字化产业互联网需要充分利用数字技术，以数据供应链引领物资链，促进产业链高效协同发展。

具体而言，是把投入产出生产网络中产业链上的每一个环节全部都做数字化和网络化升级，打通生产网络中产业链上下游企业数据通道，促进全渠道、全链路供需调配和精准对接，使得高端制造业和现代服务业、工业化和信息化深度融合。生产网络的数字化升级，也是传统产业链条的重构与裂变的过程，将推动传统业务流程的生产方式重组变革，支撑产业基础高级化和产业链现代化，助力经济高质量发展。

第三，推进农村城镇化建设。宽松货币政策通过生产网络传导渠道促进收入分配，农村城镇化过程有助于提高生产网络的产业集聚度和生产要素市场交换，提高生产网络中各部门企业的生产效率和劳动力要素的流动，疏通和提高货币政策的生产网络传导效应，增强产业抵御市场风险的能力，提高居民收入。根据凯恩斯消费理论，富人的边际消费倾向小于穷人的边际消费倾向。因此降低城乡收入差距，有利于提高整个社会的边际消费倾向，促进消费，从而提高居民收入。

具体而言，目前推进农村城镇化建设关键是户籍制度改革，劳动者本身流动的限制和在公共福利方面没有受到平等的待遇都会影响其工资性收入稳定性和可持续性，进而限制其消费能力和收入分配能力。目前可以先构建放开户籍制度示范区域，公民若因为工作的需要流动更换住址，需要到当地派出所登记报备，各级政府因此可从派出所处获得流入流出情况。

第四，支持扩大知识产权质押融资。宽松货币政策基于生产网络传导支撑研发创新的知识溢出效应，存在行业内部溢出（Mar溢出）和跨行业部门之间互补和扩散（Jac溢出），扩大知识产权质押融资是从源头上降低小微企业融资费用负担重要渠道，也是疏通货币政策的生产网络传导效应发力点。新型高科技轻资产小微企业创业孵化周期较长，成长初期往往存在资金现金流枯竭、知识产权交易渠道少、变现能力弱导致的知识产权市场化效率低下、财务信息披露不全面和财务制度不规范等问题。研发创新是我国经济可持续发展的核心内生动力，需要银行、企业、政府、担保公司等多方主体对高科技轻资产企业进行知识产权质押融资运作模式的积极探索。

具体而言，从目前国内存在的知识产权质押融资运作模式来看，可以大力发展以下三种模式：北京"银行+企业专利权/商标专用权质押"的直接质押融资模式、上海浦东"银行+政府基金担保+专利权反担保"的间接质押模式和武汉"银行+科技担保公司+专利权反担保"的混合模式。以北京、上海浦东和武汉的知识产权质押融资运作模式为代表，逐步向全国其他一线、二线城市的科技园进行推广和积极试点。以上三种模式的试点，都离不开央行对商业银行的积极引导。央行需要鼓励大型银行完善贷款考核机制，引导商业银行对知识产权质押贷款单列信贷计划和专项考核激励，探索打包组合质押，拓宽质押物范围和处置途径等措施。银行、企业、政府、担保公司等多方主体的积极参与，可以成为破解银企政对接信息不对称、拓宽小微企业的贷款渠道、强化知识产权保护利用和促进扩大就业的积极探索，对增强金融服务实体经济现实需求的有效性有重要意义。

参考文献

曹苍剑，2019.生产网络结构、宏观经济波动与供给侧改革[R].中国经济学学术资源网.

曹永琴，2010.中国货币政策产业非对称效应实证研究 [J].数量经济技术经济研究，27（9）：18-30.

曾繁华，彭中，崔连翔，等，2014.我国货币政策资产价格渠道传导有效性分析 [J].统计与决策（9）：155-158.

陈创练，戴明晓，2018.货币政策、杠杆周期与房地产市场价格波动 [J].经济研究，53（9）：52-67.

陈峰，1996.论产业结构调整中金融的作用 [J].金融研究（11）：23-27.

陈锡康，杨翠红，2011.投入产出技术 [M].北京：科学出版社.

戴金平，金永军，陈柳钦，2005.货币政策的产业效应分析——基于中国货币政策的实证研究 [J].上海财经大学学报（4）：8-15.

戴金平，金永军，2006.货币政策的行业非对称效应 [J].世界经济（7）：46-55.

丁攀，李素芳，2014.中国货币政策对城乡居民收入的有效性研究——FAVAR模型的全视角分析 [J].经济科学（4）：39-49.

段梅，2017.经济政策不确定性会影响货币政策有效性吗——基于信贷渠道的视角 [J].当代财经（6）：18-27.

方爱丽，高齐圣，张嗣瀛，2009.产业网络的聚集性和相关性分析 [J].系统工程理论与实践，29（6）：178-183.

方大春，王海晨，2017.我国产业关联网络的结构特征研究——基于2002～2012年投入产出表 [J].当代经济管理，39（11）：71-78.

干春晖，郑若谷，余典范，2011.中国产业结构变迁对经济增长和波动的影响 [J]. 经济研究，
　　46（5）：4-16.

顾海峰，张欢欢，2020.企业金融化、融资约束与企业创新——货币政策的调节作用 [J]. 当代
　　经济科学，42（5）：74-89.

关高峰，贺根庆，2014.房地产业对海南经济的关联与波及效应研究--基于投入产出模型的
　　实证分析 [J]. 中央财经大学学报（2）：106-112.

郭晔，赖章福，2010.货币政策与财政政策的区域产业结构调整效应比较 [J]. 经济学家（5）：
　　67-74.

何运信，贾富成，耿中元，2020.货币政策冲击、银行风险承担与企业研发创新 [J]. 财经论丛
　　（2）：53-63.

侯明，王茂军，2014.北京市产业网络结构的复杂性特征 [J]. 世界地理研究，23（2）：123-
　　132.

黄伟，史忠良，2010.信贷退出的产业结构优化效应研究 [J]. 金融论坛，15（5）：31-35.

黄伟，2010.信贷退出优化产业结构的机理分析 [J]. 金融论坛，15（3）：26-32.

吉红云，干杏娣，2014.我国货币政策的产业结构调整效应——基于上市公司的面板数据分
　　析 [J]. 上海经济研究（2）：3-10.

李井林，阳镇，陈劲，等，2021.ESG 促进企业绩效的机制研究——基于企业创新的视角 [J].
　　科学学与科学技术管理，42（9）：71-89.

李婧，谭清美，白俊红，2010.中国区域创新生产的空间计量分析——基于静态与动态空间
　　面板模型的实证研究 [J]. 管理世界（7）：43-55.

李茂，2016.北京产业关联网络的拓扑特征研究 [J]. 北京社会科学（5）：57-67.

李秀婷，刘凡，吴迪，等，2014.基于投入产出模型的我国房地产业宏观经济效应分析 [J]. 系
　　统工程理论与实践，34（2）：323-336.

李杨超，祝合良，2016.基于投入产出表的流通业生产网络与波及效应分析 [J]. 统计与决策
　　（6）：86-90.

梁丰，2019.经济政策不确定性与我国货币政策有效性——基于门槛向量自回归模型的实证
　　研究 [J]. 华东经济管理，33（6）：84-90.

林秀梅，唐乐，2015.全球生产网络下出口贸易价值含量的国际比较——基于金砖国家国际
　　投入产出模型 [J]. 国际经贸探索，31（10）：39-51.

刘刚，郭敏，2009.中国宏观经济多部门网络及其性质的实证研究 [J]. 经济问题（2）：31-34.

刘佳，朱桂龙，2012.基于投入产出表的我国生产网络与产业结构演化分析 [J]. 统计与决策（2）：136-139.

刘穷志，2017.税收竞争、资本外流与投资环境改善——经济增长与收入公平分配并行路径研究 [J]. 经济研究，52（3）：61-75.

刘世锦，韩阳，王大伟，2020.基于投入产出架构的新冠肺炎疫情冲击路径分析与应对政策 [J]. 管理世界，36（5）：1-12.

陆正飞，祝继高，樊铮，2009.银根紧缩、信贷歧视与民营上市公司投资者利益损失 [J]. 金融研究（8）：124-136.

吕光明，2013.中国货币政策产业非均衡效应实证研究 [J]. 统计研究，30（4）：30-36.

吕炜，高帅雄，周潮，2018.房价上涨如何助推了中国企业的高杠杆？——基于投入产出网络的DSGE研究新视角 [J]. 经济社会体制比较（1）：140-150.

马文杰，胡玥，2022.地区碳达峰压力与企业绿色技术创新——基于碳排放增速的研究 [J]. 会计与经济研究，36（4）：53-73.

倪鹏飞，2019.货币政策宽松、供需空间错配与房价持续分化 [J]. 经济研究，54（8）：87-102.

潘文卿，刘起运，2004.区域经济的空间联系：方法与指标 [J]. 统计研究（10）：47-51.

彭惠，全智敏，2013.我国货币政策的区域效应研究——基于省际视角的分析 [J]. 经济学动态（6）：80-86.

齐鹰飞，LIYuanfei，2020.财政支出的部门配置与中国产业结构升级——基于生产网络模型的分析 [J]. 经济研究，55（4）：86-100.

齐鹰飞，LIYuanfei，2019.跨国投入产出网络中的贸易摩擦——兼析中美贸易摩擦的就业和福利效应 [J]. 财贸经济，40（5）：83-95.

钱纳里，鲁滨逊，赛尔奎因，1989.工业化和经济增长的比较研究 [M]. 吴奇，王松宝，译.上海：上海三联书店.

饶品贵，岳衡，姜国华，2017.经济政策不确定性与企业投资行为研究 [J]. 世界经济，40（2）：27-51.

宋旺，钟正生，2006.我国货币政策区域效应的存在性及原因——基于最优货币区理论的分析 [J]. 经济研究（3）：46-58.

王剑，刘玄，2005.货币政策传导的行业效应研究 [J]. 财经研究（5）：104-111.

王伟强，2019. 经济政策不确定性对货币政策调控有效性的影响 [J]. 郑州大学学报（哲学社会科学版），52（3）：27-34.

王永钦，吴娴，2019. 中国创新型货币政策如何发挥作用：抵押品渠道 [J]. 经济研究，54（12）：86-101.

王岳平，葛岳静，2007. 我国产业结构的投入产出关联特征分析 [J]. 管理世界（2）：61-68.

王岳平，2000. 我国产业结构的投入产出关联分析 [J]. 管理世界（4）：59-65.

相雪梅，赵炳新，殷瑞瑞，2016. 产业网络结构对总产出波动的影响研究 [J]. 山东大学学报（哲学社会科学版），35（2）：19-25.

相雪梅，赵炳新，2016. 产业网络核的空间效应及指标体系——以上海市为例 [J]. 经济问题探索（1）：89-93.

肖雁飞，万子捷，刘红光，2014. 我国区域产业转移中"碳排放转移"及"碳泄漏"实证研究——基于2002年、2007年区域间投入产出模型的分析 [J]. 财经研究，40（2）：75-84.

邢李志，2012. 基于复杂网络理论的区域产业结构网络模型研究 [J]. 工业技术经济，31（2）：19-29.

闫红波，王国林，2008. 我国货币政策产业效应的非对称性研究——来自制造业的实证 [J]. 数量经济技术经济研究（5）：17-29.

杨铭，干杏娣，2018. 经济政策不确定性对货币政策有效性影响研究——基于就业的视角 [J]. 统计与信息论坛，33（7）：54-61.

杨晓，杨开忠，2007. 中国货币政策影响的区域差异性研究 [J]. 财经研究（2）：4-15.

姚星，唐鹘，林昆鹏，2012. 生产性服务业与制造业产业关联效应研究——以四川省投入产出表的分析为例 [J]. 宏观经济研究（11）：103-111.

叶初升，任兆柯，2019. 生产网络视角下宏观波动的微观来源研究进展 [J]. 经济学动态（5）：104-118.

于则，2006. 我国货币政策的区域效应分析 [J]. 管理世界（2）：18-22.

袁申国，刘兰凤，2009. 中国货币政策金融加速器效应的行业差异性分析 [J]. 上海金融（3）：36-39.

袁伟彦，李文溥，2010. 中国货币政策的汇率传递效应及形成机制——基于SVAR与动态一般均衡（DGE）模型的分析 [J]. 管理世界（12）：53-64.

运信，贾富成，耿中元，2020. 货币政策冲击、银行风险承担与企业研发创新 [J]. 财经论丛（2）：53–63.

战明华，汤颜菲，李帅，2020. 数字金融发展、渠道效应差异和货币政策传导效果 [J]. 经济研究，55（6）：22–38.

张辉，王征，2013. 我国货币政策传导变量的区域效应：2005—2010 [J]. 经济学动态（4）：58–63.

张辉，2013. 我国货币政策传导变量对产业结构影响的实证研究 [J]. 经济科学（1）：22–35.

张润君，潘文卿，陈杰，2011. 中国区域经济的空间联系：1997—2007 [J]. 统计研究，28（10）：47–53.

张同斌，高铁梅，2013. 高技术产业产出增长与关联效应的国际比较——基于美、英、日、中、印、巴六国投入产出数据的实证研究 [J]. 经济学（季刊），12（3）：847–868.

赵炳新，陈效珍，陈国庆，2013. 产业基础关联树的构建与分析——以山东、江苏两省为例 [J]. 管理评论，25（2）：35–42.

赵炳新，杜培林，肖雯雯，等，2016. 产业集群的核结构与指标体系 [J]. 系统工程理论与实践，36（1）：55–62.

赵炳新，相雪梅，张梦婕，2017. 区域间总产出波动相互影响的网络模型 [J]. 系统工程理论与实践，37（10）：2611–2620.

赵炳新，1996. 产业关联分析中的图论模型及应用研究 [J]. 系统工程理论与实践（2）：39–42.

朱民，彭道菊，2022. 创新内含碳中和目标的结构性货币政策 [J]. 金融研究（6）：1–15.

祝佳，杨嘉杰，汤子隆，等，2020. 香港离岸人民币市场利率与汇率联动效应研究 [J]. 会计与经济研究，34（1）：111–128.

庄子罐，崔小勇，赵晓军，2016. 不确定性、宏观经济波动与中国货币政策规则选择——基于贝叶斯DSGE模型的数量分析 [J]. 管理世界（11）：20–31.

AASTVEIT K A，NATVIK G J，SOLA S，2017. Economic uncertainty and the influence of monetary policy [J]. Journal of International Money and Finance，76：50–67.

ABOUWAFIA H E，CHAMBERS M J，2015. Monetary policy，exchange rates and stock prices in the Middle East region [J]. International Review of Financial Analysis，37：14–28.

ACEMOGLU D，AKCIGIT U，KERR W，2015. Networks and the Macroeconomy：An Empirical Exploration [J]. NBER Macroeconomics Annual，30（1）：273–335.

ACEMOGLU D, AZAR P D, 2020. Endogenous Production Networks [J]. Econometrica, 88 (1): 32–82.

ACEMOGLU D, CARVALHO V M, OZDAGLAR A, et al., 2012. The Network Origins of Aggregate Fluctuations [J]. Social ence Electronic Publishing, 80 (5): 1977–2016.

ACEMOGLU, DARON, OZDAGLAR, et al., 2017. Microeconomic Origins of Macroeconomic Tail Risks? [J]. American Economic Review, 107 (1): 54–108.

ANSELIN L, FLORAX R, REY S J, 2004. Advances in Spatial Econometrics [M]. Berlin: Springer.

ATALAY E, DRAUTZBURG T, WANG Z, 2018. Accounting for the sources of macroeconomic tail risks [J]. Economics Letters, 165: 65–69.

AUER R A, LEVCHENKO A A, SAURÉ P, 2019. International inflation spillovers through input linkages [J]. Review of Economics and Statistics, 101 (3): 507–521.

BAKER S R, BLOOM N, DAVIS S J, 2016. Measuring economic policy uncertainty [J]. The quarterly journal of economics, 131 (4): 1593–1636.

BALCILAR M, DEMIRER R, GUPTA R, et al., 2017. The impact of US policy uncertainty on the monetary effectiveness in the Euro area [J]. Journal of Policy Modeling, 39 (6): 1052–1064.

BAQAEE D R, FARHI E, 2020. Productivity and misallocation in general equilibrium [J]. The Quarterly Journal of Economics, 135 (1): 105–163.

BAQAEE D R, FARHI E, 2019. The macroeconomic impact of microeconomic shocks: Beyond Hulten's theorem [J]. Econometrica, 87 (4): 1155–1203.

BAQAEE D R, FARHI E, 2018. Macroeconomics with heterogeneous agents and input–output networks[R]. National Bureau of Economic Research.

BAQAEE D R, 201. Cascading failures in production networks [J]. Econometrica8, 86 (5): 1819–1838.

BARROT J N, SAUVAGNAT J, 2016. Input Specificity and the Propagation of Idiosyncratic Shocks in Production Networks [J]. The Quarterly Journal of Economics, 131 (3): 1543–1592.

BERNANKE B S, GERTLER M, 1995. Inside the Black Box: The Credit Channel of Monetary Policy Transmission [J]. Journal of Economic Perspectives, 9 (4): 27–48.

BIGIO S, J LA'O, 2020. Distortions in Production Networks [J]. The Quarterly Journal of Economics, 135 (4): 2187–2253.

BJØRNLAND H C, 2008. Monetary policy and exchange rate interactions in a small open economy [J]. Scandinavian Journal of Economics, 110 (1): 197–221.

BLOOM N, BOND S, VAN REENEN, 2007J. Uncertainty and investment dynamics [J]. The review of economic studies, 74 (2): 391–415.

BLOOM N, 2009. The impact of uncertainty shocks [J]. Econometrica, 77 (3): 623–685.

BOEHM C E, FLAAEN A, PANDALAI–NAYAR N, 2019. Input linkages and the transmission of shocks: firm–level evidence from the 2011 Tōhoku earthquake [J]. Review of Economics and Statistics, 101 (1): 60–75.

BOUGHEAS S, 2017. Contagion in stable networks[R]. Munchen: CESifo Working Thesis.

BRAMOULLÉ YANN, ANDREA GALEOTTI, BRIAN ROGERS, 2016. The Oxford handbook of the economics of networks. [M]. Oxford: Oxford University Press.

CAI J, LEUNG P, 2004. Linkage measures: a revisit and a suggested alternative [J]. Technology Analysis & Strategic Management, 16 (1): 63–83.

CAMPBELL J, 1975. Application of graph theoretic analysis to interindustry relationships: The example of Washington state [J]. Regional Science & Urban Economics, 5 (1): 91–106.

CARVALHO V, DRACA M, 2018. Cascading Innovation[R]. Working Thesiss, Society for Economic Dynamics.

CARVALHO, VASCO M, 2014. From Micro to Macro via Production Networks [J]. Journal of Economic Perspectives, 28 (4): 23–48.

CARVALHO, VASCO M, 2009. Aggregate fluctuations and the network structure of intersectoral trade[R]. Economics Working Thesiss.

CARVALHO, VASCO M, et al., 2016. Supply chain disruptions: Evidence from the great east japan earthquake[R]. Columbia Business School Research Thesis.

CARVALHO, VASCO M, GRASSI B, 2019. Large Firm Dynamics and the Business Cycle [J]. American Economic Review, 109 (4): 1375–1425.

CHENERY H B, WATANABE T, 1958. International comparisons of the structure of production [J]. Econometrica: Journal of the Econometric Society, 26 (4): 487–521.

CICCONE A, 2002. Input chains and industrialization [J]. The Review of Economic Studies, 69 (3): 565–587.

CLOYNE J, FERREIRA C, SURICO P, 2020. Monetary policy when households have debt: new evidence on the transmission mechanism [J]. The Review of Economic Studies, 87 (1): 102-129.

DE BONDT G, 2004. The balance sheet channel of monetary policy: first empirical evidence for the euro area corporate bond market [J]. International Journal of Finance & Economics, 9 (3): 219-228.

DEDOLA L, LIPPI F, 2005. The monetary transmission mechanism: evidence from the industries of five OECD countries [J]. European Economic Review, 49 (6): 1543-1569.

DEMIR B, JAVORCIK B, MICHALSKI T K, et al., 2024. Financial constraints and propagation of shocks in production networks [J]. Review of Economics and Statistics, 106 (2): 437-454.

DI GIOVANNI J, LEVCHENKO A A, MEJEAN I, 2018. The micro origins of international business-cycle comovement [J]. American Economic Review, 108 (1): 82-108.

DIETZENBACHER E, VAN DER LINDEN J A, 1997. Sectoral and spatial linkages in the EC production structure [J]. Journal of regional Science, 37 (2): 235-257.

DORNBUSCH R, 1976. Expectations and exchange rate dynamics [J]. Journal of political Economy, 84 (6): 1161-1176.

DUPOR B, 1999. Aggregation and irrelevance in multi-sector models [J]. Journal of Monetary Economics, 43 (2): 391-409.

DUPOR W, 1996. Aggregation Fluctations and Production Comple-mentarities[Z]. Manuscript. University of Chicago.

DURANTON G, PUGA D, 2001. Nursery cities: Urban diversity, process innovation, and the life cycle of products [J]. American Economic Review, 91 (5): 1454-1477.

DURLAUF S N, 1993. Nonergodic economic growth [J]. The Review of Economic Studies, 60 (2): 349-366.

EHRMANN M, FRATZSCHER M, 2004. Taking Stock: Monetary Policy Transmission to Equity Markets [J]. Journal of Money Credit & Banking, 36 (4): 719-737.

FOERSTER, A, JCHOI, 2017. The changing inpu-output network structure of the US economy [J]. Review-Federal Reserve Bank of Kansas City, 102 (2): 23-49.

GABAIX X, 2011. The granular origins of aggregate fluctuations [J]. Econometrica, 79 (3): 733-772.

GHOSH S, 2009. Industry effects of monetary policy: Evidence from India [J]. Indian Economic Review, 44 (1): 89–105.

GRASSI B, 2018. I–O in I–O: Size, Industrial Organization, and the Input–Output Network Make a Firm Structurally Important[R]. Working Thesiss.

HARTMANN D, GUEVARA M R, JARA–FIGUEROA C, et al., 2017. Linking Economic Complexity, Institutions, and Income Inequality [J]. World Development, 93: 75–93.

HAYO B, OHNO H, 2011. Industry effects of monetary policy demand shocks in Japan in the period of quantitative easing[R]. Working Thesis, Faculty of Economics, Toyo University. Iwaisako.

HAYO B, UHLENBROCK B, 1999. Industry effects of monetary policy in Germany[R]. ZEI Working Thesiss.

HEMPFING A, et al., 2018. Combining the granular and network origins of aggregate fluctuations [R]. Working Thesiss.

HIDALGO C A, KLINGER B, BARABASI A L, et al., 2007. The Product Space Conditions the Development of Nations [J]. Science, 317 (5837): 482–487.

HORVATH M, 1998. Cyclicality and sectoral linkages: Aggregate fluctuations from independent sectoral shocks [J]. Review of Economic Dymamics, 1 (4): 781–808.

HORVATH, M, 2000. Sectoral shocks and aggregate fluctuations [J]. Journal of Monetary Economics, 45 (1): 69–106.

HUNEEUS F, 2018. Production network dynamics and the propagation of shocks[R]. Working Thesis.

HUSTED L, ROGERS J, SUN B, 2020. Monetary policy uncertainty [J]. Journal of Monetary Economics, 115: 20–36.

JACOBS J, 1969. The economy of cities [M]. New York: Vintage.

JANSEN D W, KISHAN R P, VACAFLORES D E, 2013. Sectoral effects of monetary policy: The evidence from publicly traded firms [J]. Southern Economic Journal, 79 (4): 946–970.

JONES C I, 2011. Intermediate Goods, Weak Links, and Superstars: A Theory of Economic Development [J]. American Economic Journal: Macroeconomics, 3 (2): 1–28.

JOVANOVIC B, 1987. Micro shocks and aggregate risk [J]. The Quarterly Journal of Economics, 102 (2): 395–409.

JOYA O, E ROUGIER, 2019. Do (all) sectoral shocks lead to aggregate volatility? Empirics from a production network perspective [J]. European Economic Review, 113: 77–107.

270

KAGAWA S, INAMURA H, 2004. A spatial structural decomposition analysis of Chinese and Japanese energy demand: 1985–1990 [J]. Economic Systems Research, 16 (3): 279–299.

KANAS A, 2005. Regime linkages in the US/UK real exchange rate–real interest differential relation [J]. Journal of International Money and Finance, 24 (2): 257–274.

KEYNES J M, 1922. The forward market in foreign exchanges[R]. The Manchester Guardian.

KIKKAWA A K, MAGERMAN G, DHYNE, 2017E. Imperfect competition and the transmission of shocks: The network matters[R]. Working Thesis.

LEITEMO K, ROISLAND Ø, TORVIK R, 2002. Time inconsistency and the exchange rate channel of monetary policy [J]. Scandinavian Journal of Economics, 104 (3): 391–397.

LEONTIEF W W, 1936. Quantitative Input and Output Relations in the Economic Systems of the United States [J]. The Review of Economic Statistics, 18 (3): 105 –125.

LESAGE J P, PACE R K, 2009. Introduction to Spatial Econometrics [M]. Boca Raton, US: CRC Press, Taylor & Francis Group.

LESAGE J P, PACE R K, 2008. Spatial econometric modeling of origin–destination flows [J]. Journal of Regional Science, 48 (5): 941–967.

LONG J B, C I PLOSSER, 1987. Sectoral vs. aggregate shocks in the business cycle [J]. American Economic Review, 77 (2): 333–336.

LONG J B, C I PLOSSER, 1983. Real business cycles [J]. Journal of Political Economy, 91 (1): 39–69.

LUCAS R E, 1995. Understanding business cycles [J]. Essential readings in economics: 306–327.

MAGERMAN G, BRUYNE K D, DHYNE E, et al., 2016. Heterogeneous Firms and the Micro Origins of Aggregate Fluctuations[R]. National Bank of Belgium Working Thesis.

MAHDILOO A, ASGHARPUR H, 2020. Nonlinear Transmission Mechanism of Monetary Policy from Exchange Rate Channel in Iran: Approach (MS-VAR) [J]. Quarterly Journal of Quantitative Economics, 17 (1): 121–153.

MARSHALL A, 1890. Principles of economics: An introductory volume [M]. London: Macmillan.

MISHKIN F S, 2001. The transmission mechanism and the role of asset prices in monetary policy [R]. National bureau of economic research.

OZDAGLI A, WEBER M, 2017. Monetary policy through production networks: Evidence from the stock market[R]. National Bureau of Economic Research.

PEERSMAN G, SMETS F, 2005. The industry effects of monetary policy in the euro area [J]. The Economic Journal, 115 (503): 319–342.

RASMUSSEN P N, 1956. Studies in inter-sectoral relations [M]. North-Holland: Einar Harcks.

ROMER P M, 1986. Increasing returns and long-run growth [J]. Journal of political economy, 94 (5): 1002–1037.

SCOTT JR I O, 1955. The regional impact of monetary policy [J]. The Quarterly Journal of Economics, 69 (2): 269–284.

SLATER P B, 1977. The Determination of Groups of Functionally Integrated Industries in the United States Using a 1967 Interindustry Flow Table [J]. Empirical Economics, 2 (1): 1–9.

SONIS M, HEWINGS G J D, 1998. Economic complexity as network complication: Multiregional input-output structural path analysis [J]. The Annals of Regional Science, 32: 407–436.

TASCHEREAU-DUMOUCHEL M, 2020. Cascades and fluctuations in an economy with an endogenous production network[R]. SSRN Working Thesis.

TENREYRO S, THWAITES G, 2016. Pushing on a string: US monetary policy is less powerful in recessions [J]. American Economic Journal: Macroeconomics, 8 (4): 43–74.

TINTELNOT F, KIKKAWA A K, MOGSTAD M, et al., 2018. Trade and domestic production networks[R]. National Bureau of Economic Research.

TODOROVA Z, 2018. Network Effects of Monetary Policy: Evidence from Global Value Chains[R]. SSRN Electronic Journal.

VAN VLOKHOVEN H, 2018. Diffusion of Ideas and Network Linkages[R]. SSRN Working Thesis.

WHEALAN-GEORGE K A, BRADY T, MCANDREW I, et al., 2015. Economic Interrelationships and Impacts of the Aviation/Aerospace Industry in the State of Florida Using Input-Output Analysis [J]. International Journal of Aviation, Aeronautics, and Aerospace, 2 (3): 9.

WILHELMSSON M, 2020. What Role Does the Housing Market Play for the Macroeconomic Transmission Mechanism? [J]. Journal of Risk and Financial Management, 13 (6): 112.

WOLFF E N, NADIRI M I, 1993. Spillover effects, linkage structure, and research and development [J]. Structural change and economic dynamics, 4 (2): 315–331.

ZHANG H, HUANG H, 2017. An empirical study of the asset price channel of monetary policy transmission in China [J]. Emerging Markets Finance and Trade, 53 (6): 1278–1288.